启真馆 出品

# 歌德印象

## 对话与会面

# Goethe

### Gespräche und Begegnungen

Johann Peter Eckermann

〔德〕艾克曼 等著 李文怡 译

ZHEJIANG UNIVERSITY PRESS
浙江大学出版社
·杭州·

## 图书在版编目（CIP）数据

歌德印象：对话与会面 /（德）艾克曼等著；
李文怡译. —杭州：浙江大学出版社，2023.12
ISBN 978-7-308-24391-9

Ⅰ.① 歌… Ⅱ.① 艾… ② 李… Ⅲ.① 歌德
（ Goethe, Johann Wolfgang Von 1749-1832 ）–人物研究
Ⅳ.① K835.165.6

中国国家版本馆CIP数据核字（2023）第208778号

**歌德印象：对话与会面**

［德］艾克曼 等著 李文怡 译

| 责任编辑 | 叶 敏 |
| --- | --- |
| 文字编辑 | 程江红 |
| 责任校对 | 张培洁 |
| 装帧设计 | 周伟伟 |
| 出版发行 | 浙江大学出版社 |
| | （杭州天目山路148号 邮政编码310007） |
| | （网址：http://www.zjupress.com） |
| 排　版 | 北京楠竹文化发展有限公司 |
| 印　刷 | 北京中科印刷有限公司 |
| 开　本 | 880mm×1230mm 1/32 |
| 印　张 | 11.25 |
| 字　数 | 206千 |
| 版印次 | 2023年12月第1版 2023年12月第1次印刷 |
| 书　号 | ISBN 978-7-308-24391-9 |
| 定　价 | 78.00元 |

浙江大学出版社市场运营中心联系方式： （0571）88925591；http://zjdxcbs.tmall.com

# 中文版导言

老子："子所言者，其人与骨皆已朽矣，独其言在耳"。

——《史记·老子韩非列传》

中国人很早就意识到对话有着超越时间的生命力。人无万岁千秋之寿，却能以"立言"的方式历经时间沉淀，经由后世流传，继而成就不朽。对话有着与长篇累牍的论著完全不同的魅力，对话之中时刻闪烁着思想碰撞的火花，其间的情绪起伏自然真实、贴近生活、直指人心。因此，无论是古希腊的苏格拉底、柏拉图，还是中国的孔孟、朱熹、阳明都倾向于用谈话的方式追寻真理，用问答的体例记录思想。

歌德是近代欧洲文明的一座丰碑，他的生平与作品早已为世人所熟知。与莎士比亚缺乏详细的生平记录相比，歌德为后世留下了大量的研究材料，其中相当一部分是他的谈话。有人认为歌德的谈话远比他的作品精彩，实在是"最纯粹的享受"[1]，正如歌德自己所说，"人无法跟自己风趣"[2]。歌德用谈话的方式思考，用谈话的方式创作，有人甚至记载歌德在落笔前，就已经"口述了《亲和力》整部小说"[3]。在生命的最后十年，他与艾克曼合作，用谈话的方式为后世留下了一笔丰厚的精神财富。

艾克曼辑录的《歌德谈话录》在全世界影响甚广，尼采称其为"史上最好的德语书"。但该书也存在着些许遗憾，主要有两点：第一，艾克曼初见歌德是在 1823 年 6 月 10 日，直到 1832 年 3 月 22 日歌德去世，艾克曼详细记述了歌德晚年的言谈活动，缺少歌德早期的相关记录；第二，艾克曼是怀着崇拜之情来到歌德身边的，始终用仰视的目光看待歌德，由此留下的记录有较多理想化色彩。而上述问题可通过本书得到一定程度的弥补。

早在 19 世纪末就有人着手整理歌德生前的全部谈话内容，本书正是在此基础上又经历长期的收集、修订和选译工作而形成，主要有以下几个特点：一是本书贯穿歌德（1749—1832）从幼年直至去世长达八十余年的生命脉络，按时间顺序向读者呈现出歌德完整的人生；二是本书突破艾克曼一人的观察视角，收录了诸多其他人的记录和回忆，有歌德的亲人、朋友、访问者等，不仅将站在作者帷幕之后的艾克曼拉到真实的历史舞台中，更是

---

[1]　No. 85。

[2]　No. 80。

[3]　No. 184。

通过多面镜像还原出历史中真实的歌德。阅读本书，读者可以重新感受歌德激扬生动的谈话，一窥歌德更为真实的历史形象，也可以借着本书提供的线索，追踪歌德的人生经历和精神世界。

＊＊＊

　　歌德生活的时代，德意志地区在政治上尚未完成统一，内部存在着数十个大大小小的邦国，正是民主思潮、民族精神高涨的历史时期；文化上则是哲学、文学、艺术群星璀璨、天才纷至沓来的黄金时代。当时很多人认为歌德对民族、国家等概念并不热衷，实际上他对德意志民族怀有深厚的情感，笃信德意志民族有着远大的前程和伟大的事业。他坚信德意志将会统一，一方面钦羡法国能有巴黎那样人才汇聚的思想中心，另一方面又希望统一后的德国能够保留内部的文化多元。他对德意志各邦的基础建设和文化教育充满自豪，还设想在莱茵河与多瑙河之间开通一条运河……这些观点、信念或洞见散落在本书的不同角落。

　　歌德在谈起德意志文化时会以英国和法国为参照。他认为"英国人、法国人和德意志人间密切的交往给了我们交换意见、矫正彼此的机会"[1]，由此在两百年前就预言了世界文学的到来[2]。事实上，本书提到了不少来自英国和法国的记录者，他们也是

---

[1]　No. 217。

[2]　No. 205。

歌德家中的常客。彼时的英国拥有全世界最广袤的殖民地，并且成功挫败了来自欧洲大陆的拿破仑的挑战，率先发动了工业革命。歌德多次谈到英国文化，对英国人"行为举止散发着自信与从容，好像到哪都是主人，整个世界都属于他们"[1]的精神气质很是认可，这也是欧洲文明上升时期的历史注脚。不过，歌德家中的英国访客有时会多到让他感到厌烦。在讨论莎士比亚和拜伦时，对于英国当时的党派政治和文化风气，歌德也有所批评，认为"所有的英国人本质上就不善反思"[2]，"这世上再没有一个地方像英国那样有那么多伪君子和道貌岸然之辈了"[3]。

面对法国深厚的文化、悠久的历史，歌德感慨德意志"还是乳臭未干的毛头小子"[4]。歌德那个时代最大的历史事件，无疑是法国大革命与拿破仑战争，他对革命和拿破仑的态度是非常复杂的。歌德本人不喜欢暴力流血，也并非支持独裁专制；但在德意志民族视拿破仑为外敌的同时，歌德由衷地赞美拿破仑是天才伟人。歌德受到过拿破仑的接见，本书记录了他们在埃尔福特的会面，一份材料是多年后歌德向好友穆勒透露的回忆[5]，另一份则由

---

[1]　No. 234。

[2]　No. 179。

[3]　No. 230。

[4]　No. 78。

[5]　No. 74。

当时在场的塔列朗记录[1]，两份材料在内容上各有侧重。

对意大利，对罗马，歌德可谓情有独钟。这不仅是被誉为最后一位"文艺复兴人"的歌德对古典文化的高度认可，也说明1786 年至 1788 年那段前往意大利的经历在歌德的生命中留下了难以磨灭的印记。此后，歌德创作了《意大利游记》，并在谈话中多次回忆过去在意大利的岁月，怀念罗马的每一条大街小巷，追忆四十年前去过的酒馆和餐厅。歌德甚至说起"和我在罗马的精神状态相比，我再也没真正开心过"[2]。他的家是魏玛唯一的意大利风格建筑。他曾经拒绝来自家乡法兰克福的临时访客，却隆重接待了一位来自意大利的素不相识的年轻画家察恩。

本书还收录了来自欧洲其他国家和地区的谈话者，如波兰、瑞士、俄国，甚至还有来自美国的访问者。有人说歌德一生见过的美国人可能不超过六个[3]，而本书就至少提到了四位访问过歌德的美国人。歌德从访客那里了解到美国民主选举制度，谈论美国的西进运动，并且十分关心巴拿马运河的修建计划。对于中国，歌德以及当时的欧洲人了解的并不多，歌德曾与艾克曼讨论过基督教出现之前在中国、印度、波斯以及犹太民族中出现的伟大人物，本书涉及中国的内容仅此两处。

---

[1]  No. 75。

[2]  No. 239。

[3]  No. 180。

***

在那个风云际会的时代，歌德与当时许多欧洲的杰出人物有过交往，例如他曾与黑格尔在家中共进午餐，调侃年轻的叔本华，为奥地利剧作家格里尔帕策展示自己的收藏，款待流亡途中的波兰诗人密茨凯维奇，等等。歌德所处的时代正值古典音乐的巅峰时期，许多音乐家也与他有过交集。歌德喜欢巴赫的赋格曲，聆听过舒伯特的《魔王》。十四岁时，他亲眼见证了年仅七岁的莫扎特巡回演出，后来与胡梅尔建立了亲密的友谊，因海顿关于音乐和上帝的见解而感动落泪，对幼年的门德尔松照顾有加，本书还记录了他与贝多芬一同漫步的轶事。可以说，歌德个人见证了古典音乐最伟大的时代。

在歌德的诸多交往中，最为人津津乐道的是他与席勒的友谊。本书记录了 1788 年 9 月 7 日席勒结识歌德的情形。刚开始两人还相当拘谨，席勒一度怀疑他们可能会因为性格差异而无法成为密友，直到 1794 年席勒才谈到"我现在终于得到歌德的信任了"[1]。席勒去世时歌德的悲痛，以及在后面的日子中歌德对席勒的怀念也在书中有所体现。

书中还涉及许多重要人物的记录，比如拜伦和司各特与歌德之间的书信往来。歌德与一些年辈较早的人，如伏尔泰、康德、莱辛，还有一些年辈较晚的人，如雨果，可能并未直接交谈，但

---

[1]　No. 35。

他们的作品和思想常常被歌德谈论和评述。像荷马、莎士比亚这些生活时代远远早于歌德的伟大人物也频频成为重要的谈论话题。由此，歌德、与歌德谈话的人，以及歌德谈论的人物，共同勾勒出一幅辽阔的欧洲文化版图。

***

歌德一生笔耕不辍，留下了大量的诗歌、小说和戏剧。他的作品常常成为谈论的焦点，相关内容对文学史和理论研究有着重要价值。如歌德年轻时候的成名作《少年维特之烦恼》，他仅用两个月就完成了创作，而且没有大规模修改，一经问世便在欧洲掀起一股"维特热"。这本小说也是人们与歌德谈话时最容易被提到的，歌德就曾与拿破仑、沙皇尼古拉一世，还有艾克曼讨论《维特》里面的人物和情节。歌德自己曾说《维特》是"我用心血喂养的生物，像鹈鹕一样的生物"[1]。

再如戏剧《托尔夸托·塔索》是歌德前往意大利，生活迎来转机之后创作出来的，歌德称这个故事是他的"骨中骨，肉中肉"[2]。在这部作品中，他采用了古代人物的故事，将自己的情感经历与之共冶一炉，法国评论家安培说这部剧是"精炼的、强化

---

[1]　No. 160。

[2]　No. 215。

版的《维特》"[1]，得到了歌德本人的肯定。歌德还曾与英国青年讨论如何扫除文化障碍去阅读《塔索》——一本连德意志人都认为难读的作品。

戏剧《浮士德》更是歌德用一生去构思和创作的伟大作品。他从 1768 年开始着手创作，本书首次提及《浮士德》是在 1774 年克内贝尔记述歌德当时为了完成这部作品，"在自己的房间里随处都能搜罗出手稿"[2]，一直到艾克曼记录"1832 年 3 月，在《浮士德》完整地摆在歌德面前时，他才宣告完成"[3]，前后时间足足跨越了 64 年，可见《浮士德》是一个相当浩繁的工程。歌德也说《浮士德》"描写的生活是丰富的，是多姿多彩的，是千变万化的"[4]。不少人曾提到歌德家地板上镶嵌的字"SALVE"（救赎），这可能不是房屋主人的无心之举，歌德用一生时间创作的《浮士德》正是从主人公自我认识的困境开始，最终走向了自我实现的救赎，而关于《浮士德》的思考和讨论可以说是贯穿本书的一条隐秘的线索。

除了文学创作，歌德一生还致力于视觉艺术和科学研究。歌德认为人要有些能陶冶情操的爱好，"能在愉快的日子增添兴致，能在郁闷的时光扫除阴霾"[5]。歌德年轻时曾经想成为一名画家，

---

[1]　No. 211。

[2]　No. 17。

[3]　No. 265。

[4]　No. 215。

[5]　No. 109。

后来发现自己缺乏将内心的强烈印象用画笔展现出来的能力。但是他一生坚持欣赏绘画佳作，要求自己经常和最好的作品打交道，这是他追随伟大艺术家的生活方式。本书提到歌德家中经常有画家来访，并且家中"随处可见各种各样的艺术品：油画、版画、半身像、雕像，还有放在画架上展示的素描画册"[1]，以及他对法国画家普桑、克劳德·洛兰，荷兰画家鲁宾斯、阿德里安·冯·奥斯塔德画作的欣赏评论。即使在临终之前，歌德还在要求佣人递来对面本不存在的画册观看。[2]

在科学研究方面，歌德在植物学、矿物学、气象学、光学和色彩学等方面都有相当的投入。在与访客热烈的谈话之后，歌德往往要一个人走进山谷，安静地面对一块石头、一棵植物进行观察和思考。哪怕是在刚刚病愈的时候，歌德也会与身边的人围绕草药植物学进行一场饶有兴致的谈话。歌德称"我喜欢玫瑰，它是自然赠予德意志最美好的花"[3]。色彩学是歌德尤为看重的一门学问，并且将其上升到"原始现象"的哲学层面，帮助他深化了对于"自然"的认识。上述对视觉艺术和自然科学的研究对歌德直面时代浪潮，保持独立思考和创作有着重大意义。

在文学作品和研究活动背后，在每一次谈话的过程中，歌德的思想得以充分展开。就文化和教育领域而言，歌德始终坚持从

---

[1] No. 261。

[2] No. 327。

[3] No. 181。

现实生活出发，注重观察和实验，重视感性的力量，歌颂天才与创造力，"始终都要牢牢把握住当下。每一种境况，确切地说每一分钟，都有无限价值，因为那是整个永恒的代表"[1]。他反对以空洞抽象的概念为基础，拒绝将自己的作品与某种观念绑定，批评当时学者将艺术和哲学从生活中抽离的倾向。歌德反对学校沉重烦琐的课程，尊重孩子们的天真野性，认为教育应该更自由，为孩子们创造出有尊严的发展空间，他甚至敏锐地看到社会规训下的人会日趋庸俗。在政治和宗教方面，歌德的温和立场，在其生前身后始终受到争议，国内对于歌德的评论长期以来受到恩格斯"庸俗市民"论的影响，实际上歌德在谈话中多次为自己做出辩护，读者可以据此做出自己的判断。

＊＊＊

歌德有着丰盈的情感世界，本书因为记录者众多，得以披露更多的细节。关于歌德童年和青年时期的回忆片段虽然不多，但我们仍能从中窥见他丰富的内心与鲜明的个性。他小时候面对弟弟的夭亡与老年时遭遇丧子之痛，都透露出一种深沉的情感。歌德一生都对女性有着炽热的爱恋，他的多情也为世人所知。歌德谈过数次恋爱，本书提及了他青年时期爱恋过的卡

---

[1]　No. 155。

琴·先寇步，还曾与一位叫莉莉的女士订过婚。记载歌德青少年时期事迹的贝蒂娜·布伦塔诺，也是歌德早期情人马克西米利安娜（Maximiliane，本书并未直接提到）的女儿。在魏玛定居期间，歌德很长一段时间爱上了夏洛特·冯·施泰因。歌德的情人及后来的妻子克里斯蒂亚娜·武尔皮乌斯在不同人的记录中则有着不同的形象。在她去世后，歌德有过一次大胆和饱受争议的爱恋，那是在 1821 年已过七旬的歌德遇到了 17 岁的少女乌尔丽克·冯·莱韦措，少女所述两人相遇的细节也收录于本书。

歌德与儿子奥古斯特、儿媳奥蒂莉亚，以及孙辈的家庭生活也为朋友和访客们所记录。歌德生活上的许多细节同样被观察和描述，如福斯特对于歌德饮食细节的记述，施瓦贝对歌德品鉴美酒的记录，歌德对饮茶和烟草的看法也出现在对话中。还有卡鲁斯对歌德家中的布置陈列、老年歌德的样貌衣着进行了详细的描写，穆勒记载了歌德生病时候的情形，等等。关于歌德对猫和狗的态度，有人记述歌德生来就不喜欢狗，也有人回忆他青年时期跟一只灵缇犬玩得很好，晚年很喜欢家里的一条英国獒狗。还有人说歌德认为猫比狗高级，"生来就身体自如，性格独立，还开玩笑说猫是狮子一族坠落的公主"[1]。这些看似琐碎，或者自相矛盾的信息正是作为"人"的歌德在生活中的多角度切片。

---

[1]　No. 120。

\*\*\*

　　不同的视角让读者看到一个立体的歌德，而视角本身，或者说歌德的记录者也是非常值得注意的。除了艾克曼，与歌德来往密切的朋友，如穆勒、里默尔、法尔克和索雷等人，都为本书贡献了许多重要内容。还有不辞路途遥远，前往魏玛拜访晚年歌德的访问者，也留下许多记录。短期访问者无法成为歌德的密友，但每一个人的观察和记录都丰富了歌德的历史形象。有些普通人物的记载尤为生动，比如一位连名字都没有留下的普鲁士军官记录他在歌德就火炮发表意见时提出了反驳。实际上，在德意志诸邦与法国的长期战争中，歌德研究了大量军事著作，因职务与各级军官讨论军事，他对军事的深刻理解在《浮士德》第二部中也有所反映。1826 年有位来自巴伐利亚的学者访问歌德，歌德突然问起他所在城市火灾善后处理的各种细节，还有当地的人口数字，这让那位访问者深感不适。如果我们了解更多的历史细节就会知道：早在会面前一年，歌德苦心经营多年的魏玛剧院遭遇火灾，不得不需要重建。歌德与来访者的交谈看似漫无边际，实则指向了自己半生所系的剧院工作，城市人口数字也与剧院的演出情况有着直接关系。一位叫马尔的矿山检查员记录歌德在八十二岁生日前一天前往年轻时住过的山林小屋，在墙壁上找到了五十年前留下的一首小诗。还有些人记录了与歌德初次见面所感受到的高冷客套，以及熟络后歌德私下展现出的真性情。所有的谈话都是双向的，我们一方面可以看到歌德眼中的世界，另一方面也可以看到来自世界各地、不同社会阶层的人们眼中的歌德。人们抱着不同的目的来到歌德面前，留下不同的文字记录，成为整体历史的一部分，留待后人解读。

***

本书可以看作一把打开 18 至 19 世纪欧洲文化的钥匙，几句言谈背后的信息就为我们提供了某种重新向历史发问的线索。歌德人生中的种种遭遇，与同时代文豪哲人的思想碰撞及与诸多佳人的风流韵事，在艺术和科学领域的深度介入，面对诡谲莫测的欧陆风云，担负沉重烦琐的宫廷事务，这些无法在这本薄薄的书册中全面展现，但本书却为我们提供了许多重要线索，等待读者循着或明或暗的轨迹，回到那个伟大的时代，邂逅伟大的灵魂，实现跨越时间空间、语言文化的对话。

有记录者说，在跟歌德谈话时"会感觉自己被不自觉地拉到他的高度"[1]，这也可能是本书读者想要收获的。全书贯穿着歌德那种不甘平庸，始终创造与行动的高尚热情。在私下场合，歌德曾向人坦言《塔索》这部剧主要"讲的是才华与生存的不对等"[2]。这种不对等的困惑，在莎士比亚那里是"To be or not to

---

[1]　No. 82。

[2]　No. 29。

be"，在司马迁那里是"是耶非耶"的终极一问，这是每一个有理想的人都会遇到的问题。无论如何，歌德用他一生的时间做出了回答，线索就藏在他的谈话里面，等待着人们去找寻答案，发现自我。

若文

于北京为公桥

2023 年 9 月 6 日

# 目　　录

# 目　录

# 目　录

目　录

# 歌德印象：对话与会面

## 1. 伊丽莎白·歌德 1752 年

（贝蒂娜·布伦塔诺记）

他不喜欢和小孩子玩，除非是长得漂亮的孩子。一次他在一个聚会上突然哭了起来。问他为什么哭时，他喊着说："我不喜欢那个黑色的小孩，让人把他带走！"他一直哭，到家后才停下来。他母亲问他因何淘气，才得知：那孩子生得太难看，他实在不忍心再看下去。那时他只有三岁。

他也十分怜爱自己尚在摇篮里的妹妹科尔内利娅。他经常在衣兜里藏几块面包，妹妹号哭时就塞几块到她嘴里。如果有人试图把面包拿出来，他就气得发疯，爬到那人的肩膀上撕扯其头发。总的来说，他不轻易哭，更容易被激怒。

## 2. 伊丽莎白·歌德 1754 年

（贝蒂娜·布伦塔诺记）

对我来说，我从未厌倦给他讲故事，他也从未厌倦听我讲故事。我就那样坐着，他瞪着一双黑色的大眼睛，好像要把我吃掉。如果他喜欢的人物命运不太符合他的设想，我就能看到他额头上青筋突起，强忍住眼里泛出的泪花。他经常打断我，还在我努力措辞的时候就急着说话："妈妈，公主没嫁给那个可恶的裁缝吧？没有吧？就算他**真的**[1]杀死了巨人。"如果我就此结束，等第二天晚上再告诉他结局，我敢肯定，到那时他早就已经把故事改得面目全非了。所以，我的想象不足以满足他时就常常会被他的取代。第二天晚上我就按照他给出的线索继续编织人物的命运线，对他说："你猜得很对，事情就是那样。"听我这样说他便兴奋不已，皱衣领下那颗雀跃的小心脏仿佛都清晰可见。他祖母就住在我们后面的房子里，对沃尔夫冈更是宠爱有加。他现在每天都去和祖母分享他认为故事会有怎样的结局，我便从她那里获知该如何按照他的意愿把故事讲下去。所以我们之间形成了一种类似外交的信息互换关系，但我们彼此都没有泄露这个秘密。这样，我能让我的故事给所有听众都带来愉悦和惊喜，而沃尔夫冈从未承认自己就是这些奇迹的创造者，永远都是两眼放光地坐在那儿，等待自己大胆的构想被实现，对具体的情节报以热烈的掌声。

## 3. 伊丽莎白·歌德 1759 年

### （贝蒂娜·布伦塔诺记）

他没有为弟弟雅各布的死掉一滴眼泪，而雅各布一直是他的玩伴，这让他母亲十分不解，更为反常的是，父母、姊妹的悲恸

---

[1] 黑体字在书中表示强调之意。下同。

似乎还有些让他厌烦。一周后，母亲就问这个闷闷不乐的小东西是不是没有爱过弟弟，他便立即跑回房间，从床下取出许多纸，上面密密麻麻写着很多知识和小故事，他告诉母亲他写这些都是准备教给弟弟的。

## 4. J. A. 奥尔恩 1766 年 8 月

### （于莱比锡）

现在我来给你讲讲我们的朋友歌德吧！他还是那个高傲狂妄的堂吉诃德式人物，和我初来时一模一样。如果你真的见到他，肯定不是被他气得暴跳如雷，就是被他逗得开怀大笑。我实在不理解怎么会有这么善变的人。他所有的习惯，还有现在的行为举止都和以前大相径庭。他很注意形象，同时也很自负，他的穿着打扮虽然精致，但品位实在古怪，在大学里非常惹眼。不过对于这些他毫不放在心上，不管别人怎么向他挑明他的愚蠢，他都置若罔闻。

也许你是安菲翁[1]能让草木通灵 ——

也有一事做不成：让歌德不再犯蠢。

---

[1] 安菲翁（Amphion）是希腊神话中的人物，他弹奏竖琴让石头具有了灵性，在他周围建起一座城池，即底比斯城（Thebes）。——译者注

他所有的行为和幻想都只是为了取悦自己和喜欢的女人。无论是哪种社交场合他都表现得荒唐可笑，不讨人喜欢。

现在的他总是故作姿态（只是因为他爱慕的女士喜欢），双手插兜，看着很是荒唐，要想不笑他都不可能。他走路的姿势也十分可笑。你看到就知道了！

33

> 他走起路来像有院长
> 率领一众师生的排场。

我发现他在我身边愈发让我难以忍受，他也尽可能躲开我。他觉得我不配和他一起过马路。你一定要尽快再给他写封信，和他说说你的看法，否则他会继续诡谲下去，包括他那个亲爱的。他不是第一个为了自己的杜尔西内亚[1]出洋相的人。真希望你能亲眼看到她，她是这个世界上最珍贵的生物，只需一点无声的娇柔、一个高冷的姿态就能让歌德神魂颠倒。我亲爱的朋友！如果歌德还像他在法兰克福时一样，我会倍加开心。我们以前是多好的朋友啊，可是现在我们在一起待十五分钟彼此都不堪忍受。我也希望假以时日能够将他治愈，虽然比较难，毕竟这是在教一个傻子理性，但我会尽最大努力的。

---

[1] 堂吉诃德理想的爱人。——译者注

6

啊，真希望成功降临于我！

我的努力收获成果！

我要成为伟大的改革者：

路德和加尔文 [1] 都超不过。

给他写信的时候，务必把我告诉你的话一五一十地转告他，这样我会很开心。我不担心他生气，更不担心他的爱人生气。不管怎样，他不会那么轻易和我生气。就算我们吵架了，第二天他还是会给我写信，邀请我去这儿去那儿。

他要我向你转达他的问候，并告诉你他愿意给你写信，但是他担心明天去心上人家里时手上会墨迹斑斑。陷入爱河的人总是那么愚蠢！

## 5. J. A. 奥尔恩　1766 年 8 月

有件事你听了肯定会高兴，那就是我们并没有失去歌德这个朋友，是我们误会了。他一直在演戏，不仅是我，还有几个人都被他骗了。要不是你在信中提醒他即将失去一位朋友，他可能永

---

[1] 德国人路德（Luther）和法国人加尔文（Calvin）都是 16 世纪基督教宗教改革运动的领袖。——译者注

远都不会把实情告诉我。他确实陷入了爱河，但不是我猜想的那位女士。他爱上了一个社会地位在他之下的女孩[1]，不过这个女孩——我可以毫不夸张地说——连你见了也会爱上她。歌德对她柔情似水，给了她一个君子最赤诚的真心，即便他知道那女孩永远都无法成为他的妻子。她有没有回应他的爱，我不得而知。但是看看他多狡猾！为了不让任何人发现他心中藏着这样一份爱，他不惜大费周章，让全世界相信一个截然相反的事实，到目前为止都做得天衣无缝。他装出一副绅士的模样，假装向那位未婚小姐求爱（哎，告诉你她的名字又有什么意义呢），甚至还因为她受到大家的嘲讽。或许她自己也认为歌德爱着自己，但恐怕那位女士是误会了。从那以后他对我更加信任。他现在比以往任何时候都更像一个哲学家和道德家，虽然他的爱是纯洁的，但他仍然不赞成这种爱。我们对此有过很多争论，不管他站在什么立场，最后赢的都是他。你应该也知道，他总是能让一些似是而非的理由听起来有理有据。我很同情他，还有他温暖的内心。他爱上了最善良、最完美的女孩，却看不到任何希望。假如女孩也爱上了他，那他岂不是更悲惨么？

---

[1] 卡琴·舍恩科普夫。

## 6. 玛丽·柯内尔 1765 年—1768 年

### （于莱比锡）

我父亲大部分的工作时间都是在给布莱特科普夫，一个书商和出版商，制作书名页上的小插图，也教手艺赚些钱。他最灵敏，同时也最热衷于搞各种顽皮恶作剧的学生就是歌德，后来他很有名气。那时他是个十六岁的法学生，他与父亲的相识给我们亲爱的母亲带来许多忧愁和苦恼。傍晚时分，当父亲还在紧张地忙碌时，他这位年轻的朋友就会催促他早点结束，如果母亲反对，他就安慰她说光线越来越暗了，拿着细小的雕刻针工作对眼睛不好，尤其是有时候还要隔着一层玻璃看。母亲反驳他说透过玻璃不见得比朝玻璃里面看对眼睛坏，何况有时候还看那么深。这位兴致勃勃的学生还是不让步，随后便把父亲带去舍恩科普夫或奥尔巴赫酒馆了。亲爱的母亲没少为此落泪。但是当歌德先生——家境好的年轻绅士都被称为先生——次日清晨再次出现时，母亲会狠狠地训斥他，埋怨他把父亲带出去和那么多疯狂的学生在一起，对于一个有孩子、有老婆需要照顾的已婚人士来说，那样做太不合适了。他便用各种笑话和把戏把她逗得开心起来。母亲还常叫他"法兰克福扫把头"，强迫着给他把头发梳开。她说他长了一头羽毛，好像麻雀在上面筑了巢。母亲叫我们姐妹把梳子拿来，但每次都是在她三番五次命令我们之后，我们才拿，他的头发也要好一会儿才能理好。歌德那一头棕色的头发很漂亮，他不打粉，在脖子后把头发束上，但不紧，不像老国王弗里茨那样，而是让

35

9

厚厚的卷发自然垂落下来。后来每当我和歌德说起这些，他都不承认，还向我保证说是我母亲很喜欢给他梳头发，所以是她破坏他的发型，还毫不留情地取笑他[1]。

这个欢快的学生朋友并不受我们孩子待见，主要是因为他不喜欢和我们玩，而是更喜欢和父亲的灵缇犬玩。那条狗是个温和的小东西，叫若利。他很宠溺若利，允许它做各种淘气的事，但在我们面前就是个严厉的老师。他每次来都给若利带点吃的，如果我们气愤地看着他喂若利，我们不是被告知糖果对牙不好，就是烤杏仁和坚果会损害嗓音。甚至，歌德和父亲还突发奇想，在圣诞夜给若利准备了一棵圣诞树，上面挂满了甜食。他们给若利穿上红色羊毛背心，架着它，让它两脚着地走到一个小桌子前，上面摆好了为它准备的大餐，而我们只能拿着一小袋棕色的姜饼安慰自己，这些姜饼还是我们的教父从纽伦堡寄过来的。若利这个家伙很不通人性，或者我应该说没有基督徒的品质，一点都不尊重我们在桌子下面精心布置的马槽；它在上面闻了个遍，把圣婴糖果从现在是它的食槽的槽里叼出来，一口吞了下去。歌德先生和父亲看到这个场景笑得前仰后合，而我们都放声大哭起来。还好圣母玛利亚、圣约瑟夫、牛和驴都是木头做的，能逃过一劫。

36　　我们接受的教育仅限于很少的几门课。上午十一点，一位干瘦干瘦的老师会来我家。他是莱比锡人，布莱特科普夫雇他在

[1]　参见 No.311。

出版社做校对，他经常身穿黑色衣服，脖子上围白色皱领，俨然一副神学家的模样。他教我们阅读、写作和算数，一小时能赚整整一便士。他那套装扮的"点睛之笔"莫过于一头浓密卷曲的假发，那是用极细的丝线织成的。他一进门就在门口向我们喊："孩子们，祷告了！"然后我们就先齐声朗诵一段赞美诗，再读一小时的《圣经》。家里只有一个房间能容下我们所有人，所以经常是歌德在我们上课期间进来后就坐在父亲的工作桌上。一天，我们刚好在大声朗读《以斯帖记》（ *The Book of Esther* ）的一个章节，歌德很是震惊，觉得这内容不适合小女孩。他姑且默默听了一会儿，然后突然从父亲的桌上跳了下来，一把抢走我手中的《圣经》，用极度愤怒的语气向老师喊道："先生，您怎么敢让小女孩读这么淫秽的内容！"老师在一旁战战兢兢，歌德越呵斥越激动，直到母亲介入，才慢慢让他冷静了下来。老师结结巴巴说了些这都是圣言之类的话，歌德立即责令他"证明这一切，您说圣言都是对的、都是好的，不要变卦！"然后他打开《圣经》，用拇指挌着，不一会儿就找到了要找的内容："给你，多莉！"他对我妹妹说，"大声念出来，这是'山上宝训'（ Sermon on the Mount ），我们一起听"。但是多莉太紧张了，磕磕巴巴念不下去，歌德把《圣经》从她那儿拿过来，把整个章节都大声读了一遍，还加了很有启发性的评论，我们从没在老师那儿听过类似的内容。老师又鼓起勇气来，谦卑地问道："确实，先生，您是学神学的吗？上帝保佑您，您一定会成为上帝葡萄园里优秀的工人和上帝羊群的忠实的牧羊人。""您可以肯定的是，"父亲开玩笑地插了一句嘴，"他一定能把葡萄园踏得平整，能让羊毛剪得干净，还一定会有很多温顺的忏悔者。"我们的课也在愉快的氛围中结束了，所有人都被父亲的笑话逗笑了，我们女孩子也笑了，却不知其中的原委。

## 7. F. 莱尔泽 1771 年 8 月 6 日

（转述）

歌德要在斯特拉斯堡获得法学博士学位，为此他写了一篇论文。他在文中论证了十诫（Ten Commandments）并非真的是希伯来人的戒律，根据《申命记》（*Deuteronomy*），十诫从未真正存在过，只是十种仪式。这篇论文被院长压了下来，歌德就又写了一篇更有异端色彩的论文。莱尔泽组织了他的答辩，假装站在非常正统的立场。歌德很快就被他逼到走投无路，一句德语破口而出："我觉得，我亲爱的朋友，如果我是阿喀琉斯，你正在努力成为我的赫克托耳[1]！"莱尔泽注意到院长觉得这个笑话有些过火了，最后巧妙地将此变成赞美，结束了这场答辩。那时，歌德和莱尔泽亲密无间。他们经常一起去大教堂，在屋顶上一坐就是

---

[1] 在荷马史诗《伊利亚特》中，赫克托耳与阿喀琉斯决斗，后落败而亡。——译者注

几小时。歌德就是在那儿创作的《德意志建筑艺术》（*On German Architecture*），这是他第一个付印的作品。他们经常乘船沿莱茵河而上，在鲁普雷希特绍（Rupprechtsau）借着灯光读奥西恩[1]和荷马。他们经常同睡一张床，但其实不会睡觉。歌德总是陷入高度兴奋的状态，说些预言，害得莱尔泽都担心他会失了心智。歌德对莱尔泽绝对地信任，莱尔泽想带他去哪儿他就去哪儿。歌德在离开斯特拉斯堡六个月后就给莱尔泽寄来了《葛兹·冯·贝利欣根》（*Götz von Berlichingen*），是完整的成稿，而离开之前他还完全没有着手去写。莱尔泽指出几个言谈过于粗俗的段落，歌德都依次删除了。

## 8. 伊丽莎白·歌德　1771 年 9 月—10 月

（H. C. 鲁滨逊记）

歌德有一天晚上兴致勃勃地回到家：啊！母亲！他说，我在公共图书馆发现一本非常好的书，我要把它改成戏剧！那些庸脂

---

[1]　相传是爱尔兰的战士和诗人。1762 年，苏格兰诗人詹姆斯·麦克弗森（James Macpherson，1736—1796）声称"发现"了奥西恩的诗，先后发表了《芬格尔》（*Fingal*）和《特莫拉》（*Temora*）。这两部作品后被证明是麦克弗森自己的创作，与荷马和米尔顿的作品以及《圣经》有很多相似之处。——译者注

俗粉们看到铁手骑士会送上多少秋波啊！铁手——太威武了！[1]

## 9. 卡罗琳·弗兰赫斯兰　1772 年 3 月

（写给赫尔德）

几天前我结识了你的朋友歌德。他为人热情、活泼，没有一点卖弄学识的造作。他对孩子很有耐心，语气还是别的什么地方和你有点像，以至于他走到哪儿我就跟到哪儿，他、我妹妹还有我，我们三个在夕阳下小坐了一会儿，伴着醉人的霞光谈起了你。他和你在斯特拉斯堡一起度过六个月的时光，说起你来也是兴致高昂。第二天下午我们一起去散了步，过程很愉快，然后回到我们家，坐在一碗潘趣酒周围聊天。不能说我们很疯狂，但大家的兴致确实都很高涨。歌德和我伴着钢琴曲跳了一支小步舞，他还给我们吟诵了一首你的民谣[2]，我竟从没听过："为何你的剑在滴血，哦爱德华，爱德华？"

## 10. J. Ch. 克斯特纳　1772 年 5 月—6 月

歌德博士才华横溢，是个真正的天才，也是非常有个性的

---

[1]　歌德时代说英语的拜访者使用古体英语所做的记录在原书中均采用斜体，相应的中文译本采用楷体。——译者注

[2]　此处指赫尔德翻译的苏格兰传统民谣。

人。他有非常丰富的想象力，所以大多时候都用图像和比喻来表达自己。他自己也经常说他在表达时总是使用隐喻，从来做不到直话直说，不过，他希望自己上了些年纪后能够按照想法本来的面目去思考，并能径直讲出来。

他所有的情绪都很强烈，但他对自己总是有极强的掌控力。他宽容厚道，不抱什么偏见，所以总是乘兴而为，不会犹豫再三，不会想着自己的所作所为是不是会得罪别人，是不是符合潮流和标准。他厌恶所有的限制。

他非常喜欢孩子，能和孩子们在一起待很久。他有些奇特，无论是行为还是外表都有些特质会让人觉得他不好相处。但是，他深得孩子、女人，以及其他很多人的喜爱。他对女性一直报以最大的尊重。

## 11. L. J. F. 霍普夫纳　1772 年 8 月 17 日

**（转述）**

一天，一个衣衫褴褛、举止怪异的年轻人来到霍普夫纳在吉森的家，说有急事要见教授。霍普夫纳虽然在忙着备课，但还是让他进来了。这位年轻人从进门到就座，给霍普夫纳的感觉就是一个生活拮据的学生。这种感觉也得到了证实，因为年轻人一开口就极其详细地描述了自己的家境，其间还时不时暗示实际情况比这还糟。上课时间越来越近，教授很快就决定给年轻人一些金

39

钱方面的帮助，不再浪费口舌，也就此结束这段尴尬的对话。但是教授刚表现出这个意图，把手伸到衣兜里找钱包时，这个本以为是来化缘的学生竟开始聊起了学问，很快就消除了他是来讨要钱财的嫌疑。而当年轻人意识到教授改变了对他的看法时，就又回到之前的话题。这位学生暗示得越来越明显，他此番前来的目的就是寻求资助。就这样经历了两三个回合，霍普夫纳每次刚要给钱就又觉得不应该给，这位学生却扬长而去，留下教授如堕五里雾中。

当天晚上，霍普夫纳来到大学教授经常聚会的酒馆，但比平时晚了一些。他一进门就发现这里一片混乱。人异常的多，都是有教养的文化人，他们聚在一张小桌子周围，有的坐着，有的站着，有的甚至站在椅子上，越过同事们的头顶注视着人群中央。人群中央传来一个男人的声音，铿锵有力，听众们都被他出神入化的口才吸引了。霍普夫纳询问这究竟是怎么一回事，而后得知歌德从韦茨拉尔过来，已经在这儿待了一小时，这里的对话逐渐演变成歌德的独白，人人都听得兴会淋漓，钦佩莫名。霍普夫纳对诗人愈感好奇，想要一看究竟。他爬上椅子朝人群中央望去，看到那位化缘的学生已化身成为年轻的阿波罗。

## 12. 冯·顺博恩男爵　1773 年 10 月 11 日

（写给 H. W. 冯·格斯滕贝格）

我到法兰克福那天晚上还和歌德先生——《葛兹·冯·贝利

欣根》的作者——说了话。我们是临时经人介绍认识的，但马上

就成了朋友。他身材并不高大，和我差不多高，面容白皙，有点

鹰钩鼻，但很挺括，脸稍长，双眼乌黑，头发也是黑色的。他的

表达严肃中带着忧思，也偶尔流露出一丝幽默、滑稽或是讽刺。

他言辞流利，机智诙谐的想法层出不穷。据我观察，他诗歌创作

的天赋非常突出，能够凭感觉直达事物的本质，无论是什么，在

他脑海里经过加工处理都会变得独一无二。所有事物在他那里

都变得引人注目了。我告诉他你非常认可他的戏剧，他听了很

开心。

## 13. J. H. 容 – 施蒂林　1774 年 7 月

有天一大早，施蒂林就被叫去一家位于埃尔伯费尔德的小

旅馆，说是有位生病的客人想要见他。他穿好衣服前去旅馆，随

后被带到那人的房间。进门后，他看到病人脖子上围着一条厚厚

的毛巾，头全都包了起来。那人从床上伸出手，虚弱无力地说：

"医生！给我把把脉，我病得很重，很虚弱。"施蒂林为他把了

脉，却发现脉搏跳动得非常规律，很健康，所以他如是回复说：

"我没发现任何病症，脉搏跳动很规律。"他刚开始说话歌德就用

胳膊缠住了他的脖子。

## 14. J. K. 拉瓦特尔  1774 年 7 月

**（转述）**

一天，在埃尔伯费尔德，来自杜伊斯堡的雷克托尔·哈森坎普恰巧坐在歌德不远处的邻桌，歌德正在和拉瓦特尔聊天，旁边还有很多人。歌德和拉瓦特尔轻松活泼的对话让所有人都很愉快，营造出一片其乐融融的氛围。哈森坎普是个笃信宗教的人，但往往因为不够圆通而做些不合时宜的事情。他突然用一种严肃的声音向歌德问道："您是歌德先生吗？""是的！""就是臭名远扬的《少年维特之烦恼》的作者？""是的。""那我觉得我有义务告诉您，我对那本不虔诚的书厌恶至极。愿上帝指引您冥顽不灵的心学会忏悔！因为灾祸，灾祸会降临到罪人身上！"他说了些诸如此类的话，在场的人都感觉非常尴尬，焦急地等着看这位诚实但是迂腐的老学究接下来会受到怎样的对待。然而，歌德的回复逗笑了所有人："从您这个角度来看，确实如此，所以您是一定要审判我的，感谢您诚实的批评。为我祈祷吧！"——歌德有教养的表现得到了大家的赞赏。雷克托尔颇感意外，怒气也消除了，大家又回到了之前轻松愉快的聊天氛围。

## 15. J. G. 雅各比  1774 年 7 月 24 日

我匆忙赶到杜塞尔多夫，歌德先生正在那里等我。歌德先生曾在报纸上狠狠抨击过我，但不管怎样，他都是写过悲剧《葛兹·冯·贝利欣根》的人。我们握了手。我见到了人类历史上最杰出的人物之一，他有着卓越非凡的智慧，有着光辉灿烂的想象，有着深入透彻的见解，也有着阴晴不定的情绪，他强大的思维时而漫无边际，却总是独树一帜。

星期天早上五点钟，我们乘了一辆四轮马车去参观本斯贝格城堡。我很享受和我们访客的这段旅途，虽然我们看的、听的和感受的方式都不尽相同。如果说我是生活在古希腊之中，那么他周围就是古苏格兰人、古凯尔特人、古条顿人。我们回到旅馆后，歌德在暮光之中为我们吟诵了古老的苏格兰民谣：民谣中充满大自然真切、深沉的呼唤，仿佛还有幽灵时隐时现。他的吟诵是那么无与伦比，尤其是最后一首，那么真实、自然，我们着实受到了惊吓，心中惴惴不安，那感觉就像儿时听保姆讲历险故事一样，听得全情投入，对每一句话都信以为真。

我们一起共进了晚餐，每个人的兴致都很高亢。不远处，莱茵河的风光尽收眼底：河水在月光的照耀下波光粼粼，潺潺水声在夜晚的静谧中有种莫名的庄严。

## 16. 伊丽莎白·歌德　1774 年 11 月 14 日

（贝蒂娜·布伦塔诺记）

一个阳光明媚的冬日，您母亲有客人，您向她提议大家一起乘车去美因河："可是母亲，您还没看过我滑冰，而且今天天气 42

19

这么好，"您一再央求。"我穿上深红色的皮毛大衣，"您母亲告诉我说，"那衣服带一条长长的托裾，是在前胸处用金色环扣固定住的，然后我们就出发了。我儿子去到河上，在其他人中间滑进滑出，像一支飞来飞去的箭。空气冻红了他的脸蛋儿，发粉都被吹掉了，露出棕色的头发。他看到我的红色皮草，就径直来到马车旁边，温柔地朝我微笑。'说吧，你想干什么？'我说。'哦，哎呀，母亲您在马车里不会冷，把您的皮毛大衣给我！''你不会是要穿上吧！''我当然要穿了！'能怎么样呢，我就把我温暖、高档的大衣脱了下来。他穿上衣服，用一只手臂扯开托裾，又跑去冰上了，像个神的孩子。"

## 17. K. L. 冯·克内贝尔　1774 年 12 月

我结识了歌德，可以说对他抱有极高的热情。对我来说，那是我人生中一段最独特的经历。

我保留了一些他写作的片段，比如《浮士德博士》（*Dr. Faustus*）的片段，其中有些场景非常精彩。他在自己的房间里随处都能搜罗出手稿。他写《少年维特之烦恼》用了两个月的时间，还向我保证说自己删改的所有内容还不如这本书里的一句话改得多。写《葛兹·冯·贝利欣根》只花了他六个星期。

## 18. G. M. 克劳斯　1775 年 2 月—3 月

歌德现在是各种聚会的灵魂人物，他经常去舞会，跳起舞来很疯狂！但他还是有反复无常的老毛病。大家聊得正欢时他就有可能突然心血来潮，起身就走，不再回来。他一以贯之地我行我素，不遵守任何规则。有时在大家穿着非常正式的场合，他却穿得很随意，而大家穿着随意的时候，他又很正式。

## 19. 来自安德烈一家的记录　1775 年春

一个雾蒙蒙的月夜，歌德把自己裹在白色床单里，就这样一副打扮踩着高跷在小镇（美因河畔奥芬巴赫）里大摇大摆地穿梭（歌德小时候专门练习过踩高跷），路过很多人家的二楼窗户都会向里面盯着看，大家看到这个高大的、幽灵一样的白色身影都吓得惊恐万分。还有一次，我们为安东·安德烈举办受洗礼，所有人都在宴席上就座了，歌德稍微离了一会儿席，回来时手上端着一个被盖住的盘子。他轻轻地把盘子放在桌子上，片刻后，盖着盘子的餐巾被拿开了，只见在大浅盘上躺着的是被小心包裹起来的受洗婴儿。

43

## 20. J. G. 冯·齐默尔曼　1775 年 9 月

（转述）

据说《浮士德》进展不错，那时大家都以为不久之后就能看到它问世了。齐默尔曼问他的这位朋友写作进展如何，歌德拿出一大袋小纸片，倒在桌子上说："这就是我的浮士德！"

## 21. 夏洛特·冯·施泰因　1776 年 3 月

（于魏玛）

歌德在这里有人喜欢有人讨厌，你会发现有些聪明人也没能理解他。几小时前他来看我，我对他坦白说希望他能收敛一点，不至于招致那么多非议，虽然那些所谓的疯狂行为不过是打猎、策马驰骋、鞭子甩得噼啪作响，当然还是在公爵面前。我敢肯定这不是他的本性，但他目前必须这样做，好获得公爵的赏识，这样才有机会做些好事，当然这是我的猜测。他没告诉我原因，却口若悬河地为自己辩护，但我仍然觉得他是错的。他和我很亲，直接用"du"[1]来称呼我，很符合他轻信别人的直率性格。我用温柔得不能再温柔的语气警告他不要这样说习惯了，因为毕竟没人能像我一样知道你为何这样称呼，而且他总是太容易忽略一些社

---

[1] 德语中，人称代词"du"是对家属、亲友、孩子等的亲密称呼，后文出现的"sie"是第二人称的尊称。

会现实。听我这样说，他发了狂似的从沙发上跳起来说"我得走了"，又来来回回跑了好几次找他的手杖，怎么找都没找到，随后便急匆匆地跑了出去，没说再见，也没说晚安。所以你看，这就是我们的朋友心情不好的一天。

44

## 22. C. M. 维兰德 1776 年

（转述）

二十年后，维兰德回忆起歌德，说那段时间他无时无刻不在散发着才华的光芒，着实令人讶异。他不仅能即兴创作优美的诗歌，还能即兴创作整出戏剧。有一天，维兰德记得特别清楚，他们正在讨论恺撒应该是个绝妙的戏剧主题，歌德当即就开始描绘人物，一场接一场地口述，直到整部剧结束。如果他这样即兴创作的戏剧被记录下来，这世界将会多出好几部杰作，甚至比他现在有名的作品还要精彩。

## 23. 卡尔·冯·施泰因 1776 年

歌德正站在餐厅的炉火前，为了更好地取暖，他把衣服后摆掀了起来。我就站在他的侧后方。我悄悄捡起风箱，偷偷把吹风口瞄准他裆部以上、系带处以下的那条缝，出其不意地给了他一股大风当见面礼。这打断了他的话，使他非常生气，不仅对我吼叫，还威胁我再有下一次非揍我不可。

## 24. J. W. L. 格莱姆　1777 年 6 月

　　歌德出版《少年维特之烦恼》后不久我就来到了魏玛，希望能够认识他。安娜·阿玛利亚老公爵夫人邀请我去参加晚宴，在宴会上我才意识到歌德晚点儿也会来。那时，《戈廷格摩萨年鉴》（*Göttinger Musenalmanach*）刚在文学界兴起，我随身携带了最新一期，好从中选几篇给大家读一读作为消遣。正朗读时，一个几乎没有引起我注意的年轻人混到听众当中，他穿了双带靴刺的靴子，一件绿色猎人短上衣，坐在我对面，听得非常入神，那双黑色的眼睛炯炯有神，像个意大利人。不过其他地方就没有什么让我觉得特别的了。可我注定会对他有更深的了解——在阅读间隙，几位绅士和女士正在对这篇或那篇发表自己的见解，或赞赏或批评，这位同样绅士的猎人（这是我对他的第一印象）也站起来发言了。他先是非常礼貌地向我鞠了一躬，同时提出和我轮流朗读，不至于让我太累，他想征求我的同意。我当然不能拒绝这么恭敬的请求，立即把书递给了他。然而，我以阿波罗的名义，以九位缪斯女神的名义，更不必说还有美惠三女神的名义起誓，接下来我听到的实乃我三生有幸！一开始，他朗读得非常优美：

　　　西风侧耳听，

24

潺潺流水鸣，

风间水面高阳映，

欣欣然一片光明。


遇到比尔格[1]等人不好朗读的部分，他的呈现也都无可指摘。但是突然，朗读者好像被狂闹的魔鬼[2]控制了，我以为我必是在观看"山野猎人"[3]本人。他朗诵的诗年鉴里完全没有，他任凭自己的思绪滑到随便哪个音调和旋律上，六步格、抑扬格、打油诗等，滔滔不绝。一切都是脱口而出，而且杂乱无序，好像是他一股脑从袋子中抖搂出来一样。

天知道那天晚上他用自己的想象贡献了多少笑料！他时不时就抛出一个让人称奇的想法，并说是出自其他人，虽然这些想法都很简短，也没什么条理，但都会让那人觉得，如果自己在伏案工作时真的想到了这一点，可是要谢天谢地了。直到意识到他要耍什么把戏时，客人们就会哄堂大笑。他用这样或那样的方式调侃在场的每一个人，我也没能幸免。但每每说出一个都会让他声称如果提出这个想法的人在伏案工作时这样想过，就会跪谢上

[1] 戈特弗里德·奥古斯特·比尔格（Gottfried August Bürger，1747—1794），德国诗人，德国浪漫主义民谣文学的奠基人之一。——译者注

[2] "魔鬼"对应的英文原文为"devil"，后文还会出现"dameon"，按传统译法译作"精灵"。——译者注

[3] 比尔格有诗《山野猎人》（*The Wild Huntsman*）。——译者注

帝。每当客人们意识到他要耍什么把戏时，欢闹就会传遍整个房间。他用一种又一种方式拿在场所有人开玩笑，我也不例外。

"这位要么是歌德，要么是魔鬼！"我朝坐在桌对面的维兰德喊道。"都是，"他回答我说，"今天魔鬼又附上了他的身，让他前踢后踹，像头桀骜不驯的小马驹，最好离他远点。"

## 25. J. F. 布卢门巴赫　1783 年 4 月

我在很多不同的场合见过歌德很多次：在宫廷，在他同事中间，在夫人小姐面前，在他与维兰德谈话期间，他也和我有过几次相当长时间面对面的交流，或是带我去他的花园散步，或是出去散步，等等。他完全超出了我的预期，打破了我看其他人的记录时对他的印象。他一点官架子都没有，也不高冷，恰恰相反，我觉得他是个成熟、严肃的人，很真实自然，非常平易近人。他表达的看法出乎意料的坦诚、清晰和深刻，同时又绝对公允，从来不自以为是。维兰德和歌德用"du"称呼对方，是很要好的朋友，但能感觉出歌德更有优越感。

## 26. C. M. 维兰德　1775 年—1786 年

（B. R. 阿贝肯记）

关于悲剧（《浮士德》）的结尾，歌德在不同时期似乎有不

同的想法，如果维兰德没有记错的话。他在 1809 年告诉过我歌
德从没谈起过《浮士德》的写作计划，除了在一个很欢乐的场合
说过："你觉得是魔鬼来找浮士德。正相反，是浮士德来找的魔
鬼。"——这话可能可以追溯到魏玛时代初期[1]。

## 27. 卡罗琳·赫尔德　1788 年 8 月 7 日

**（写给丈夫）**

歌德今天又来拜访了，他说你的意大利之行一定非常成功。
我们聊起很多事，他告诉我，在离开罗马之前的两周，他每天都
哭得像个孩子。

## 28. F. 席勒　1788 年 9 月 7 日

终于，我能和你讲讲我对歌德的印象了，我知道你很期待
听他的事。上周日我几乎一整天都和他在一起。他中等身材，
坐立的姿态和走路的姿势都有些僵硬；从他的长相上看，看不
出什么，就是眼睛炯炯有神，很有表现力，单是观察那双眼睛
就是一件趣事。他表情严肃，但也透露出友好和善意，有些黑，
看起来比我想象的老成。他的声音悦耳动听，讲起故事来流利、

---

[1] 所指应是歌德来到魏玛初期。——译者注

诙谐，又生动，听他说话真的是一种享受。他心情好时——这次他似乎心情就很好——讲起话来兴致勃勃的。我们很快就相互认识了，丝毫没有感觉到拘谨，当然，在场还有很多人，所有人都争先恐后吸引他的注意。我们不可能长时间单独沟通，只能有一些最简单的交流。他很喜欢谈论意大利，热切地回忆在那里的时光。听他的话，你会觉得那个国家真切的画面和人们真实的生活场景仿佛都历历在目，你也能清楚地知道为何意大利比欧洲其他任何一个国家都更追求及时行乐。得益于宜人的气候和丰饶的自然环境，他们的需求更简单，他们的生存更容易。他们追求炽烈的感官享受，所有的恶习与美德都是由此产生的自然结果。他强烈反对那不勒斯有太多居民不工作的论断。他说那里的孩子五岁时就要开始赚钱，不过他们没必要，也不可能像我们一样每天从早到晚地工作。在罗马，男人不会和未婚女性发生不正当的关系，而往往是和已婚女性，在那不勒斯则刚好相反。总的来说，他们对待异性的方式有很明显的东方特质。他认为，罗马不是能让外国人立即产生好感的城市，必须待上一段时间才能了解它。意大利的生活开销不算高，可能比瑞士还要低一些。对外国人来说，那里的肮脏几乎已经到了无法忍受的程度。

　　我很想再告诉你更多关于他的细节，但还要再等等，看我什么时候能想起来。总体而言，这次亲眼见到他，我对他莫大的好感没有减少半分，不过我怀疑我们是否能变得非常亲密。我们的性格一开始就截然不同，他的世界不属于我，我的世界也不属于他，我们的思维方式从根本上就是不同的。不过仅凭这样一次见面是无法下定论的，时间会告诉我们答案。

### 29. 卡罗琳·赫尔德  1789 年 3 月

（写给丈夫）

歌德私下里告诉了我《塔索》(*Tasso*)的真正含义，它讲的是才华与生存的不对等。

### 30. L. Ch. 阿尔特霍夫  1789 年 6 月

比尔格和歌德素未谋面，不过他们曾通过几封信，是歌德先发起的。带着对这位文学知音的爱与崇敬，歌德很快就不拘礼数，在信中称比尔格"你"(du)，不再称"您"(sie)了。比尔格也用同样的方式称呼他。歌德一直保持着这样的格调，所以二人通过信件成了正式的密友。后来歌德高升到显赫地位，他给比尔格写信的风格也变得客套起来，"你"(du)又变回了"您"(sie)。很快，二人的通信就无疾而终了。1789 年，比尔格给冯·歌德先生寄去一本自己诗集的第二版，还附上了一张礼貌的便条。此后不久，比尔格开启了一段旅程，途经魏玛。他很纠结要不要主动去拜访冯·歌德先生，因为他天生不善交

48

际，根据从别人那里听到的信息，他无法确定自己是否能受到昔日密友的欢迎。可是他的朋友鼓励他说冯·歌德先生去过意大利后就变得相当平易近人了。而且，这次情况比较特殊，他期待着歌德在收到他的诗集礼物后，能简单表达一下谢意，或许还能给他这些新作提些指导性的建议。所以他鼓足勇气，在一个下午来到部长府邸。一位男仆告知他部长阁下的确在家，但是指挥家赖夏特先生正和他在一起，他们刚要试听赖夏特先生新谱的曲子。"哦，太好了！"比尔格心想，"我来得正是时候，不会打扰部长阁下处理公务，或许我还能对音乐发表些看法。"所以他请男仆转告阁下先生来自哥廷根的比尔格希望拜见他。男仆前去通报，回来后把他带到一个房间，不是弹奏音乐的房间，而是一个空荡荡的会客厅。几分钟后，冯·歌德先生出现了，面对比尔格的致意，歌德屈尊弯了下身，示意他坐在一张沙发上，比尔格愈发感觉难堪，他原本期待的完全是另一种欢迎方式。然后，歌德问道——现在哥廷根大学有多少学生？狼狈不堪的比尔格尽最大努力去回应歌德，很快他就再次起身离开了。歌德一直站在房间中央，用一个优雅的鞠躬送走了比尔格。

49

## 31. F. 冯·舒克曼男爵　1790 年 8 月 17 日

难以走近歌德去了解他的原因并非他缺乏善意，而是他独特的性格。这种独特性就体现在他试图如实表达感受和想法时所面临的语言障碍，体现在他在表达时必然会赋予语言的潜在意图和情感意义。当他察觉到对方预料或感觉到了他要表达的含义，他每开一次口，对方就了解得又深一点时，他便无法再说下去了。有些人，其中就包括他，如果性情再粗糙些，就一定会是更好、更流利的发言者。毕竟，张嘴就来的套话只容纳得下平庸的想法。

## 32. F. 冯·舒克曼男爵　1790 年 8 月—9 月

我终于有机会私下里深入了解歌德了，这才发现他是个多好的人。之前我在信中说的表达障碍，随着他逐渐热情起来就全部消失了，他对我也不再拘于礼数。冷漠地讲话并非他的真性情，只是面对陌生人时不得不这样做，我相信他也绝对有理由这样做。和一个人熟悉起来后他就开始做回自己了，想法排山倒海般从他丰富的知识库中倾泻而出。他讲起话来更像是代数学家在计算，只是用的不是数，而是量。他生动的讲述从来都不是不着边际的幻想，正相反，他描述的画面总是符合事物本来的面貌，让听者向它靠近，而不是离它越来越远。这就是现在，他离开布莱斯劳一周后，我对他性格的评价，绝对客观，并不是因为我一开始就对他有好感。当然，这里的其他人都觉得他言语奇怪，莫名其妙，做作至极。

## 33. F. 席勒　1790 年 10 月 31 日

　　昨天，歌德和我们在一起，我们的话题很快就转向了康德。他可以给读过的一切都加上个人色彩，这着实有趣，而且他将其再现出来的能力太惊人了，但对于我非常熟悉的事情，我并不屑于和他争论。他似乎缺少热衷于一件事的能力。对他来说，所有的哲学都只不过是主观的看法，既然如此，不管是赞成还是争辩都不可能了。我也不完全喜欢他的人生观：太依赖感官世界，而我依靠的是思维。总体而言，他的思考方式太感性，那种感觉就像是他用手触摸了太多东西。不过他的思维总是积极向各个方向探索的，试图构建起系统的观点——这也是我觉得他伟大的原因。

## 34. 一名普鲁士炮兵军官　1792 年 8 月

　　在与法国打仗期间我就听说，这个歌德是个非常有名的作家。我奉命也要跟从萨克森－魏玛公爵，一开始当我得知要和这个人在一起待很久，可能还要同在一个营房时，我是有些排斥的。我一直以为，这些写诗的绅士不过是些身体和道德上堕落的人。但当我初见这位歌德先生，真的大吃一惊！他正值盛年，外表异常的英俊，气质高贵端庄，穿着也十分考究。拥有这番绅士风度的人，很可能被误以为是王子，而不是一个中产阶级的官员。他整个人散发着十足的自信，话语从他嘴中流出，那么精妙，那样轻松，听众常以为是有人在对着书高声朗读。不过说实话，他太喜欢听自己讲话了，有时遇到他不可能明白的事也大发言论，虽然好听，却没有任何实际内容。我还记得有一次，在魏玛公爵的晚宴上，他对火炮技术长篇大论了一番，特别是排炮要怎么摆放才最有效，甚至还想给我们炮兵军官一些建议。对此，我确实有些恼怒了，有这种感觉也算是合情合理吧，我说："我亲爱的公使馆参赞先生（那是他那时的头衔）！恕我冒昧，能否允许鄙人以波美拉尼亚人的坦率向您直言一句？我们国家有句古老的谚语：修鞋匠，别管别人的行当！您谈论戏剧，谈论文学，或者其他很多学术、艺术方面的问题，我们都愿意洗耳恭听，因为您精通这些事，能教会我们很多。但您要说起炮术，还要对我们军官指点一二，就是另外一码事了，因为，恕我直言，这是件您完全不懂的事。对于枪炮该如何使用，您的看法完全是错误的，如果有军官按您的建议放置排炮，那一定发挥不了作用，只会闹一出笑话。"这就是我坦率大胆的发言，话说出口，在场大多数人都震惊了，陷入一种惊讶的沉默，还有几个人惊恐地看着我，认为我不应该向歌德这样一位已然赫赫有名的人物如此坦言自己的想法。歌德自己刚听到我的话时脸也红了，不知道是因为生气还是因为尴尬，他那双明亮的眼睛一动不动地盯着我。但很快他就缓过神来，笑着说："好吧，你们来自波美拉尼亚的绅士确实都推崇坦诚，几乎可以说是推崇粗蛮了，我刚刚可是听得清清楚楚。但是我们不要为此争吵了，我亲爱的中尉！您真的是给

51

我上了一课，我要小心，以后不能在您面前谈炮术，也不要试图在军官面前班门弄斧了。"说完，他友好地和我握手，我们以后一直是很要好的朋友，其实在我看来，歌德现在比以前更愿意接近我了。

### 35. F. 席勒  1794 年 7 月 24 日

我现在终于得到歌德的信任了。六周前我们就艺术和艺术理论有过一次漫长的讨论，各自表达了主要观点，却是殊途同归。事实是，我们赞成彼此的观点，这已然不可思议，而更有趣的是，一致的观点是从完全不同的视角发展而来的。我们能弥补对方的一些欠缺，也相互有所收获。从那以后，这些零散的观点就在歌德心里扎下了根。他现在感觉应该和我结盟，在我的陪伴下继续他的探索，不至于再孤孤单单，得不到鼓励。

### 36. F. 荷尔德林  1794 年 11 月

我也拜访过席勒几次。第一次不是太走运，我进了门，席勒友好地上前迎接。他身后不显眼的位置有个陌生人，我差点没注意到，他的神情，以及很长一段时间里他说的话，都没有显示出他有任何特别之处。席勒将我介绍给他，也将他介绍给我，但我没听清他的名字。我草草看了他一眼，冷漠地打了个招呼，一门心思只顾着席勒一人。陌生人沉默良久。席勒拿来《塔利亚》（*Thalia*）交给我，里面有我的小说选段和《命运之歌》（*Ode to Destiny*）。过了一会儿，席勒从我这儿走开后，陌生人还在我旁边。当时我正站在一张桌子旁，他从那张桌子上拿走期刊，在我的《许佩里翁》（*Hyperion*）选段那几页翻看了一阵，没说一句话。我感觉自己的脸已经红得发烫了。如果我当时了解情况，脸一定会被吓得惨白。然后他转向我，询问冯·卡尔布夫人是否一切安好，以及我们村子在哪里，邻居都是怎样的人。回答这些问题我都只用了一两个词，对我来说也的确是少有的情况。但可以肯定的是，这是我的不幸时刻！席勒回来后我们谈论了魏玛戏剧，那位陌生人虽只说了寥寥数语，却分量十足，足以让我猜出些端倪——但我还是没有。魏玛的画家迈尔也来了，这位陌生人和他聊了各种各样的话题，我还是没有怀疑他的身份！我离开后，就在同一天，你猜怎么着？我得知那个下午歌德也在席勒家。

## 37. K.A. 伯蒂格　1795 年 5 月 28 日

我们讨论了梦。歌德也认为不做梦的睡眠是最让人放松的。歌德给我们讲述了前一天晚上他做的一个非常精妙、寓意深刻的梦。

## 38. 让·保罗　1796 年 6 月 17 日

### （弗里德里希·里希特）

　　我带着恐惧与不安去拜访了歌德。根据夏洛特·奥斯特海姆等人的描述，他对地球上所有的人和事都失去了热情。夏洛特说："任何事都掀不起他内心的波澜了，包括他自己。"按她所说，歌德的每句话都冷若冰霜，尤其是对陌生人，他很少接纳陌生人。他就像我们的帝国自由市（Imperial Free Cities）一样硬气和高傲，只有艺术作品还能温暖他的内心。所以我就请克内贝尔先把我放在矿井里泡一泡，让我石化，有个坚硬的外壳，我以雕像的面目出现在他面前或许会更有利。我一路过去没有任何感觉，主要是好奇战胜了一切。他的住宅非常醒目：魏玛唯一一栋意大利风格的房子，配有格调一致的楼梯，整个一座绘画和雕塑的殿堂。一阵恐惧袭来，我心头一紧——终于，神缓缓走来：冷淡，寡言，语调平缓。拿克内贝尔的话说："法国人正在向罗马进发。""嗯！"神说。他身形强壮有力，眼睛明亮闪烁（只是瞳色不太赏心悦目）。不过，他还是被香槟，被所有关于艺术、关于公众的话题点燃了——于是，我们的主人变成了歌德。他的发言不像赫尔德那样绚烂和流利，但是清晰、深刻、沉着。最后，他给我们朗诵了一首没有发表过的诗，气势恢宏。与其说他是在朗诵，不如说是在表演，他的心一路燃烧，划破冰封。他高声的诵读犹如雷声滚滚，深沉中又夹杂着细雨轻柔，简直无与伦比。

## 39. 卡罗琳·冯·沃尔措根　1796 年 9 月

一想起歌德给我们大声朗读的情景，我就十分感动，那是《赫尔曼和多罗特娅》中的一篇，他才刚刚写完。诗节里有赫尔曼和他母亲在梨树旁的对话：他感慨万分，泪水从脸颊上流下来。"你看，一个人能被自己心中的火融化到这般程度。"他边说，边拭去泪水。

## 40. J. D. 法尔克　1796 年 12 月

最近，在一个俱乐部，维兰德对年轻人喝茶量大表现出半戏谑、半严肃的愤慨，即便（如他所说）茶有明显萎靡精神的影响。

歌德（在火炉前晃来晃去，提起上衣后摆，挺起胸脯）："这你就错了，我的老朋友，茶是提振精神的。"

维兰德："又是个悖论！"

歌德："哦，我有足够多的证据。"

维兰德："就先说我最薄弱的论据——"

歌德："别别别，我的老朋友，千万别，求你了！永远都是先说最有力的！我已经全副武装了。"

维兰德："那好，首先，无论你怎样强词夺理，你都不能否认，草本泡制的饮品本就有毒性，而且热水——"

歌德："所以茶，你就说，是萎靡精神的饮品？"

54

维兰德："是的，但是我——"

歌德："好，要我说它是提振精神的饮品。"

维兰德："不是削弱精神的？"

歌德："既提振又削弱。"

维兰德："提振又削弱？"

歌德："如果经常喝就会像所有兴奋剂一样，但也提振精神。"

维兰德："但它有毒。"

歌德："根本就不存在毒这种东西。"

维兰德："又新来一个悖论？"

歌德："这主要取决于用量。就连香槟也会变成毒药。"

维兰德："我想，听到没有死这回事，连诡辩家都会说不下去的。"

歌德："好了，好了，不要扯到那里去。"

维兰德（向门口走去）："这太疯狂了！"

歌德（在他后面追喊）："逃跑吧，我亲爱的朋友！要不然我倒想再和你辩一辩永生问题，你一定会输的。"


## 41. L. 蒂克　1799 年 12 月

（转述）

蒂克向歌德介绍了他研究莎士比亚及其同时代人的情况，由此便提到本·琼森[1]，讲述了他与莎士比亚始终存在的区别。说罢，他问歌德愿不愿意尝试了解一下这位不同寻常的作家。歌德欣然同意了，蒂克推荐歌德读《福尔蓬奈》（*Volpone*），还给他拿来了对开本。一段时间过后，蒂克再去拜访时，歌德刚好研读完这部剧，书还在他面前放着，只见他心情大好，"我跟你说，我亲爱的朋友，"他一边感慨一边用手拍了拍封面说，"这家伙是个天才，我发誓，如果不是，就让魔鬼把我带走！"蒂克表示很高兴自己的建议还算可靠。"是的，该死，这个家伙！"歌德又拍了拍书说道："他怎么就那么高明！"被问到他想不想再多读些琼森的作品，从而更好地了解他时，歌德拒绝了，说："不用了，亲爱的朋友，已经够了！不需要再看了！现在我知道了他，这就够了！"

55

## 42. F. 施莱格尔　1800 年 9 月

在体弱多病、总是郁郁寡欢的席勒面前，歌德就像是他温柔的爱人，对他言听计从，纵容他，帮他出版悲剧。但有时歌德粗犷的性格还是会不自觉地流露出来。一次，他们刚在席勒家讨论完《玛丽亚·斯图亚特》（*Maria Stuart*），歌德准备回家时突然大

---

[1] 本·琼森（Ben Jonson，1572—1637），英国剧作家、批评家、诗人，在詹姆斯一世统治时期被逐渐认为是英国仅次于莎士比亚的剧作家。——译者注

声说道："真有些好奇，观众看到那两个娼妇见面后[1]* 拿彼此的风流事相互嘲骂会是什么反应。"

## 43. 里默尔　1803 年

"我愈发意识到，每个人都应该一心专攻自己的领域，其他的都不必太认真。比起做很多其他更重要但我无法掌控的事来说，写几句必须写的诗才是我更关心的；如果人人都如此，我们将生活在一个更有秩序的社会中。"

## 44. 阿马莉·冯·黑尔维希　1803 年 12 月

歌德非常期待结识斯塔尔夫人[2]，斯塔尔夫人也同样期待结识歌德。两人见面后，歌德向朋友反映说："那是个有趣的见面。我一句话都插不进去。她讲话讲得很好，但太详细，非常详细。"——与此同时，一群女士也急着想知道我们的阿波罗给他的访客留下了怎样的印象。她也坦言说没能插进去话。"但是（据说她说这句话时长叹了一声），一个人能把话讲得这么好，只听

---

[1]　三幕四场（玛丽和伊丽莎白两位女王相见）。

[2]　斯塔尔夫人（Madame de Staël，1766—1817）是法国作家、政治宣传家，常举办沙龙，其沙龙以多文人和知识分子闻名。——译者注

他说话就是一种享受了。"到底谁在说？谁在听？

## 45. H. 福斯　1804 年 1 月 26 日

　　歌德不赞成大家现在把"浪漫"（romantic）和"古典"（classical）作为两个类别加以区别。他说凡是杰出的文学作品，无论哪种体裁，本质上都是古典的。他更倾向于区分"矫饰"（plastic）和"浪漫"：矫饰文学以极其明确、完整的形态出现在读者的想象之中，而浪漫文学对待很多事物都是模糊地暗示，给读者留下自由想象的空间。前者只适合规规矩矩的想象力，而只有无拘无束、往往又混乱无序的狂想才能与后者惺惺相惜。

56

## 46. 里默尔　1804 年 2 月

　　斯塔尔夫人对歌德的认识一开始就错了，还非常天真地保证说一有机会就会把歌德对自己说的每句话都写进书里。而我至今还记得，有一次，斯塔尔夫人来拜访歌德，我听到他们就在我脚下正对着的房间扯着喉咙高声交谈，很激烈，几乎是愤怒了。她甚至还发出尖锐气愤的吼叫声，我都害怕她要径直冲破薄薄的天花板，穿透屋顶飞走了，像一个被冒犯了的仙女。歌德后来告诉我，他已经把她辩到走投无路了，这可能也正是她想做的事情。不过他们确实也有过几次愉快友好的交谈。

## 47. K. A. 伯蒂格　1804 年 1 月—2 月

斯塔尔夫人把歌德的民谣《渔夫》（*Der Fischer*）翻译成了韵诗，她将 "Was lockst du meine Brut hinauf in Todesglut?"[1]中的最后一个词翻译成了 "air brûlant"（灼热的空气）。当她把翻译念给歌德听时，歌德纠正了她，说这个词指的是厨房里炽红的煤炭，用来煎鱼的。斯塔尔夫人认为这个词 "maussade"（非常乏味），不高级。她原本正情绪激扬的时候，这个词一下子就把她送进了厨房。她说这正是我们最好的作家缺乏的——"τὸ πρῶτου"，一种精妙的合宜感。在这点上，她证明了自己是个真正的法国女人。

## 48. H. 福斯　1804 年 2 月 15 日

还有一次，我们在席间的谈话脱离了文学和艺术，开始聊起日常，讨论了牛肉、土豆、杏仁蛋白糖还有芹菜，就连克里斯蒂亚娜·武尔皮乌斯也参与了进来。歌德严厉批评了魏玛的屠夫，这又让他想到裁缝，并指责裁缝和屠夫一样无能（一群只会模仿的奴仆）。然后，他又从裁缝说到了书籍装订工。"总有一天，"他说，"我会把这群该死又可恶的混蛋叫到我面前，好好训斥一番，给他们灌输点追求……"如此等等。

---

[1] 此句的字面含义为：为何你把我的孩子诱惑进死亡的幽光？——译者注

## 49. B. 康斯坦特　1804 年 2 月 16 日

　　和歌德共进晚餐十分有趣。他很有智慧，时而妙趣横生，时而发人深省，时而新颖独到。但他是我见过最不温厚的人。谈到《维特》时，他对我说："那部作品之所以危险是因为它把弱点描写得像优点。但是，我按照我的方式创作出来以后，结果就与我无关了。如果有傻瓜因为读它而受到伤害，管他呢，还有会更糟糕的在等着他们！"

## 50. H. 福斯　1804 年 3 月—4 月

　　没有一个主体能逃脱歌德的关注，万事万物都能被他注入智慧与生命，就算谈论遥远的事物，他也总是借助于周围不断变化的物体，把自己的思想包裹在其中。他使用的隐喻没有不是就近取材的，从来都是眼前有什么就直接用什么，人们总是惊叹于他能把如此平凡的材料变得那么美妙和深刻。而一旦他的想象开始燃烧，他就会加快步伐，或者当他把注意力全部放在某件事物上，想要抓住其精髓时，他也会纹丝不动地站着，一只脚竖在另一只脚前，身体向后倾斜。坐在桌子正对面，看着他深邃明亮的双眼真是一件愉悦的事。他的容貌虽然看起来威严，却也散发着体贴和善意。而到了夜晚，他待在自己的房间时才是最可爱、最迷人的。此时的他已经脱去了正装，要么背靠火炉站着，要么坐在沙发上。不被他折服是不可能的，或许是因为夜的安宁与静

58

谑，以及辛苦工作之后的松弛，但不管怎样，那都是他最开心、最健谈的时间，是他完全敞开心扉的时间。是的，歌德确实可以是亲和的代名词，此时此刻，他的凝视已经完全失去了往常的震慑力，不再令人恐惧或敬畏。

## 51. H. 福斯  1804 年

我还要再给你讲一件歌德的趣事，这件事再次让我对他充满无限的喜爱。我第二次去他家拜访时，我的博士文凭刚好从耶拿发下来，送到歌德家，让他转交于我。他一开始对我保密，让奥古斯特去观景楼拿来一个月桂花环和一些柠檬树枝。吃饭时我仍然毫不知情。等到用餐完毕，歌德对克里斯蒂亚娜·武尔皮乌斯说："亲爱的！我觉得福斯看着还是很饿的样子，我们真不应该如此怠慢，怎么能不让我们的朋友吃饱呢。"我用同样轻松的语气去解释，向他保证我的胃口已经完全填饱了。但我的解释毫无作用，奥古斯特还是要去拿甜点。回来后，他端了只偌大的盘子，举在我头顶上方。我不得不表示至少再吃一点，盘子就这样被放到我面前。想象一下我的惊讶程度！我盯着歌德，一个字都说不出来。接着，他、奥古斯特和克里斯蒂亚娜都热烈地祝贺我取得新头衔，歌德拥抱了我，叫我，而且是第一次叫我，"亲爱的孩子"，从那以后他经常这样亲密地称呼我。他立刻就兴奋起来，对克里斯蒂亚娜说："为新博士的健康，我们应该喝点香槟。"她便下到酒窖，取来一瓶相当精美的家伙，此时我们已经喝完一瓶半了，现在又必须把这瓶琼浆喝掉。我们把这瓶喝到滴酒不剩。在为我庆祝时，他们一直叫我"博士"，就算我一直反对也无用。香槟发挥了效力，我开始不再只是高兴，而是狂喜。我一直都想向歌德表达谢意，却始终未能如愿，因为迄今为止我还从来没试过，但是现在我成功了。我们站起来时，我感觉头比平时重很多，或许歌德也是，因为他心情大好。我们又一起散了两小时步。在公园里，歌德还给我上了一堂自然历史课。 59

## 52. H. 福斯　1805 年 5 月

　　席勒去世时，大家都担心要怎样把这个消息透露给歌德。没人有这个勇气去告诉他。席勒去世的消息传到歌德家时，迈尔正和歌德在一起。他们把迈尔叫了出去，他再没有勇气走回去，只好不告而别了。歌德发现自己被孤立了，对周围人的表现感到困惑，他明显注意到所有人都在躲他——所有这些都是不想给他希望。最后，他说："我明白了。席勒一定病重了。"一整晚他都退守在自己的世界中。他对发生了什么有一点预感，有人听到他在夜里抽泣。第二天清晨，他对克里斯蒂亚娜说："席勒昨天一定是**病重**了吧？"他以那样强调的语气说出"病重"后，克里斯蒂亚娜心乱如麻，她再也无法控制住自己，放声大哭起来，没顾得上回答歌德的问题。"他死了？"歌德平静地问道。她回答说："现在你知道了。""他死了！"歌德又重复了一遍，他用双手蒙住双眼，泪水流出来，他什么也没有说。十点钟时我看到他在花园散步，但无法上前面对他。他一整天都静静沉浸在自己的悲伤中，我听说到晚上时他就已经恢复以往的沉静了。我躲了三天没有见他，第四天我找了个他去图书馆的时间。我跟着他，向他问早安，又问了十几个关于图书馆的问题，说话时，我的思绪已经远远飘离了我说话的内容，歌德的回答也同样心不在焉，但看起来非常认真。后来我听说他很感激我对席勒只字未提，否则他的回答肯定没办法不沉重。歌德现在很少提起席勒，偶尔说起时也只是略加提及他们伟大的友谊中愉快的方面。

### 53. H. 迈尔　1806 年 3 月 21 日

歌德称他从未长时间认真思考过文学理论，他的诗歌作品都不是他明确了应该怎样做，或必须怎样做之后才有的产物，只是一种感觉，一种直觉的产物，没有受到进一步理性分析的影响，如此这样才是对的。而在视觉艺术领域，虽然他产出很少，但对理论有过相当多的思考：他认为，视觉艺术于他而言是一种文学的符号表达，他在这一领域的思考对他的文学创作大有裨益。

## 54. H. 卢登 1806 年 8 月 10 日

　　我仍记得歌德在冯·克内贝尔夫人家里讲的趣事，而且不止一个，但我不敢再讲一遍。如果要讲，就只能省去让其魅力非常、辛辣至极的部分了，也就是歌德的眼神、声音和手势。它们不只是叙述，更是模仿和表演。他尤其经常提到的是两位老伯爵夫人，是他近期在卡尔斯巴德认识的。他说她们的腰围巨粗无比，所以一旦坐下就不愿意再挪动了。有鉴于此，她们的舌头都保留了最大的灵活性，能够无休止地说下去。她们的声音如少女般纯净，但一活跃起来，或是觉得有必要彰显自己的身份时，那优美动听的声调就会变成有感染力的尖叫和吸引人的傻笑。"我本人，"歌德说，"觉得这些夫人少有的圆形身材是她们最突出的特点。我无法理解怎么会有人，无论男女，能够长出如此庞大的身躯，我也没想到人类皮肤能有这般无限的延展性。不过，当我有幸和两位高贵的女士用餐时，一切就都清楚了。我想我们其余这些人对吃吃喝喝还是有一定天赋的，这一点我们已经向我们优秀的女主人充分证明了，但我不得不说，她们吃起东西来——先不说她们怎样喝东西——就超出了我能想象的所有可能。举个例子，她们俩每人就着菠菜吃了六个水煮蛋：她们把鸡蛋从中间一切为二，一口吃下半个，就像鸵鸟吞下半块马蹄铁那样轻松。"歌德还为我们转述了一些两位贵族夫人的话——关于卡尔斯巴德的水给她们的身体带来的变化，关于时事和当地社会，以及偶尔她们对文学和艺术的观察。她们的言论和观察让人明显感觉到一种

61

天真的朴素和巴洛克式的荒谬，但之后歌德又严肃地补充说这些话都不无道理，两位女士给他增加了许多新知。

我可以再讲一件轶事，歌德对它的讲述尤其令我们津津乐道。我还是将他说的话呈现出来，至于他说话的方式就只能留给读者自己想象了。

"我有来回走路的习惯，前几天总是在路上碰到一位老绅士，七十八或八十岁的样子，拄着一根镶金饰的拐杖。他和我一样来回走同一条路。听说他是一位退休的奥地利将军，来自一个历史悠久、地位显赫的贵族家庭，身份尊贵。有几次我注意到这位老人向我锐利地一瞥，在我走过去之后他还停下来上下打量我。对此我没有太在意，因为以前也发生过类似的事情。但是有一次，我走着走着停下来，去仔细看什么东西，这时那位老人向我走来，看着很友好。他略微抬了抬帽子，我当然也回了礼，然后他对我说：'你叫歌德，是吧？''是的。''来自魏玛？''正是。''写过几本书，对吧？''哦，确实。''还有诗歌？''还有诗歌。''他们说你写得不错。''嗯！''你写过很多？''嗯！写过一些。''写诗很难吗？''哦，还行。''取决于心情，我想是这样；一顿美餐，几杯好酒过后会更有灵感，是吗？''我想基本是的，确实——''那么现在，看看这里！你不应该只待在魏玛那个窟窿里，你应该来维也纳。''确实，我也想过几次。''那就太好了！维也纳的生活很美好，你知道的，有好吃的东西，有上等的酒。''嗯！''而且我们也尊重你们这些会写诗的小伙子。''嗯！''是的，像你一样的小伙子——当然，只要是绅士，并且知道怎样行事——还能跻身上层社会，结识最优秀的人，等等。''嗯！''你只管来，把你的名字送到我家里，我有家里的关系，有影响力，有朋友在宫廷，你就写"来自魏玛的歌德。在卡尔斯巴德结识。"后面这句话一定要加上，我老记不住在哪儿认识的人——太多事情要想了，你懂的。''我会注意的。''但是现在可不可以告诉我，先生：你都写过什么？''哦，各种，从亚当到拿破仑，从阿勒山[1]到布罗肯山[2]，从黎巴嫩的雪松到黑莓灌木丛，什么都有。''他们说你的东西非常出名。''嗯！还行吧。''很遗憾我一个字都没读过。我可能是前几天才听说的你。我猜你的作品已经出版新的修订版了？''哦，是的，确实。''我敢说还会有新的版本出版？''但愿如此。''那样的话，先生，我还是不要买你的书了。我其实只买最终版；要不然买本书里面全是错，实在太闹心，要不然就要一本书买两次。所以为了保险起见，我总是等到作者去世后再买，这已经是我的一条原则了。我不能破坏原则，就算那个人是你，知道吧。''嗯！'"

62

---

[1]　土耳其最高峰。——译者注

[2]　德国哈尔茨山脉（Harz Mountains）的最高峰。——译者注

## 55. H. 卢登　1806 年 8 月 19 日

　　"一个诗人绝不能阐释自己的作品，不应该把自己的诗歌用平铺直叙的散文分析出来：如果这样做，他就不再是诗人了。诗人必须把作品放到世界当中，探寻诗歌的创作意图是读者，或美学家，或批评家的事。

　　"诗歌里没有矛盾。矛盾只存在于现实世界，不存在于文学世界。诗人创作了什么就应该被原模原样地接受。他的世界是他一手创造出来的，而不是反过来。诗人构思出来的产物必须被诗意的灵魂接受。冰冷的分析会毁了诗歌，也不能反映实情。它留给我们的只有残破的碎片，除了让人羞愧之外没有任何意义。"

歌德像 [1]

---

[1]　本书插图均来自维基百科公版。

### 56. A. 厄伦施拉格尔　1806 年 10 月

耶拿战役期间，歌德娶了武尔皮乌斯小姐，但这什么都没有改变，除了她的名字现在变成了"冯·歌德枢密顾问夫人"。她对诗歌一窍不通，一次歌德自己开玩笑地说："多稀奇，这个可怜的小东西一句诗都不懂。"这位新婚娇娘对丈夫总是毕恭毕敬，始终称他"枢密顾问先生"。我们也这样称呼。当我开始叫他"阁下"时，他和气地说："'枢密顾问'就可以了。"在德意志，这个头衔听起来很像中产阶级。歌德夫人生性麻利、活泼，并不太喜欢丈夫过的平静生活。"枢密顾问先生和我，"据说她有一次说道，"什么都不做，只是坐在那儿相互对视。最后我们都觉得无聊了。"

### 57. J. A. 吕德库斯　1806 年 10 月 20 日

歌德与克里斯蒂亚娜·武尔皮乌斯结婚后不久，就向每天去他家里拜访的朋友和同僚介绍说"她一直都是我的妻子"，这让他们十分惊讶。

### 58. 卡罗琳·冯·沃尔措根　1806 年 11 月

歌德私下告诉我说，我们这样少去他家让他有些为难，毕竟我们都是他认识最久、最亲近的朋友。他就是想把妻子介绍进好

63

的社交圈。我告诉他，如果她来拜访我们，我们一定把她当作他的妻子，好生招待。"她是个愚蠢的小东西，"他说，"她不会写，也基本不识字，但你应该知道，和她在一起相处这么久，我一定会对她有些影响。"

## 59. 里默尔  1806 年 11 月 7 日

"现在的书都不是写给人读的，也不是传授信息和提供指导的，而是供评论的，然后便能一直被讨论，一直有针对它的观点被提出。

"书一旦开始被评论，读它的人就只有评论家了，而评论家都不是全读。不过从另一方面看，当今这些作家表达或传达的东西对知识都没有新颖的、个人的、独到的贡献，没有经过深思熟虑和精雕细琢，所以书受到现在的待遇也是咎由自取。"

## 60. 里默尔  1806 年 11 月

"一个人美好的决心，他的一次又一次被天性推翻的准则，就像是星期天、节日和特殊庆典之前的清洁、打扫和除尘。当然，我们还是会变脏，但是有这些局部的清洗还是好的，至少我们还有变干净的可能。"

64

## 61. 约翰娜·叔本华　1806 年 11 月 27 日

　　歌德感觉在我家比较自在，所以经常来找我。我在房间一角专门为他放了张桌子，上面有绘画材料，所以他想画画时就能坐下来，凭想象画些水彩风景画，他画得比较随性，都是些小幅的简图，但是充满生命力和真实感，就像他自己和他做的每件事一样。这个歌德是个多么奇特的存在！太伟大、太美好了！因为我不知道他什么时候会来，所以每次他走进房间都会吓我一跳，他好像生来就高人一等。我能明显看出来，其他人对他也都是这种印象，毕竟他们认识他的时间更长，其中很多人也比我和他更亲密。歌德刚到的时候总是有点张口结舌和莫名的局促，直到仔细看过了都有谁在为止。然后他总是紧挨着我坐下，在我稍后一点的位置，这样他能靠在我的椅背上。我发起对话后他就开始活跃起来了，散发出难以言说的魅力。他是我认识的最完美的存在，外表也是：身材高挑，身姿笔挺，穿着考究，总是一身黑色或深蓝色，发型和头粉都打理得非常精致，与年龄相符，他挺阔的面庞上有一双明亮的棕色眼睛，既温柔又犀利。当他讲起话来，那种翩翩风度更是令人难以置信，我根本无法长时间直视他。他各种对话都参与，经常会插入一些小的奇闻轶事，也从不以他的伟大压制任何人。他像孩子一样真挚自然，与人交谈时，只要他一开口就会立即赢得对方的绝对信任，而且他总是能无意间给人留下深刻的印象。前不久，我把他的杯子拿到他跟前，怕水凉了，他亲吻了我的手，这是汉堡的一个习俗。站在旁边的人都很惊讶。不过确实，他看起来太高贵了，最司空见惯的礼节他遵守起来都像是纡尊降贵一般，而他自己似乎完全没有察觉。他只是在沉静的光芒里自行其是，如太阳一般。

## 62. K. L. 冯·克内贝尔　1776 年 /1806 年

歌德痛恨吸烟和吸鼻烟。"吸烟使人愚钝，"他说，"它会让人无法思考和写作。而且，吸烟只是懒人无聊时的消遣，他们人生三分之一的时间都睡过去了，三分之一的时间浪费在吃喝和其他可有可无的事情上，剩下的三分之一就不知做什么好了，还一直口口声声说生命太短暂。这些无所事事的土耳其人喜欢与烟斗为伍，享受吞云吐雾的画面，这就是让他们虚度光阴的精神趣味。吸烟一定离不开喝酒，好让灼热的味觉再次冷却下来。啤酒使血液凝稠，同时增强烟草麻木人的效力。所以神经变得迟钝，血流逐渐迟缓，近乎停止了循环。如果他们继续这样，不出两三代人我们就能看到这些'啤酒肚'和'弱鸡'把德意志变成怎样一副模样。我们首先看到的将是文学的发育不良和市侩庸俗，然而这样空洞的胡说八道还是会被这帮绅士捧上天。想想吧，如此恶劣之事会有何等后果！即使是现在，德意志有两千五百万泰勒[1]都花在烟草上，而且这一数字可能还会增加到四千万、

---

[1]　泰勒（taler 或 thaler）是 19 世纪德意志地区流通的银币。——译者注

五千万、六千万。然而没有一个食不果腹、衣不蔽体的人脱离困境。这些钱能用来做多少事啊！除此之外，吸烟还是糟糕至极的恶习，一种反社会的无礼行径。吸烟者会污染空气，让每个不会吸烟的体面人在自我保护中窒息。有谁走进有吸烟者的房间不感到作呕？有谁能待在那里不倒在地？"歌德的这番控诉都很有道理，但他对吸鼻烟的看法是错误的。而且，他没有说出一条合理的论据来驳斥吸鼻烟。他说的是"有点像猪"。

### 63. 里默尔　1806 年 12 月 24 日

歌德说过希望有一天设计一个情节，讨论有用的错误、有用的谎言是否比有害的事实更好。我要提醒一下他说过这话，虽然他已经在《伊菲吉妮娅》中讨论过这个话题了。俄瑞斯忒斯和皮拉德斯想通过谎言和欺骗达到目的，而伊菲吉妮娅希望用自己的方式，即讲真话，实现目标。

66

### 64. 里默尔　1807 年 1 月

"不管怎样，人不能把所有活动都变成交易。我极讨厌这样。每件我能做的事，我都想当成游戏去做，主要是看我喜不喜欢，想什么时候做，以及只要它还能给我带来快乐。我年轻时这样玩游戏是无意识的，现在我打算后半辈子都有意去这样做。有何目的？对谁有好处？那是你的事。你可以利用我，但我不能用销量或者需求来衡量我自己。你们想用我的能力和知识，尽管去用，按需去拿。我拒绝沦为工具，而每笔交易都是工具。"

## 65. 冯·采特里茨 – 诺伊豪斯男爵

在一次我受邀参加的小型晚宴上，歌德来晚了。公爵高声问他："怎么这么晚？——不过你今天一定发生了什么特别的事，你脸上都写着呢……"歌德便给我们讲了下面这个故事。

一位来自柏林的富有中产阶级女士是歌德的狂热崇拜者，她决定踏上遥远又崎岖的路途，去魏玛亲眼见一见这位大人物和大诗人。终于到达目的地时，她以自己的名义请歌德接见，但是被拒绝了。她非常沮丧和悲伤，马上就去了歌德的密友冯·穆勒枢密顾问家中——她是怎样与穆勒结识的，歌德在讲述时没有提及——请求他为自己说情。冯·穆勒同意去劝说，歌德被逼无奈，甚至直接说："告诉你的客户，我明天上午十一点见她。"当天很晚，这位祈求者才接到这个愉快的消息，彻夜无眠。第二天一大早她就盛装以待，焦急地观望钟楼上蜗牛一般爬行的表针。终于，指针指到十点四十五分，她火速前往伟人的府邸。一位仆人接待了她，将她带到会客厅。这位女士陷入极度兴奋的状态，在客厅里走来走去，直到她为之疯狂的对象终于出现了。她扑上

67

前去，跪倒在地，夸张地大声念道：

坚固的墙壁有土围筑

站立着黏土烧制的房屋！[1]

歌德说："很高兴看到您如此尊敬我的朋友席勒！"——然后离开了房间。

## 66. 里默尔　1807年2月3日

"卓越的人物，比如拿破仑，是把自己置于道德准则之外的。他们的行为就像火、水一样，本质上是物理原因。任何逾越自己从属位置的人都是不道德的，因为安于从属正是道德之所在。从这一意义上讲，任何利用智慧伤害他人，甚至限制他人自由的人，也都是不道德的。每种美德都有强制性，正如每个想法诞生之初都像个暴君。"

## 67. 里默尔　1807年3月19日

"无论大自然要做什么，她都只能按顺序完成。她从不跳跃。

---

[1] 席勒《钟之歌》（*Song of the Bell*）前两句的错误引用。

如果没有其他动物作为基础，再一点点升级到马的结构，像沿着阶梯一样层层上升，她就无法制造出马来。所以每件事物的存在都是为了所有事物而存在，为了一而存在，一就是所有。大自然虽然看起来多样，但始终都是一个统一体，一个整体。所以，当她任何一部分在这个整体中显现，其余部分都是这一显现的基础，而且这一显现和系统的其他部分一定存在某种关联。"

## 68. 里默尔　1807 年 3 月 24 日

"提炼（Steigerung）的道理也同样适用于美学和道德范畴。

"爱，作为现代世界的一种现象，就是提炼后的产物。它不再是原始的、单纯的自然需求和天性表达，而是一种经过提取、浓缩，凝练到只剩下它本身的东西，所以它是经过提炼的。

"爱确实还能以普通的形式存在，并且也依然存在着，但仅仅因为这样就否认这种经验模式未免太幼稚了。

"我们会一遍遍去厨房和酒窖提升自我体验，这是它们存在的唯一目的。那么，无论是艺术描写，还是即兴表达，对这种独特的乐趣做一番升华又有何不可呢？

"每位厨师都是经过提取、浓缩才让汤汁更加美味的。"

### 69. H. 卢登　1807 年 5 月 16 日 /24 日

耶拿战役之后，我趁机问了顾问阁下他在这些屈辱、灾难的日子里过得如何。歌德回答说："我没有理由抱怨。我就像站在坚固的悬崖上，俯瞰一片波涛汹涌的大海，眼看船只失事却无能为力。但是，惊涛骇浪与我无关，我又有种一些古代作者甚至描述为惬意的感觉。我就那样站在那里，毫发无损，任凭骚乱与我擦肩。"不得不承认，听到这席略带些自鸣得意的话，我感到不寒而栗。

### 70. 里默尔　1807 年

"在中世纪的教义中，自然和理想的价值就已经分道扬镳了。理想是纯精神的，是基督教的，自然则被认为是巫师和侏儒精灵的领地，全部服从于撒旦。世界属于撒旦，这也是路德的观点。"

### 71. 克里斯蒂娜·冯·赖因哈德　1807 年 7 月

我已告诉过你我们与歌德每日的会面了，以及注视着这样一位非凡的全能之才是多么让我沉醉。我说注视，因为他虽然主动了些，但我们始终都不亲近，至少在我看来是这样。他很少有自然而然的举动，缺乏真实感，这就产生不了信任，甚至很难让人推心置腹。如果试着评价他，或者声称已经了解了这样一个独特的存在，那我就太自以为是了。不过我至少可以描述一下这样的

69　天才都给我留下了什么印象，但要想描述得准确，还必须具备他的观察天分，和他那种大胆的精神。有人说歌德总是避免个性化的东西，这种说法没有错，这也是为什么他从没打动过我的心：他蜻蜓点水，滑过人间苦难，像是生活在另外一个世界的人。他从不谈论自己，我也从没见过他关注他人的喜悲。从他身上几乎探查不到任何赞赏或不悦的痕迹。如果有人告诉他某位他知道的人遇到了什么麻烦，遭遇了哪些失意，他只把这些当作趣闻，还会多讲几件类似的事情。他对什么都不为所动，只生活在思想和知识的世界里，一个包罗万象的科学世界，他在其中把玩着最抽象的事物，如小儿嬉戏一般。他热爱钻研植物学、化学、矿物学、天文学，没有他不熟悉的事物。他现在最能征善战的领域是色彩学。根据我丈夫简短的描述，他的色彩学始于化学，终于哲学。他对奉承早就习以为常了，任何向他致敬的举动都无法给他惊喜。在一次谈话中，歌德带着异乎寻常的激情和力量表达自己的想法，卡尔对他说，虽然他也时常和各种杰出人物有过或多或少密切的交往，但他从没在他们身上看到过那样丰富的思想，那样的和谐，那样的理解高度，总而言之，他没有在任何人身上看到过歌德那样全能的完美。他承认要跟上歌德的节奏有些困难，因为他必须经常回头想刚才都听他说了什么，他也总是为歌德真实、大胆的构想所倾倒。这样的赞扬似乎没有给诗人惊喜，他回答说如果想理解他就一定要适应他的说话方式，也是出于这个原因，他已经放弃聊天了。他现在痛恨讲话，除非是和自己水平相当的人，我丈夫算是一个，席勒一直都是。然后，他对席勒赞扬了一番，没有一丝敌意，也没有要比较的想法。

　　歌德和许多优秀的男人一样，对不大聪明的女性很包容，甚至更喜欢智识平平，而非冰雪聪明的女性。在待人接物方面，他总是随性而为，也总能给自己的突发奇想和由此造成的后果找到依据。但是，他作品中高雅的女主人公既不动人，也不吸引人，因为诗人给她们装饰了太多美德，把她们造得太人见人爱，竟像造物主手中的工艺品。 70

　　听他朗读自己的诗真是其乐无穷。他的声音洪亮有力，音调抑扬顿挫。他炙热的凝视、他的表情，还有他的动作无不恰如其分和充满表现力。他更喜欢吟诵民谣和动作性强的诗歌。他告诉过我们，他选择的内容通常都是描绘他觉得震撼的场面，而不是一味地宣泄情绪或抒发雄心壮志。

## 72. 克里斯蒂娜·冯·赖因哈德　1807 年 7 月

　　歌德对我丈夫说："我很想让你认识一下我的妻子。我还没和你介绍过她，不过我首先要告诉你的是，我的作品她一句都没读过。对她来说，思想的世界压根就不存在。她就是为持家而生的。在这个领域，她省去了我所有的麻烦，这是她的王国，是她生存和活动的环境。除此之外，她还喜欢漂亮衣服和同伴，喜欢去剧院。但她绝不是缺乏文化素养的人，因为她和我在一起会受到熏陶，而且更重要的是她看戏剧。一个人十年如一日每晚都去剧院，她在剧院受到的教育是不可思议的。毕竟，剧院包罗万象：人物和他们的表演能带观众了解一些社会和艺术，教给他们一些美德。而且，自由的思想表达会让他们受到更有趣、更活泼的教育。我在我儿子身上也注意到了这一点。"

## 73. 里默尔　1808 年 8 月 28 日

歌德生日。晚上他谈论了古代悲剧和浪漫主义[1]文学。古代悲剧是人的悲剧行为。浪漫主义文学不是真实自然的东西，而是人工的、堆砌的、经过渲染的、言过其实的、古怪的，甚至到了歪曲和夸张的程度。就像化装舞会或假面舞会，灯光刺眼得很。它是幽默的（也就是讽刺的，比如阿里奥斯托[2]、塞万提斯；所以很像喜剧或根本就是喜剧），或者稍加思考就会立即觉得可笑，再不然就是荒诞不经了。古代文学尚有节制（是接近真实的、是人的），现代文学为所欲为，脱离了真实。古代悲剧中的魔法和魔咒自成格调，近代文学毫无格调。古代文学中的魔法是肉眼观

71

---

[1]　此处"浪漫主义"（das Romantische）文学广义上指近代（包括中世纪）文学。

[2]　全名卢多维科·阿里奥斯托（Ludovico Ariosto，1474—1533），意大利诗人，所著《疯狂的奥兰多》（*Orlando furioso*），是意大利文艺复兴最大的史诗作品之一。——译者注

察到的自然，近代文学则相反，只是纯粹的虚构和幻想。古代文学更清醒、更收敛、更适度，近代文学太过恣意，有种醉态。在古代文学作品中，我们看到的似乎只是理想化的现实，是用高雅（如格调）和品位处理过的现实；在浪漫主义作品中，我们看到的是不存在、不可能的事物，是只靠幻想维持的虚假存在。

古代文学是雕琢的、真实的、现实的，浪漫主义文学是虚幻的，像放映机投放的画面，像棱镜折射的色彩，像大气中的颜色。这是因为浪漫化的处理会给最平淡无奇的材料覆上一层奇特、精美的修饰，装饰才是一切，内容无足轻重。浪漫主义文学接近喜剧（维兰德的《于翁和阿曼达》[ Huon and Amanda ] 或《奥伯龙》[ Oberon ]），古代文学更接近严肃或庄重的戏剧。有些浪漫主义文学在严肃性上与古代文学接近，如中世纪的尼伯龙根史诗，确实偶尔颇具格调，即进行了一定的严肃化处理，但缺乏品位。所谓的浪漫主义诗歌尤其吸引我们的年轻一代，因为它倡导反复无常，倡导感官享受，倡导心浮气躁，总之迎合了年轻人的口味。

## 74. F. 冯·穆勒　1808 年 10 月 2 日

歌德与拿破仑的会面持续了近一小时。我一直陪他到接待室，然后在那儿等到他出来。

皇帝坐在一张大圆桌前吃早餐，塔列朗站在他右侧。他请歌德靠近一些，端详一番后，问了他的年龄。得知歌德已年过六旬，他表示看到他还如此精神焕发十分惊讶，随后便谈起歌德的悲剧。他还非常确定地告诉歌德他读过七遍《少年维特之烦恼》。为了证明自己，他对小说做了极其深刻的分析，不过他发现有几段很让人费解，故事的主要情节是主人公炽热的爱恋，但作者在其中引入了壮志难酬的主题。"那不现实，"他说，"这会削弱读者心中'爱'给维特带来的巨大影响。您为什么那样写？"

拿破仑又进一步用论据证明了自己的观点，歌德深以为然，犹叹其洞察力之强，所以后来与我讲起时常把皇帝的批评比作老裁缝的专业意见，技艺娴熟的裁缝很快就能在看似无缝的袖子上看出巧妙隐藏起来的接缝。

他回答皇帝说这样的评价倒是新鲜，但不得不说非常合理。

回到戏剧话题上，拿破仑说："悲剧应该成为统治者及其子民的学校，对诗人来说，没有比这更高的成就了。比如说您，您就应该写一部关于凯撒之死的悲剧——一部真正配得上这个主题的悲剧，一部比伏尔泰的作品更伟大的悲剧。那将是您从事的最高尚的工作。您要告诉世人，如果能再多给凯撒一些时间，让他将伟大的计划付诸实践，他将给后人带来多少福祉，一切都将变得多么不同。您一定要来巴黎，我强烈建议您来。我们那儿有更宏大的世界观！您能在那儿发现丰富的创作素材。"

每次说完一件事，他都要加一句："歌德先生怎么看？"

歌德离开以后，有人听到皇帝对站在身侧的人意味深长地感叹道："这才是人物！"

很长一段时间里，歌德都对这次会面的内容严加保密，或许是性格使然，他不大愿意透露与自己有关的要事，或许是因为谦虚和审慎。不过很快就能发现，拿破仑的话给他留下了深刻的印象，虽然他一直都在小心回避回答任何人关于谈话内容的提问，包括卡尔·奥古斯特。去巴黎的邀请尤其让他思忖良久。他不止一次询问我的意见，比如接受邀请可能会付出什么，去巴黎后都需要做哪些安排，在那边要怎样安排时间等等。我想，大概是后来想到待在巴黎有诸多不便才让他放弃了这个想法。

很久以后他才一点点向我透露这次会面的细节，而直到他去世的前八年我才终于说动他做一些书面记录，但也非常简短。

73

## 75. 夏尔·莫里斯·德·塔列朗　1808 年 10 月 2 日

拿破仑吃早餐的时间会很长：他喜欢在这个时间接待客人和交谈。据我所知，有几次早餐持续了两个多小时。他会在早餐时间接见来埃尔福特拜访他的众多要人和贵客。每天早晨他都心满意足地念一通新到的人员名单，当他看到歌德先生的名字时就立即派人去请了。

"歌德先生，很高兴见到您。""陛下，看得出来，就算陛下在旅行，最不起眼的小事也逃不过您的眼睛。""我知道您是德意志最优秀的悲剧诗人。""陛下，您对我们国家还不太了解：我们心目中有自己的伟大人物，陛下您一定知道席勒、莱辛和维兰德。""坦白说我对他们了解得很少，不过我读过席勒的《三十年战争史》（*History of the Thirty Years War*），请恕我直言，我觉得受这一事件启发创作的悲剧只适合林荫道。""陛下，我不熟悉你们的林荫道，但我猜，一定有很多当红戏剧在那里上演。很遗憾听到您如此严厉地批评当今时代最伟大的一位天才。""您的家在魏玛，德意志最杰出的文人都在那里会聚吗？""陛下，他们在那儿能享受良好的庇护。""我很愿意见一见维兰德先生。""如果陛下允许我写信告诉他，他一定立即前来。""您在这里的这段时间，每晚都要去剧院看一看我们都在演什么。看看好的法国悲剧对您没有坏处。""陛下，我很乐意前去，实话跟您说，我也正有此意。我翻译过，确切地说是模仿过几部法国戏剧。""你们不像我们那样严格遵守戏剧理论。""陛下，三一律对我们来说不是必须遵守的。""我们来此，你们感觉如何？""陛下，这是一次精彩的访问，也希望能对我们的国家有所裨益。""你们的人民高兴吗？""他们有很高的期望。""歌德先生，我们行程结束之前，您应该一直待在这儿，写写我们呈现的精彩演出都给你们留下了什么印象。""啊，陛下，恐怕只有古代作家才能承担这个任务。""您崇拜塔西佗吗？""是的，非常崇拜。""我却不崇拜，不过这点我们可以下次再讨论。给维兰德先生写信，告诉他来这

74

里，我会去魏玛回访，因为公爵已经邀请我过去了。很高兴能见到公爵夫人，她是个了不起的女人。歌德先生，今晚来看拉辛的《伊菲革涅亚》（*Iphigénie*）吧，是部好剧，虽然不是我最喜欢的，但法国人对它评价非常高，您会在正厅观众席看到不少戴王冠的人。您见过俄国沙皇吗？""没有，陛下，从没见过，但我希望能够得到引荐。""你们的语言他说得很好，如果您要写一些我们在埃尔福特见面的内容，一定要致献给他。"

我送了歌德先生，还邀请他来和我一起共进晚餐。回来后，我写下了前面这段对话，晚饭时我又向他提了很多问题，确信我的记录完全准确。晚饭过后，歌德先生去了剧院，我费了很大力气才为他找到一个靠近舞台的座位。

### 76. 卡罗琳·萨托里乌斯　1808 年 10 月 15 日

歌德邀请了著名演员塔尔马及其夫人共进午餐，然而主客间似乎开始了一场积极的较量，都想表现出自己的魅力更胜一筹。歌德的法语并非十分出色，但是像他那样的大脑，就算语言水平一般也不会轻易被语言羁绊。塔尔马先生和夫人盛情邀请他去巴黎，住在他们家。他们说，全法国都会嫉妒他们这么幸运，能邀请到《维特》的作者来到家中，巴黎将没有一位女士能按捺得住不去见他，每张梳妆台上，每间闺房里，他都能看到自己的书。他的书仍然在被一读再读，仍然在不断地被重新翻译，还和三十年前一样充满新奇的魔力。她们将带着轻松的法式优雅，极尽巧妙地赞美，听起来既不空洞，也不谄媚。歌德从容不迫地回应，但就是不做任何承诺，还幽默地说，以他现在的年龄在巴黎引起这番轰动是一种甜蜜的负担，恐怕会沉重得难以承受。塔尔马接着提出将《维特》改编成悲剧的计划。这个改编听起来确实比较粗糙，不过歌德用他源源不竭的幽默感成功让他精神的孩子免受摧残，最后仅用一种几乎察觉不出来的讽刺口吻说道，如果他们将改编后的悲剧寄给他，他将感激不尽，这样他也可以翻译过来在魏玛上演。

　　毫无疑问，塔尔马并非完全没有领会到歌德的意图，他惊叹道："我的老天爷，您还需要我们的剧本吗？如果您来写，一定比我们好百倍千倍啊。""主要是我不想把写过一遍的再写一遍。"歌德回答说。这时，仆人给他拿来一封很鼓的信件，他打开往里瞥了一眼，就把信件放在窗边了，没再多说。塔尔马现在小心翼翼地问起小说是否真是根据事实改编的，因为大家普遍都这样认为。我有些担心这个问题会产生怎样的后果，便把目光投向歌德，但他脸上没有露出一丝恼怒的痕迹。他心平气和地回答说："经常有人问我这个问题，我一般都回答说维特是两个人的结合体，一个已经死了，另一个还活着，正如《约伯记》(*The Book of Job*)所说——'我的主啊，你所有的羔羊和仆人都已被杀死，唯我一人逃脱，来报信给你。'"如此妙言妙语着实令人钦佩，我们为此大声鼓掌。歌德脸上露出难以捉摸的神色，稍显严肃地接

着说："但写完一本那样的书是不可能安然无恙的。"他一直说的
是法语，这句话却用的是德语，然后转向我丈夫对他说："先生，
请把这句话翻译给我们的朋友。"塔尔马和他一样对强烈情感的
流露非常敏感，即使不明白他说的话，也能毫不费力地理解歌德
的意思。之后歌德又恢复了轻松的语调。"人通常要为年轻时的
愚蠢付出高昂的代价，"他说，"但我是少有的幸运儿之一，即使
是经年累月之后还能从它们身上收获丰硕的果实。一开始还要得
益于它们我才结识了那么多可爱、有趣的人，直到今天也是如
此，就在前天，拿破仑皇帝还授予了我荣誉勋章，现在来自亚历
山大沙皇的奖章也到了。"说到这儿，他向我们展示了仆人拿来
的包裹：里面有圣安娜勋章的巨大勋带，和一颗镶嵌宝石的五角
星。此后他便离了席去换衣服，因为受邀要去宫廷。

76

### 77. 卡罗琳·萨托里乌斯　1808 年 10 月 16 日

诗人把最好的留到我们临行前一晚才拿出来送给我们：他的
诗。他来参加晚宴时手里拿了一叠纸，他把纸放在自己旁边，心
情非常愉悦。

晚饭过后，他开始高声朗读，有时凭着记忆吟诵，一直朗
诵到晚上一点钟，那晚他比往常更有魅力。酒、女人和歌曲一直
被诗人们钟爱，而我们的朋友虽然已经处在生命的秋天，却活
在永远的春天里，依然能在酒和女人的启发下创作出美妙的诗

歌。今年夏天，他在卡尔斯巴德遇到一位心上人，于是为她吟唱了最甜蜜的歌。他给我们读了这些十四行诗，都是没有发表过的。所有的诗都很美，而最精致的莫过于那些他让心上人自己说话的诗。那种细腻简直无与伦比，我想再没有一位诗人能如此洞见女性的灵魂。后来，他又随机吟诵了各种各样的诗，其中相当一部分都是他早年创作的，不过从未出版，而且也不能出版，因为诗里包含太多针对个人的暗示，可又充满了奇思妙想，很快就让我们爆发出一阵又一阵笑声。那可能是我这辈子笑得最多的一次。

我敢肯定歌德很少以此面示人，而且只对一小部分人这样，但通过这次我可以说，他是我见过的最有魅力的人。

### 78. F. 冯·穆勒　1808 年 12 月 14 日

他现在又在对法国早期文学做相当细致的研究，好与法国人进行深入的沟通。"他们背后已经有相当深厚的文化历史了，"他感叹道，"而德意志人在这个时候还是乳臭未干的毛头小子！德意志什么都不是，每个德意志人都很了不起。而对此，德意志人的认识却恰好相反。德意志人必须经历移栽，像犹太人一样散落在世界各地，才能完全发展出内在的优势，让所有国家受益。"

77

## 79. H. 斯特芬斯　1808 年 12 月 31 日

餐桌上，歌德非常高兴，谈话围绕几个话题展开，我们大名鼎鼎的主人不经意间流露的风趣和幽默让所有人都十分享受。他还与在场女士进行了愉快的交谈。

最后，他转向很少参与讨论的扎哈里亚斯·维尔纳。"来吧，维尔纳，"他用他平静又有些强势的口吻说，"你没什么给我们助助兴吗，没有诗给我们读一读？"维尔纳在口袋里摸索一通，然后在面前摊开一堆皱巴巴、脏兮兮的纸。我很担心，暗自责怪歌德提出这样的请求。我们兴致正酣，这场有趣的谈话很可能就此终结。于是，维尔纳就开始一首接着一首十四行诗对着我们咆哮，和往常一样可怕。最后，确实有一首引起了我的注意。那首诗描绘了一轮满月飘浮在意大利清澈的天空中，画面优美至极。他却将月亮比作一块高升的圣饼，这样奇怪的比喻让我心生厌恶，也给歌德留下了不好的印象。歌德转向我，外表看起来平静，但是在极力压制内心的怒火。"好吧，斯特芬斯，"他问我，"你感觉怎么样？""承蒙维尔纳先生厚爱，"我回答说，"几天前他给我读了一首十四行诗，感慨去意大利去得太晚，年纪太大。我想我明白他为何有那样的感慨了。我太相信科学，无法欣赏这样的概念置换。如此不恰当的比喻不仅会使月亮减色，也同样有损于我们信仰中的神秘象征。"歌德现在完全放开了，越说越生气，甚至陷入一种前所未有的愤怒。"我讨厌这种丧失理性的宗教狂热，"他吼道，"别指望能从我这儿得到任何支持。它不应该以任何形式、任何形态公开发声，绝不是在这个场合！"他就这样宣泄自己的情绪，音调越来越高，在相当长一段时间后逐渐恢复了平静。"你破坏了我这顿饭，"他深沉地说，"你知道我无法忍受这样的荒唐话。你成功让我在女士们面前失了态。"——他现在已经完全恢复了镇定，带着歉意转向女士们，开始谈论一些无关痛痒的话题，但他很快就起身离开了。显然，他觉得自己被深深冒犯了，想要独处一会儿好恢复平静。维尔纳看起来已毫无招架之功。我们从餐桌离开后我就去了歌德的房间：他非常平静，心情也不错，好像把刚才餐桌上的事完全抛诸脑后了，开始用他最喜欢的讲授方式，详细地解释和探讨一个光学现象。

## 80. 里默尔　1809 年 2 月 20 日

"风趣总要以听众为前提，这就是为何笑话是无法独享的。人无法跟自己风趣。其他感受是可以独享的：爱、希望，等等。——风趣往往被视为冷漠的标志，只有拥有反思能力的人才能自由凌驾于事物之上，与之脱离开来。（所以有人说一个风趣的人不会放过任何人，包括他的朋友。）

"风趣是游戏冲动[1]（play-instinct）的一个侧面，游戏反映了

---

[1]　席勒在他的《美育书简》（*Aesthetic Education of Mankind*）中提出了"游戏冲动说"。——译者注

思想的巨大自由。游戏不需要真实，而需要幻想，幻想类似于想象力。可以说，它就是想象的影像或写照。事实上，它就是少量现实表现或揭示出来的想象。"

## 81. J. D. 法尔克　1809 年 2 月 28 日

"如果我在毕生所学的各类学科中，把值得学习的内容写下来，最后的手稿加起来也不过只有一点，可以像信一样装在信封里带回家。这个国家，学者们习惯于把自己的学科贬值为谋生手段或者碾磨成学者的粉末，所以我们德意志人似乎不得不在肤浅的大众哲学和故作高深、冗长复杂的先验哲学间做出选择。"

## 82. M. H. 哈德沃克　1809 年 5 月

我有时觉得他非常安静，但绝不是傲慢或冷漠，当然前提是不要卖力表现。他尤其喜欢和年轻人在一起，只要对方谦逊低调，我那时显然不是，但不管怎样，我能很好地控制自己，不至于太鲁莽。

星期天晚上，他和我们从七点一直待到十一点，说了很多很多。啊，他说话的样子！在那以前，我有时觉得是可以把歌德本人和诗人歌德区分开的，可是现在我也开始喜欢上他这个人了，真的。和他说话的人都会感觉自己被不自觉地拉到他的高度，想

79

象自己就是歌德。他重视一切，熟悉一切，不管是什么，他都有能让人产生兴趣的想法。最令人痴迷的是听他谈论与自然历史相关的话题，尤其是花。他那动人的、孩童般柔软的感情一直为读者所称道，而此时此刻比任何一首诗都表达得更酣畅淋漓。他讲话非常生动，我有个朋友听力不好，听不清歌德说的话，但他跟我说只根据歌德的手势就能理解大半了。他的眼神也扣人心弦，当他眼中充满泪水——他在情绪最为激烈，情感最为细腻时往往会这样——我敢肯定，没有一个小伙子不想上前拥抱他，更没有一个姑娘不希望投入他的臂弯。

## 83. J. D. 法尔克　1809 年 6 月 14 日

　　还有一次，是 1809 年的夏天，我下午去拜访歌德，又看到他坐在花园里享受好天气。他面前有张小圆桌，上面立着一个长颈玻璃罐，里面有条小蛇正在不停地爬动。他用一管羽毛笔喂它，对它进行日常的哲学思考。[1] 他说小蛇认识他，一看到他就把头伸到罐口附近。"多有智慧的眼睛！"他接着说，"有那样的头，它们未来一定有不少进步，但是当然很多进步还没有到来。靠那个扭来扭去的笨拙身子也不可能会到来。自然没有给这种有关节

---

[1]　里默尔认为这则轶事是法尔克杜撰的，因为"歌德觉得蛇令人厌恶"。

的生物留下手或脚，但既然给了它这样的头和眼睛，她绝对欠蛇这两样东西。不过，自然确实总是像这样拖欠债务，先留下些未竟之事，等到条件允许时再重新捡起来。"

80

## 84. 里默尔　1809 年 6 月 23 日

歌德的诗歌作品，正如他自己所说，就像过去或转瞬即逝的状态褪去的外皮。人们把这些空壳拾起来，再把它们做成鞋、衣服，等等，直到穿破穿旧。他曾说过自己的作品只是过去存在的碎片——这里一顶破帽，那里一双弃靴，如此等等。

## 85. 保利娜·戈特　1809 年 7 月 21 日

虽说他的作品从各个方面看都非常出色和精彩，但还是比不上他的谈话：听他讲话是最纯粹的享受。但同时我也觉得和他待在一起非常危险，我可以负责任地跟你说，我必须把我那点可怜的理智全部拿出来，不断提醒自己他在我耳畔轻声诉说的甜言蜜语并非只对我一个人，他对所有年轻女孩都是这样。当我听到他用最温柔的语气、最巧妙的赞美请求亲吻我的手时，我真担心自己会虚荣心膨胀，但是更担心我的心会完全脱离大脑的控制——他平日里可不是这样，总是那么正式、古板、保守，又高高在上。

## 86. B. R. 阿贝肯　1809 年 8 月 15 日

歌德在晚宴上的幽默，那番神采飞扬，真希望你能亲眼见到、亲耳听到，那是无法用语言形容的。就算是年轻人我都没有见过一个能像歌德一样，连细小琐事都能说出那种激情和技巧，他如今可是年过六旬了。他和维兰德还有克内贝尔都是老相识，所以整场谈话轻松又亲密。我们还谈论了几个魏玛女演员，其中有一位，在场的年轻女士都认为有很多缺点，尤其是她的外形和身材。歌德为她辩护，极尽幽默地展示如何从她身上这里取下一点，那里添上一点，最后看起来就玲珑有致了。老维兰德听得一阵阵大笑，不停地求他放过自己的肚皮，最后还是撑不住了，他用餐巾捂住了嘴，继而又盖住了头。

## 87. K. A. 瓦恩哈根·冯·恩瑟　1809 年

一次，歌德说："我，异教徒？不管怎么说，我把格蕾琴处决了，奥蒂莉也饿死了，[1]这对那些人来说还不够基督教吗？他们

---

[1]　即《浮士德》中的格蕾琴和《亲和力》中的奥蒂莉。

还想怎样更基督教呢？"

## 88. F. A. 沃尔夫  1809 年

（H. 劳贝记）

"关于《亲和力》是否是真实的，或者是否有事实基础，"歌德说，"我的回答是每部文学作品都是真实的，除非它夸张了，而没有一部夸张的作品会产生持久且深远的影响。剩下的问题就只是对公众的冷漠了，毕竟你不能只局限于满足好奇心。对我来说，最主要的事一直都是利用经验，我从来都不凭空捏造，我一直都认为这个世界比我更有智慧。"

## 89. J. D. 法尔克  1809 年

一次，我们谈到海因里希·冯·克莱斯特和他的戏剧《卡琴·冯·海尔布龙》（*Kätchen von Heilbronn*），歌德不喜欢他那种北方人的尖酸和病态的执拗。"没有一个成熟的人，"他说，"能喜欢克莱斯特作品中那种精心设计的主题。即使是他的《米夏埃尔·科尔哈斯》（*Michael Kohlhaas*），虽然叙事有趣，结构安排亦有独到之处，但整个故事极其别扭难读。只有完全陷入矛盾思维的作家才能写出这样一个奇怪的故事，并用这种一以贯之的病态方式让它看起来具有特殊的意义。那种本质上丑陋的、令人不安的因素，无论处理得多么艺术，都是文学无法接受和妥协的。"后来他又谈起自己一直在读的意大利传说，说到它们的欢乐与优美：他们的生活哲学是快乐的，又是严肃的。在这样阴郁的日子里，他要比以往更渴望向它们寻求寄托。

他提到这两者的关联——那些最欢乐的故事恰恰要得益于瘟疫在那片土地肆虐的黑暗岁月。他停顿片刻又接着说："我有理由批评克莱斯特，以前我很喜欢他，支持他的抱负，但或许是因为现今的活动让他像现在很多年轻人一样中断了自己的教育，或许是出于其他一些什么原因，事实是，他很让人失望。他不健康的性格实在太糟糕了，正在毁掉他这个人，毁掉他的作家生涯。你知道，为把他的《水壶》（Water-Pitcher）搬上我们的舞台，我费了多少力气，有过多少次排演，但最后还是以失败告终，只是因为缺少流畅的情节，即便主要内容很是独特，也足够幽默。"

"但是，把它的失败归咎于我，甚至想要拿它向身在魏玛的我发起挑战，据我所知他确实是这样想的，这样的行为说明他性格严重扭曲，席勒都会这样说。而这只有是神经系统过于敏感或者是生了病才情有可原。至于《卡琴·冯·海尔布龙》，"他转向我继续说，"我知道你对克莱斯特很有好感，所以你先来读一读，然后给我讲讲大概内容，到那时我再决定是不是有必要自己读。[1] 最近，我读了他的《彭忒西勒亚》(*Penthesilea*)，一点都不喜欢。这个悲剧有些段落非常接近高雅喜剧，比如里面讲到一位亚马逊战士出现在台上，没了一只乳房，她对观众说她所有的感情都只能依靠剩下的一只乳房了。如果这个想法出现在那不勒斯的通俗闹剧里，出现在科隆比纳[2]对粗鄙的普启涅罗[3]说的话里，毫无疑问，观众会觉得非常好笑。虽然这是一个笑话，但和如此令人厌恶的画面联系在一起难免会引起大家的反感。"

## 90. 里默尔　1810 年 7 月 13 日

论翻译古代文学和现代文学的两种方式：自由的翻译，关注译出语民族的诉求和民族智慧，以及忠实的翻译，着眼于译入语民族的民族智慧。译者不能把所有人都当作妇孺。

83

## 91. 里默尔　1810 年 8 月 5 日

"人不能长时间处于有意识或清醒的状态，必须不断退守在

---

[1]　根据后来的记录，法尔克和其他人都极力劝说歌德把《卡琴·冯·海尔布龙》搬上魏玛的舞台，但他读过之后痛斥其"该死的不自然"，径直将它扔到火堆里。

[2]　意大利传统喜剧中一个固定的女仆小丑角色。——译者注

[3]　意大利传统戏剧中的固定角色，通常是一部剧的讽刺担当。——译者注

无意识的状态中，那才是根生长的地方。"

## 92. 里默尔　1810 年 11 月

"所有生命本身都值得珍视。所有文学，无论是意大利语的、法语的，还是德语的，都像是水孕育生命一般，先形成软体动物，然后是珊瑚虫等等，到最后诞生了人类。"

## 93. 亨丽埃特·赫茨　1810 年

歌德在面对不是很感兴趣的人时总是随性而为，好像将他们的崇拜视为应有的"供奉"，不需要他做出任何回应。可以肯定的是，无名之辈的好奇经常是他不堪忍受的烦扰，剥夺了他宝贵的时间，他觉得自己本可以在这段时间做更有益的事。不过我有时也看到他被一群名士之辈和后起之秀包围着，他们无不热切地盼望听到他稍微发表些看法或意见，无不凝神静听的样子。然而漫漫长夜结束后，他们带走的奖励，他们可能一辈子都在期待的奖励，只不过是一句拉长了的"啊——是的！"或"是吗？"或"嗯！"或最多是一句"大概是的，大概是的"。

### 94. 埃莉萨·冯·德尔·雷克  1811 年 6 月

我之所以对他已故的妻子克里斯蒂亚娜有好感，是因为我从没听过她说别人的不是。就我与她的熟悉程度而言，在她与我的交流中，我总算明白了为何她的不加矫饰的、明朗的天生丽质吸引了我们的朋友歌德。他向我介绍她时说："我要向你推荐我的妻子，自从她迈入这个家门，我没什么可感激她的，除了幸福。"

84

### 95. 里默尔  1811 年 6 月 27 日

"人一生中最浓烈的爱，是他相信自己是单方面的爱，没人也不会有人比他爱得深。"

### 96. 里默尔  1811 年 7 月 20 日

"不充分可以提高生产力。我在写《伊菲吉妮娅》时研究了古希腊的材料，但研究得并不充分。如果我费尽心力去研究，这部剧可能永远都写不出来了。"

### 97. 里默尔  1811 年 9 月 7 日

如果他发现有人觉得对话无聊，而这个人又没有装作无所不知的资本，也没有多快的理解力，他就喜欢无限延长谈话，或不断重复某些话，或一遍遍回到同一话题。如果他不想再谈论某件事，或想摆脱某位纠缠不休的客人，也经常采用同样或类似的手法。

贝蒂娜·冯·阿尼姆在 1811 年秋天就受到过这种对待。那时她总在傍晚去拜访他，热切地说起自己的爱情或其他什么——我并不清楚！他阻挠的方式就是让她关注美丽的彗星，那时总有明亮夺目的彗星划过夜空，他还把望远镜一个接一个拿出来，详细解释这一天文现象。着实令人摸不着头脑的防卫方式！长尾彗星就像一把扫帚，用来赶走这只烦人的苍蝇，像一根棍棒，希望驱退这个已婚的成年孩子（如果让这个孩子坐到他的膝盖上，她都可能高高兴兴坐上去）。

## 98. L. A. 弗兰克尔  1812 年 9 月 8 日

两位大师一起去散步（在卡尔斯巴德）——一位语言大师、一位音乐大师（歌德和贝多芬）——他们朝山谷上方走去，希望少些人打扰，但处处都有人散步，无论走到哪儿都有人一边恭敬地向他们致意，一边或向左或向右给他们让路。歌德因为不断被打扰感觉厌烦，他说："这太让人抓狂了，我在这儿怎么都摆脱不掉这些点头哈腰。"贝多芬微微一笑，回答说："阁下您别介意，他们可能是在对我点头哈腰！"

## 99. F. 冯·穆勒　1812 年 12 月 16 日

他今天略显庄重，大有庆祝节日的感觉，因为月球遮蔽了毕宿五（Aldebaran）——白羊座（Aries）[1]那颗美丽的恒星，就好像他自己人生中发生了一件大事。

"我之所以如此重视天文学，"他说，"是因为只有天文学这门科学立足于公认的、不容争辩的基础，所以能够坚实地一步步向无穷处迈进。天文学家是最善于交际的隐士：他们跨越陆地和海洋交换数据，这是他们能够继续建设下去的基石。"

## 100. J. D. 法尔克　1813 年 1 月 25 日

歌德听说我前一天看到了死去的维兰德，因此度过了一个糟糕的傍晚，以及更糟糕的夜晚，他狠狠批评了我。"为什么，"他说，"要让一个损坏了的面具毁掉我们对一个人容貌的珍贵回忆，何况那个人曾经还是我们的朋友？这样的画面势必会在脑海里留下不同往常的印象，实际上是比较错误的印象。我故意没有去看躺在棺材里的赫尔德、席勒，还有老公爵遗孀阿玛利亚。死亡是个非常平庸的肖像画手。对我来说，我希望我所有的朋友在我的记忆里都是活着的，有呼吸的，而不是那副死亡给戴上了面具的面孔。所以我请求你们，如果我也到了那一天，请用这样的方式

---

[1]　毕宿五应属金牛座。——译者注

对待我。而且坦白说，那也是为什么我很喜欢席勒去世的方式。他悄然来到魏玛，没有大事声张，离开我们时也没有大事声张。对于死亡，我不需要任何仪式或排场。"

## 101. J. D. 法尔克　1813 年 1 月 25 日

维兰德葬礼那天，我发现歌德举手投足都透露出罕见的庄严。他的心很容易受到触动，不妨说是悲痛：眼中常闪烁着泪光，言辞和声音都有些不同往常了。或许是出于这个原因，我们那天谈起了超自然问题，这是歌德平时不愿谈的，或者至少是要婉转拒绝谈的。完全是出于推测，我想，根据他以往的品位，他更喜欢把注意力集中在当下，集中在艺术和自然在视觉和思想上给我们带来的美好现象，集中在我们看得见摸得着的经验领域。

显然，歌德认为死后重生并不稀奇，而是理所当然的。"无论如何，"他说，"自然不可能让维兰德这样高级的精神力量消失，她不会这样浪费自己的资本。维兰德的灵魂是自然的瑰宝，是上乘的珠玉。更何况，他长寿的一生只让他卓越的天资有增无减。拉斐尔刚三十几岁，开普勒过四十没多久，生命就戛然而止了，而维兰德——"

"什么！"我惊讶地打断了他，"您是说死亡是一种能管理的行为？"

"我确实经常冒昧地这样说，"歌德答道，"如果你不反对，我可以详细跟你解释一下我对这件事的看法，既然现在时间允许。"

我请求他不要有保留，他便开始了：

"你应该很清楚，任何在感官世界找不到确凿依据的观念，不管它还有什么价值，都不能让我信服，因为我对待自然是想要认识她，而不只限于猜测或笃信。至于我们死后灵魂是否存在，我的观点是这样的。我对人和其他自然生命的本质做过多年研究，灵魂存在与我的观察结果并不冲突，相反，这些观察恰恰提供了新鲜的证据。但是当然，我们的个体性究竟在多大程度上值得继续存在，那是另一个问题，要留给上帝回答了。目前我能说的只有以下这么多：我猜想，所有生命体最原始的成分是有等级差异的，那些原始点和所有自然现象一样，我愿称之为灵魂，因为它们是整个宇宙的生机之本，或者我更喜欢称之为单子（monads）——就用莱布尼茨的这个词又何尝不可呢！再找不到比它更合适的词来表达最简单生命的简单性了。

"现在，经验告诉我们，一些单子或原始点是很小、很微不足道的，它们充其量只适合次要的、屈从的存在，但有些却异常强壮有力。所以，后者总是把所有靠近它们的东西迅速吸纳到自己的影响范围内，将其变成自己的从属物，也就是变成身体，变成植物，变成动物，或者——规模更大的——变成星球。它们持续吸纳，直到内部包裹着精神潜质的微观或宏观宇宙也变成可见的实体。只有这些强大的单子我才愿称之为灵魂。由此便形成了天体–单子或天体–灵魂，就像是蚂蚁–单子或蚂蚁–灵魂，这

87

两种存在如果不是来自同一个原始起源，那么至少也来自本质上相似的起点。每颗恒星、每颗行星体内都蕴藏着更高的潜质、更高的目的，并借此开始演变，演变的规律和频率与一株玫瑰从叶到茎再到花冠的演变一般无二。你把它叫作观念也好，单子也罢，都可以，对我来说这不重要。知道这个潜质是无形的，它会带来有形的发展，有形的发展在自然界中发生，这就够了。但不要被这个观念在它中间过渡阶段所使用的面具误导。就像一片叶长成一朵花，一朵玫瑰，就像一颗卵长成一只幼虫，幼虫又变成蝴蝶，它同样处于这种变形或自然转变的过程中。至于其他，低等单子要服从高等单子，只是因为必须服从，而不是能从中得到什么乐趣。所有这些也是一个非常自然的过程。看我这只手，它的组成部分要不停地服务于主要单子，后者可以将各部分牢牢结合在一起，进而形成这只手。这样我才可以弹奏这首或那首曲子，我才能用手指随意拨弄着琴键。当然，它们也会传递给我一种智慧之美的体验，但它们本身是听不见的，只有主要单子可以听到。

"正是出于这个原因，死亡又称为解体（dissolution），这是非常恰当的。死亡之时，居统治地位的主要单子释放了所有尽忠职守的附着单子。我把形成与消散这两个过程都视为主要单子的自主行为，其实质是什么，我们并不清楚。但是，所有单子本质上都是不可摧毁的，所以解体发生时它们没有停止活动或丧失活动能力，恰恰相反，它们正是在那时又有了新的开始。也就是

说，它们从旧有状态中脱离出来后就立即进入了新状态。在这一
变化发生时，一切都要取决于这个或那个单子所蕴含潜质的强
弱。人类文明灵魂的单子与海狸、鸟或鱼的单子存在天壤之别。
因此，我们又回到了灵魂等级说这里。就算是想对这种自然现
象做出不全面的解释，这个假设也是躲不过的。身体死亡后，我
们所有的单子都重归旧位，变成水、空气、土、火或星星，事实
上，将它运送到那里的神秘动力也同时把握着它未来的命运。它
是无法被摧毁的，这毫无疑问，不过，当它路过强大又邪恶的单
子时有可能被俘虏。这种风险不得不让我们深思，在自然哲学中
我没有想到有什么能彻底消除这种担忧。"

　　在他说话时，一只狗一直在街上乱叫。歌德生来就不喜欢
狗，他冲到窗边朝狗喊道："使出浑身解数吧，你这装模作样的
狗杂种，你吓不到我！"不熟悉歌德这样思想跳跃的人都会十分
惊讶，但所有人都知道，这样一闪而过的怪诞是他独有的特点。[1]

　　"如果我们继续推测，"歌德回到他之前的话题，"在我们这
个星球上呈现维兰德样貌的单子没有理由不能在新环境中进入宇
宙可能存在的最高组合体。如果几千年以后的某一天，我再次见
到维兰德以天体–单子的形态存在，看他变成了一颗最大量级
的恒星，光芒万丈，让一切靠近他的事物都重获生机、焕然一
新，我一点都不会惊讶，反而会觉得这完全符合我的观点。因为

---

[1]　里默尔怀疑这则轶事的真实性："歌德，"他说，"不太能做出这样愚蠢的
　　行为。"

89　毕竟，如果我们认为宇宙是永恒的，那么单子在宇宙诞生以前只可能有一种命运，那就是它们也在永恒地享受神的快乐，有幸参与到世界的创建中。世界的生成是交托它们完成的。无论是被迫的还是自愿的，它们都从四面八方，从每座山、每片海、每颗星辰，汇聚而来，谁能阻止它们？就我自己来说，虽然你们在这里看到我，但我相信我已经存在过几千次了，而且也很有可能再回来几千次。"

"抱歉！"我在这时打断了他，"我不敢说，对事实毫不知情地返回还能不能叫返回。因为只有知道自己以前来过的人才能**再**回来。如果我们假设创造的核心处有一个大爱无疆的'核心单子'，它对整个世界中次要单子的运用就像我们的灵魂运用服务于它的低级单子一样，那岂不更让我们接近要探求的真理吗？"

"我不反对从信仰的角度去看待我的这种想法，"歌德回答说，"但我通常不会为感官知觉以外的观念赋予独特的价值。如果我们真能了解大脑，了解大脑与天王星之间的联系，以及大脑与千丝万缕携带着思想来回跳跃的纽带的关联，那最好不过了！但事实是，思想的火花在大脑中闪现之前，我们是毫无意识的。我们只知道大脑中有神经节，而对大脑的本质几乎一无所知。那么，关于上帝我们能说自己知道些什么呢？

"我们之前有一次讨论过，我把人说成是'自然与上帝的第一次对话'。我不怀疑在其他星球上可能有更高级、更深刻、更智慧的对话发生，到目前为止，我们获得的知识可能只有千分之一。我们首先缺乏的是自我认知，而对自我的了解是了解其他任何事物的前提。严格来说，我不可能了解上帝，除了我在这颗星球上通过极其有限的感官知觉获得的知识，而这无论怎么看都是非常少的。但我们对自然了解得有限并不意味着要给信仰设限。恰恰相反，我们对上帝的直观感受很可能让我们的知识看起来不够完整，尤其是在这个与太阳割裂了所有联系，因此也是哲学无法达到尽善尽美的星球上，这就需要信仰去补充，去使之完整。我对色彩的研究让我有机会观察到'原始现象'的存在，那种神圣的简单不应该被我们无用的实验打扰和破坏，而应该完全交予信仰和形而上的领域。知识能够满足我们的领域不需要信仰，而在知识失去了力量，或看起来力不从心的地方，我们就应该诉诸信仰。只要坚持知识和信仰不是相互抵消的，而是相互补充的，我们就踏上了一条通往一切真理的正确之路。"

那天我离开歌德家时天色已晚。告别时歌德亲吻了我的额头，他在其他场合从没有这习惯。我准备摸黑下楼，但是他不让，牢牢抓住我的胳膊，直到他摇铃让人帮我照路。他还在门口提醒我要多加小心，注意夜里寒冷的空气。

### 102. 里默尔　1813 年 2 月 15 日

"基督教把所有人都放回到自然状态（比如原始的平等），却没有给人相称的能力。结果就是，真正强大的人濒临灭绝，因为他们不被允许使用自己的能力。同时，在这一体系下，能力较差的乌合之众都能过得逍遥自在，因为没人能动他们。"


### 103. W. 冯·屈格尔根　1813 年 4 月 24 日

普鲁士国王和俄国沙皇来德累斯顿那天早上，歌德来到我家，没太拘于礼数，也因此亲切了许多。我父亲去别处寻他了，他问母亲能不能待在旁边，从她的窗户观看即将经过的队伍，也好清净一些。他还说自己绝不会麻烦到母亲，甚至都不会说话，又请她无论怎样都不要在意他。

我母亲感觉到他想独自待会儿，所以给他指了一个窗户，便坐到另外一个窗户前忙自己的事了，没有说任何话打扰他。他站在那儿，长大衣显出他高大伟岸的身躯，他双手背在身后，平静地注视着楼下欢快拥挤的人群。他看起来很开心，我母亲察觉到他非常感激自己巧妙地留他独处，因为她知道，一些知识女性崇拜的纠缠已经给这位奇特的客人造成了巨大的困扰。他身边通常都有一大群人围绕着，看到他自己一个人来，我母亲就猜到他或许是借助人群，甩开了随行的崇拜者，来我家里避难。在这里，他能安安静静让今天这一历史性事件的盛况刻印在脑海里。所以母亲也把我叫开了，因为我距离那个伟大的人越来越近，就像有人第一次见到鲸鱼或大象一样盯着他看。但是他把我拉了过去，手放在我肩膀上问了我许多问题，比如期不期待见到俄国沙皇。

我说是的，我很期待，"因为他是我的教父"。可以肯定的是，我在那之前一直生活在这个快乐的幻想中，只是因为我的名字也是亚历山大。但我母亲立即就做了解释，歌德随之问了几个关于俄国的问题。所以最终母亲还是和他说话了。

在此期间，门口传来疯狂的门铃声。我跑去开门，一位陌生女士闯了进来，像砖瓦炉灶一样庞然，也一样炽热。她慌慌张张地大声问我："歌德在这儿吗？"就只是"歌德"，再没别的！虽然她是个陌生人，我是个她从未见过的小男孩，但她没有给歌德加上任何头衔，我几乎都没有时间说出我单音节的肯定回答，她就像一只三层甲板船，气势汹汹地冲进我母亲的房间，差点把我撞倒，也没朝我投来一点礼貌性的示意。她张开双臂，一路横扫到偶像面前，大声喊道："歌德！哦，歌德！我到处找你！你怎么能那样做呢？我太担心了！"接着又是一大堆欢快的关切和责怪。

诗人此时慢慢从窗边转过身来，脸上一丝高兴的痕迹都没有了，自顾自站在那儿，像正义之柱般严肃、冷酷。他指着我母亲，言简意赅地说："冯·屈格尔根夫人也在。"那位女士轻轻鞠了一躬，又马上将火力转向她的朋友，似乎完全没有察觉到他的不耐烦，开足马力不停地用话语进攻，说自己那天早上有多开心，又是怎样终于把自己的多爪钩定到他身上，不会再放他走了。歌德显然非常尴尬。他把大衣扣紧，一直扣到衣领。我父亲进来时，那位女士与我父亲相识，所以一时转移了注意力，歌德出其不意就溜走了。

92

## 104. S. 许策　1813 年 5 月—6 月

我到他家时听到有人在隔壁房间说话，就问枢密顾问先生是不是有客人，佣人回答说："他在跟自己说话。"

## 105. 一名普鲁士炮兵军官　1813 年 11 月 18 日

在魏玛，我去拜访了我的老战友和赞助人——冯·歌德枢密顾问。他和以往一样，对我非常热情，还邀请我去吃晚餐，我们喝了几瓶上好的陈年莱茵白葡萄酒，在一起度过了几小时，畅谈和回忆起 1792 年参加战役的旧时光，还有美因茨被包围的事件。但现在说起来，歌德确实有一点让我不太喜欢，那就是缺乏爱国热情，对于我们刚取得的巨大胜利和将拿破仑驱逐出德意志，他一直保持非常冷静和批判的态度，反而对拿破仑皇帝的诸多优点说得越来越起劲。我自然没有足够的演讲技巧，无法和歌德这样著名的诗人以及学者辩上一二，所以我只回答说幸好普鲁士士兵们对这件事有不同的看法，我们憎恶拿破仑侵占我们的祖国，愿意抛头颅洒热血，让德意志永不再受他的威胁。

## 106. H. 卢登　1813 年 12 月 13 日

"任何时候都不要觉得，"歌德说，"我对自由、国家、祖国这些信念无动于衷。不是的，这些信念是我们骨子里的，是天性的一部分，没人能摆脱得掉。更何况，我对德意志爱得深沉。每每想到德意志民族我都不禁悲从中来，德意志人个个值得称赞，而德意志民族却是那样可怜。如果将德意志民族与其他民族比较只会让我觉得羞愧，那种感觉我试过很多种方法去克服，终于在科学和艺术领域找到一双翅膀，可以把我拉出泥淖。科学和艺术属于全世界，所以没有国籍的障碍。尽管如此，它们能提供的安慰还是少之又少，那种隶属于一个伟大而强悍的民族，被其他民族尊重和敬畏的自豪感，是无法被替代的。也没有什么比想到德意志的未来更让人感到宽慰，这是我和你一样坚信的事。德意志民族确实有前途，有未来。正如拿破仑所说，德意志人民的命运还没有注定。如果他们唯一的任务就是瓦解罗马帝国，然后在它的废墟上创造出新世界，建立起新秩序，那他们早该灭亡了。而事实是，他们依然存在，还那么朝气蓬勃，那么精明能干，这让我相信他们一定有无比远大的前程。虽然摧毁罗马帝国，塑造整个中世纪让他们达到一个新的文化高度，但一定有更恢宏的事业在等他们实现。而实现的时机不是人眼能预见的，也无法人为制造或加速它的到来。在此期间，我们作为个体能够做的只有每个人都根据自己的天赋、兴趣和身份，丰富和夯实民族文化，并将其扩散到全民族的每个角落，不只是向下扩散，更要向上扩散——这样，我们才能不落后于其他民族，而是成为领导者，至少在这方面是领导者；这样，我们的智慧才不会枯萎，才能永葆

93

生机和活力；这样，我们的勇气才不会磨灭或匮乏，待荣耀降临那天，我们依然有力量成就一番伟业。"

### 107. 里默尔　1814 年 3 月 26 日

"人只要有信仰就能保持创造力（在诗歌和艺术方面）；否则就只剩模仿和重复了，这也是我们和古人间的联系。古人创作依靠的是信仰，而我们，虽然有想象力，但也只能靠想象去模仿他们的成就。"

94

### 108. 里默尔　1814 年 5 月 3 日

"疑病症其实就是完全陷入主观。如果我放弃外在客体，我不相信他们也会把我当作客体，而我相信他们不把我当作客体就是我放弃他们的原因。"

### 109. F. 冯·穆勒　1814 年 5 月 30 日

"人应该有些能陶冶情操的爱好或什么，能在愉快的日子增添兴致，能在郁闷的时光扫除阴霾。他可以养成每天读几页《圣经》或荷马的习惯，或欣赏些优秀的绘画或圆形浮雕，或听些美好的音乐。"

## 110. S. 许策　1806 年 /1814 年

最不可思议的是，几乎每次见到他，他的情绪都是不同的。所以，以为这次理解了他的人，下次就又不得不承认他难以捉摸了。你遇到的歌德有时是绅士的、沉静的，有时脾气暴躁，令人生畏（有事烦扰到他时，他往往也会变得急躁），有时是内敛的，不爱说话，有时健谈，甚至有些话多，有时出奇地气定神闲，有时（虽然很少见）灵感爆发，兴奋得像一团火，有时说些讽刺十足的俏皮话，或者开些无伤大雅的小玩笑，有时满嘴嘲讽和怒骂，有时还有些傲慢和自大。如果觉得他的善变太不可思议，那只能证明我们对普遍的人性知道得太少。对于歌德来说，心情的多样和多变是相当自然的，或者说是必要的。如果他被赋予了想象力，但没有充分灵活的情绪，他又如何实现他所追求的普遍性？如何自如地进入那么多不同的情景和思想状态？他固然有自由、沉着的思想，但对他来说，这些不断变化的同理心是不可或缺的，那是他理解的媒介，是他创作的基础。不过，这样大幅度的思想变化对他的日常生活还是有影响的。歌德有非同常人的自控力，这一点毋庸置疑，但前一小时的情绪余波或当下的心情总会影响到他保持形象的意志力。如果此时的他是客人，没有什么特别的责任，他就比在自己家招待客人放松得多。如果他明显带着不好的心情来参加聚会，从房间一角徘徊到另一角，整个气氛都会变得紧张起来。如果他沉默寡言，那么所有人都不知道接下来该由谁发言，除非是可能有人讲个故事救了场。在这些情况

95

下，以及考虑到他习惯于将自己与外界隔绝开来，我们的女主人（约翰娜·叔本华）非常睿智地想到在门口不远处放一张桌子，上面摆些绘画材料，如果他不想说话，随时都可以坐下来画画。在这儿，他创作了大量山水画，虽然他的画对真正的画家来说没什么价值，但都被我们的女主人当作珍贵的纪念收藏起来了。

不过，他更有魅力的时候还是他想与人交流的时候，轻松地在比较小的圈子里与人讨论，每个人都能说上点儿话。他一般不会大加炫耀自己的睿智，也不会喋喋不休地表达自己的想法，有时还刻意避免这样做。大多时候，他更喜欢用诙谐幽默的口吻：表面上听起来是赞扬，但彻头彻尾的荒谬很快就显露了。通过这种方式，严厉的谴责化身为巧妙的娱乐，缺点也为人所津津乐道了。他不喜欢谈话时突然插进来不相关的内容，也不喜欢随意转变话题。我在这方面总是非常鲁莽，有时灵光一现就走偏了，我注意到这时他总是用手捂脸。

他更喜欢详尽、悠闲地阐述一个话题，其他人往往只是表达赞成或者提些问题，他才是对话真正的引领者和主导者。而当他沉浸在史诗的恢宏气象中时，比如讲到罗马人的饮宴狂欢或追忆意大利的往昔，他会散发出更迷人的魅力。听他讲话能连续听几小时，完全忘却其他人的存在。他的描述平缓清晰，他的语调亦庄亦谐，他绘声绘色将所有事物呈现在你的眼前——这一切不仅深深吸引着我们，还给我们带来了强烈的幸福感，是生活中美妙的调剂。你会感到自己的视野开阔了，心中开始装着一个更美好

的世界。至此，歌德的缪斯究竟有何用意就变得一清二楚了：把
我们生活的这个世界也变成美丽的伊甸园，把活到极致作为我们
智慧的全部任务。

　　他谈论视觉艺术要比谈论文学作品频繁得多，如果说后者
是他娶回家的，那么前者就一直是他的情人。除此之外，整个自
然界以及生活的方方面面都存在于他的脑海。在谈话过程中，有
人可能会偶然提到一个非常罕见的现象，但这仍然逃不出他的知
识范畴。一次，我提到在一天的喧嚣逐渐落幕时，寂静是可以听
到的。不出所料，很久以前一个闷热的夏季傍晚他就曾坐在小山
上，侧耳倾听空气中交汇相融的低语轻吟，直到午夜的沉寂笼罩
下来。还有一次，他问我是不是也梦到过自己在飞，梦里都是什
么样子的，他很想对这件事有一个更为普遍的认识。他说他自己
总是梦到在房间或大厅顶棚转圈飞。我说我梦到的飞不一样，有
时向低处飞，有时向高处飞，可能有天花板那么高。我意识到，
他在梦里的飞行方式也说明他更喜欢长时间安静地思考，但是当
然我不可能把这个想法告诉他。

　　歌德从不故作姿态，但也非常喜欢礼节和仪式。或许某种
程度上，这是从前严格的礼仪制度留下的痕迹。他走进房间时步
伐总是有些僵硬，他不左顾也不右盼，径直穿过聚集在一起的宾
客，走到女主人面前，庄重地向她表达敬意后，还会向周围其他
宾客稍稍鞠一躬。他不喜欢就一个话题轻描淡写地简单说几句
就迅速进入下一个话题，而是喜欢喃喃地慢慢从中退出来。再不

然，他会放慢语速，用比较低沉的声音和不慌不忙的庄重与话题拉开距离，同时也让其他人与之保持距离。他实际表达这种防卫式的冷漠时往往会用到一些短句，比如"确实如此"或"大概是这样的"。就算娱乐活动也要做得有模有样。有天晚上就是这样，他在给我们朗读，但是本来很庄重的事差点就变成喜剧。歌德带来一些苏格兰民谣，并提出给我们朗读一篇，那篇还比较长，他又要求每段最后的叠句部分由女士们齐声朗读。这场戏剧性的朗诵开始了，女士们准备就绪，等待正确的时间加入进来。第一段她们倒是朗诵成功了，但当相同的文字第二遍、第三遍出现时，一位女士终于忍不住发出了"咯咯"的笑声。歌德停下来，把书放低，用雷神朱庇特一样的双眼注视着她们。"如果是那样的话，我就不读了。"他不客气地厉声说道。我们颇为震惊，约翰娜·叔本华赶紧上前，再次表明愿意继续听他指挥，也替其他人保证好好表现。所以，我们又艰难地开始了——绝不虚言！一屋子女士一起有节奏地晃动下巴，歌德需要拿出所有的权威来确保宾客们保持必要的严肃和仪式感，这样的场面十分滑稽。心情好时，歌德有时也开比较无聊的玩笑，或者不停地拿一个人或一件事开玩笑。比如有一次他折磨了我们一整晚，他坚持要让我们猜他在剧院里彩排的新剧都有什么情节，而我们对其一无所知。我们只能偶尔猜对某个具体的细节，就像是看到演出前放在一起的道具，你能从一把剑推断出这部剧里有一名军官，或者从一把猎刀判断有一个猎人，但是绝对无法拼凑出整个情节，所以我们坐在那儿极度无聊，备受折磨。我们猜，想必他也知道整件事是多强人所难吧？——但伟大的人就是这样，相比其他人，他们有优越感的一个标志就是有时非常过分，尤其是他们已经长时间习惯于别人的奉承和顺从了。

### 111. 亚瑟·叔本华 1808 年 /1814 年

这个歌德真是个彻头彻尾的现实主义者，他怎么都不赞成物体本身的存在就是认知主体所认为的存在。"什么！"他有一次闪动着朱庇特一样的眼睛对我说，"你是想告诉我，光只是因为你看到它才存在？不！如果光没看见你，你根本就不会存在。"

有次我抱怨生活的虚妄与无常，我对歌德说："毕竟，不在场的朋友在他出现以后就不再是那个他了。"对此他回答说："是的，因为你自己就是那位不在场的朋友，他只是你在脑海里创造出来的产物。当他出现时，他有自己的个性，遵循自己的准则，不会总符合你当下的想法。"

### 112. A. 叔本华 1808 年 /1814 年

（转述）

叔本华引述了歌德对《唐璜》（*Don Giovanni*）的观点，并深以为然。其大意是这部歌剧的欢乐气氛只停留在表面，它的严肃性弥漫在更深的层面，莫扎特的音乐如此美妙，它正是表达了这种双重性格。

## 113. A. 叔本华　1808 年 /1814 年

（转述）

关于歌德对叔本华的看法，我们从一则轶事中能判断个大概。一天在喝茶时，叔本华闷闷地站在窗边，背对着大家。歌德对咯咯笑的年轻女士们说道："亲爱的朋友们，让他清净一些！那个男人一天之内就能比我们所有人都伟大。"

## 114. 里默尔　1808 年 /1814 年

我与歌德的谈话，无论是在饭桌上还是在工作时间，经常围绕古代语言和现代语言展开。我经常向他引述古希腊语中一些精辟的话语或箴言，我们能从中发现许多精神食粮和实际功用。《选集》中有一则对句箴言，批判世界和世间万物的空虚、虚无与荒谬，即一位古代传道者所说的"虚空的虚空"（*vanitas vanitatum*），它大概是这样说的：

*Πάντα γέλως, χαὶ πάντα χόνις, χαί πάντα τὸ μηδέν,*

Πάντα γάρ ἐξ ἀλόγων ἐστι τὰ γεινόμενα.　　　　99

一切皆闹剧，万物俱腌臜，放眼尽虚无；

世间万事皆荒唐，无非庸人自为之。

这句话他尤其感兴趣，在谈到事件的整体发展时喜欢引用，通常只说前一句"一切皆闹剧"，把它当作格言或线索。

## 115. S. 博伊塞雷　1815 年 8 月 8 日

他坦言说诗歌会突然出现在他脑海里，完整，而且非常不错，但他必须马上记下来，否则就再也想不起来了。所以，出去散步的时候，他总是很注意，不仔细思考任何事。如果不能把诗完全记在脑海里，那会非常遗憾，因为他只要试图去回忆就会再次破坏诗的意境。而且（他说）他很少再做修改。如果诗出现在他的梦里也同样是件憾事，这些诗往往无法复原。一位意大利诗人（彼特拉克）就是出于这个原因让人用皮革做了件紧身上衣，这样他在床上时就能在上面写字了。

## 116. W. 格林　1815 年 8 月 28 日

他性格非常羞怯，确切地说有些神经质地不愿任何人突破与他的社交距离。有一次他过生日是在法兰克福，屋子里谁都没提，不过待他在餐桌就座后，一首悠扬的长号小夜曲在美因河畔响起，他问起那是什么时，佣人只说："怎么了，枢密顾问先生，今天是您的生日。"他们还在他房间里放了一盘摆盘精美的昂贵水果，比如菠萝等等。此外，他们还放了些产自波斯的物件（因为他最近对晚期东方文化颇感兴趣），我想其中有一把匕首，他们注视着他走进房间。他刚开始看到它时非常紧张，来回张望了好几次，想着是不是有人藏了起来，打算突然蹦出来给他庆祝，他又去隔壁房间看了看是不是有人聚在那儿等着庆祝，最后他终于确定房间是空的，是安静的，他被这种善意感动得流下了泪水。

100

## 117. S. 博伊塞雷　1815 年 9 月 8 日

"是的，我肯定更倾向于泛神论是一种自然哲学，我看得很清楚，人在这个体系下比其他体系走得更远。根据自然产生的方式，三位一体是无法将其改善的。它就像一架管风琴，由上帝来弹奏，由魔鬼来拉风箱。"

## 118. S. 博伊塞雷　1815 年 9 月 15 日

"一件艺术作品要达到最高境界与主题无关，其实只关乎艺术本身，主题只是艺术表达的手段。"

## 119. F. L. K. 冯·比登费尔德　1815 年 10 月 4 日

歌德谈了很多关于诗歌的内容，其中他说道："一感觉到有写的冲动或需要，就必须马上把到嘴边或到笔端的东西写下来，无论是什么，不要犹豫，不要选择。刚写下来后，一定要克制住自我批评，因为这样做，年轻的你往往会丧失最细腻的灵感，错过想象力最绚烂的绽放，任凭你怎么回想，怎么筛查都无法恢复刚才的想法。等诗歌创作完全结束后就要开始作家的专业写作了。无论是作品还是作家都能从这个过程中受益，而且作家还能二次体验那种最甜蜜的快乐。"

## 120. 里默尔

讨厌狗是大家对他的一贯印象，但绝没有普遍认为得那样强烈，也没什么可大书特书的，歌德只是从没有特别喜欢过这个物种而已。

不过，他确实曾经与一只狗相处得很好。晚年时期，他儿子有一只不错的英国獒犬，是从大学带回来的，歌德不只喜欢它，在这只动物出于各种原因不得不离开时，他还有些遗憾没能提前给它做一个模型或铸像，这样就能放在门边，做个得体端庄的守卫，和阿德墨托斯国王<sup>[1]</sup>宫殿里的摩洛希亚猎犬一样。

更何况，而且最重要的是，歌德是个完整意义上的人，所以只有把人作为他严格意义上的研究对象和快乐源泉，才能给他带来真正的满足感。他对动物的兴趣仅限于动物在结构上与人有些相近，它们是万物之灵最终出现之前起过渡作用的先行者。他不鄙视动物，甚至还研究它们，总体上他是怜悯动物的，因为这些生物被捂上了嘴，无法清晰明了地表达自己的感受。对他来说，狗也是其中一员。他还曾把狗视为比猫低等的生物，猫生来就身体自如，性格独立，还开玩笑说猫是狮子一族坠落的公主。因此，猫可以在他的花园中大摇大摆地行走，他靠近时也无需害怕。

## 121. V. 库赞 1817 年 10 月 20 日

歌德在一个满是半身像的走廊接待了我，我们在里面走了几个来回。他步伐沉着稳重，一如他的言语，不过几个强有力的手势背叛了这平静的外表，暴露出他内心的激昂。他的谈话，起初比较冷漠，但逐渐就活跃起来。他可能走着走着就停下来，或盯

---

[1] 希腊神话中的英雄。——译者注

着我，或陷入沉思，或向更深处追溯他的思想，或找到更准确的表达方式，或举例说明、详尽阐述。他手势不多却无不生动，举手投足威仪凛然。他提出的观点从来都不似是而非，对我说的话全都那么新颖独特；一会儿一个想象忽闪而过，细节之处尽显才思，思想的起承转合无不体现着智慧，而谈话的实质内容又是绝对的天才之见。我想，他的思想最突出的特点是内容广泛。

歌德讲话的魅力我难以言说。在他的表述下，每件事物都获得了独特性，都神奇地拥有了无限性：他的语言精准又有广度，清晰又有力量，丰富又简明，透露出难以形容的儒雅之气。最后，我完全被他的气质俘获，听得沉醉。他毫不费力地从一个想法过渡到另一个想法，每个想法都散发出温柔的茫茫辉光，点醒了我，吸引着我。他纯净的思想在我面前缓缓展开，像荷马的思想一样，有种不动声色的精妙，有种充满力量的简约。 102

## 122. 多罗特娅·冯·施莱格尔　1817 年 11 月 28 日

歌德有次对一位客人说，他在科学和哲学方面是个无神论者，在艺术方面是个异教徒，而在感情上是个基督徒。

## 123. 卡罗琳·冯·埃格洛夫施泰因男爵夫人　1818 年 4 月 29 日

天公作美，我和几位朋友赶上一个风和日丽的夏日清晨去多恩堡[1]郊游，其中也有冯·穆勒首相。到城堡后，我们被带到一个房间，稍等了片刻，歌德就现身了，异常热情地与我们打招呼。显然，他在这样迷人的环境中小住，享受安宁和自由，身心都得到了莫大的滋养。他的大眼睛散发出更温柔的光，周正的面容洋溢着纯净祥和的幸福。以前，局促和礼仪常常迫使他带上僵硬的面具，现在他站在我们面前完全摘下了面具，现出他本性的光彩。

打趣几句后，他逐渐谈起与人类深切相关的事情。他热情洋溢地谈到宗教和道德文化，逻辑非常清晰，他说这应该是成立政治机构的主要目的。他还说："我们能够拔高每种感官经验的意义，通过思考把死气沉沉的事物变成一个有生命的联合体，这是我们拥有超自然起源最确凿的证据。而这个世界的万千现象虽然吸引着我们，使我们陶醉，一种内心深处的渴望依然驱使我们一次又一次仰望苍穹。看着头顶那些闪烁着神秘光芒的世界，一种深邃的、莫名的感觉让我们相信，我们是那里的公民，也终将回到那里去。宗教的作用在于调和那个精神王国的规范与人类的感官世界。道德曾尝试实现这个目标，但就算将它与享乐主义理论这样靠不住的逻辑对峙，它都能变得软弱无力、唯命是从。我们要永远感谢康德，感谢他理解并详细阐述了道德的最高要义。道德的意义始终都在于减少野蛮，减少企图挣脱规则的束缚、自说

---

[1] 耶拿附近乡间的大公府邸，歌德经常下榻于此。

自话、肆无忌惮地侵蚀他人利益的野蛮。为与这种野蛮和肆无忌惮划清界限，政治共同体才得以形成，所有制定法（positive laws）都在努力限制个人以牺牲他人为代价将规则掌控在自己手中，虽然这种努力都不是完美的。但倘若回首人类在过去几千年里的行为，我们便能从中识别出某种定式，它以不同的形态反复出现，奇迹般地掌控了所有民族和个人，这无疑标志着有一个更高的力量在指导世间万物。"

这些话在我脑海里留下了非常深的印象，所以回魏玛时我能逐字记下来。

## 124. F. 冯·穆勒　1818 年 4 月 29 日

大约早上八点钟，我们从魏玛出发，乘车到多恩堡，一路上春光和煦。到达时大约十一点钟。

（穆勒也描述了歌德的话，和卡罗琳·冯·埃格洛夫施泰因前面描述的并无二致，然后他作出了总结。）流利的话语从他可爱的嘴唇流出，我们用心听他说的每个词，还尽可能去否认和反驳，这样他的谈话愈发激扬生动了。整个世界史的轮廓好像在歌德眼前闪过，他用强大的智慧将其凝练成最简单的元素。他每说一点新内容，形象就高大一分，我差点以为他就是先知。事实与虚构交织并存，他脸上散发出智者安详的神态，神圣非常。而说话的同时，他又是那么温柔、童真、善解人意，回应我们的困惑和反驳时，他远比往常耐心得多。他的思想好像在空灵纯净的太空里上下翻飞。

然而宝贵的时间总是转瞬即逝。"亲爱的年轻朋友们，"他突然从座位上起身说道，"请允许我现在就离开，到不远处和我的石头们独处一会儿，经过这样一番对话，我这只老灰背隼要和原始要素交流一会儿了。"我们饶有兴致地凝望他远去的身影，他身披浅灰色斗篷，庄重地走进山谷，一会儿在这块石头这儿停留片刻，一会儿去那块石头那儿稍停半晌，或者在某棵植物旁，用他的矿物研究专用锤查验岩石。山影渐长，他置身其中，慢慢地如幽灵般消失在我们的视野中。

### 125. 里默尔　1818 年 6 月

"人是种奇怪的生物，真的！有人告诉我万花筒的原理后，我对它就完全失去兴趣了。如果上帝把自然的秘密全部揭示给我们，会让我们陷入非常尴尬的境地：我们将无事可做，因为实在太过无趣和无聊。"

### 126. E. 格纳斯特　1818 年 8 月 27 日

8 月 27 日早上，歌德让他忠实的佣人卡尔去取来两瓶红葡萄酒和两只杯子，把它们放在房间两头的窗台上。卡尔完成这些事后，歌德开始在房间里来回踱步，有规律地依次在两扇窗前停下来喝一杯。过了一会儿，陪他去卡尔斯巴德的雷拜因来看他了。

歌德："你是个很好的朋友！今天是几月几号了？"

雷拜因："8 月 27 号了，阁下。"

歌德："不，今天是 28 号，我生日。"

雷拜因："哦，好啦，我从不忘记您的生日。今天是 27 号。"

歌德："你说谎！今天是 28 号。"

雷拜因（坚决地说）："27 号。"

歌德（按铃，卡尔走进来）："今天几号？"

卡尔："27 号，阁下。"

歌德："见鬼——把日历拿来！"（卡尔取来日历）

歌德（停顿了很长时间）："好吧，见鬼的是我！所以，我白喝醉了。" 105

## 127. J. G. 科格斯韦尔　1819 年 8 月 28 日

我先去魏玛拜访歌德，他去了耶拿，我便跟随他也去了耶拿。德意志的人说他高傲，铁石心肠，但我非常幸运，在他没有表现出高傲的时候见到了他，他接待我时好像并非铁石心肠，还是个情感细腻的人。在同样和我没有特殊联结的人中，与他的分别最让我感动。"是什么让你来到耶拿？"他说。"要与你告别了。""衷心感谢你对我的这份尊重。很高兴得知你对晚年的我还这么感兴趣，甚至不远万里，专程来看我。我请求你记住我友好的一面。"又聊了一会儿后我就向他告别了。他按照德意志的习俗，深情拥抱亲吻了我。这一年他刚七十岁，8月28日那天他在魏玛过的生日，也是因为这个他离开了。"我太老了，"他说，"对纪念日已经不感兴趣了。"

## 128. C.F.A. 冯·孔塔  1820年5月

歌德兴致高涨，主动说起早年的交情，说得很细致，大部分是关于他的朋友席勒的，他说："三日不见，我就认不出他来了，他自我完善的步子迈得太大。"

他把席勒的英年早逝归咎于他的工作方法。"我总说，"他义正词严地说，"一个诗人，如果没有感受到不可抗拒的创作冲动，就不应该开始工作。这是我一直遵守的原则，我能有个精力充沛的晚年也要归功于此。""你可以看看，"他继续说，"这是六部我已经开始的作品，除非哪部在某个时间吸引了我，否则我从不碰它们，只要我感觉写不下去了，就一分钟都不会继续。

"可席勒不接受这种做法。他坚持说，只要是人决心要做的事就一定能做到，所以他也是这样创作的。我给你举个例子：席勒给自己定下写《威廉·退尔》（*Wilhelm Tell*）的任务。开始时，他尽可能多地搜罗瑞士的详细地图，四面墙壁都贴遍了。然后他开始阅读游客对瑞士的描述，直到他对瑞士起义的场景了如指掌。同时他还研究瑞士历史，收集完所有资料后，他就坐下来工

106

作了。之后（说到这儿，歌德站起身来，一拳捶在桌面上），他**简直**就没有离开过办公桌，直到写完《退尔》。疲倦难耐时，他只会把头伏在手臂上睡一会儿。一醒来他就会要——不是谣言中的香槟——而是浓浓的黑咖啡，好保持清醒。这就是《退尔》如何在六周内完稿的，而这也是为何它能那么浑然一体！"

### 129. F. 冯·穆勒　1820 年 6 月 7 日

歌德手拿装饰着深色蛇纹的彩色高脚玻璃杯，开始他的疯言疯语。[1] "不要试图对这种原始现象做更深入的解释。上帝也不一定比我知道得多。"

### 130. J. Ch. 勒贝　1820 年 7 月

"青年人能接收鲜活丰富的感受，能享受强烈刺激的体验，这是一种多么叫人艳羡的幸运。随着批判性理解力的增加，这些毫无缓冲的快乐源泉就逐渐干涸了。人人都是亚当，所有人迟早都要被逐出天堂——那个充满温情的天堂。"

---

[1]　一个光学实验；参见 No. 249。

## 131. 露易丝·冯·克内贝尔　1820 年 8 月 24 日

**（转述）**

"歌德心情好时魅力非常，有时则情绪不高，这时的他说起话来总是简短又冷淡，在他身边会感觉十分局促，但情况也不总是这样。"弗劳·冯·克内贝尔又说起歌德已故的妻子，对她赞赏有加。"她是个很招人嫉妒的女人，也因此受到许多恶言恶语的中伤。"她又接着说克里斯蒂亚娜性格特别好，很热心肠，他们都认为歌德那样一个人，不可能再找到比她更合适的妻子了。她把一生全部献给了他，在与他相处的过程中从未想过自己，她唯一的目标就是为他把一切变得愉快舒适一点。"除此之外，她性格还很开朗活泼，能让他打起精神来，也非常了解他，总能用最合适的口吻、最恰当的方式帮到他。她没有受过良好的教育，却天生聪颖，心思明朗。歌德经常对我们说，有时某个话题会在他脑海里挥之不去，各种想法不停地在一起拥挤、推撞，他会发现自己游离得太远，继而感到十分困惑：在这些时候，他就去找她，径直把整件事摆在她面前，她总是能用简单朴素的智慧直奔正解，令他惊诧不已。他说用这种方式在她身上学到很多。"弗劳·冯·克内贝尔还回忆了歌德妻子去世时他内心深处受到的触动，以及他到现在都没有完全走出来。

107

### 132. J. G. 冯·匡特  1820 年 12 月

歌德是伟大的智者，不是喜欢插科打诨、卖弄口舌之人。他天才的力量不像闪电，释放时光芒四射，噼啪作响。一个深刻如斯的人大概率不会是一个善于交际的人，尽管歌德在创作中能够准确再现一个人的八面玲珑，特别是在《威廉·迈斯特》和《亲和力》中。

### 133. F. J. 弗罗曼

读他作品的乐趣远不及听他讲话。他是个技艺精湛的讲述者，他的故事总是一气呵成，他传神的手势和讲话时双眼闪烁的光芒更为其增添许多魅力。

### 134. G. 班克罗夫特  1821 年 3 月 7 日

今天我和歌德在一起待了半小时。我试着让他谈一谈德意志诗人，所以提起蒂克。歌德沉默不语。我又提起施莱格尔兄弟：他只说他们写了很多不错的东西。拜伦的《唐璜》，歌德读过了，很欣赏它的趣味性。"押韵的趣味，"他说，"只有你们的语言能够实现，因为拼写不同的单词常常发音相似。你们语言的这种独特性是一系列喜剧作家实践和积累出来的，像斯威夫特等等。"

歌德仍然很勤奋。他经常连续口述几小时。里默尔教授评

108

113

论他这一点时说，他像老鼠一样生产，一边要带着腹中即将出生的，一边还要顾着刚刚出世的。

## 135. 沙皇尼古拉一世　1821 年 5 月

　　见到歌德时我年纪尚小，还不想参与和他的谈话，只是在听长辈们说。他说的每句话都那么意味深长，无论是什么话题，他都能发表精辟独到的见解，从不借鉴别人的想法。他问我怎么看《少年维特之烦恼》和维特这个人。这个问题，说实话，吓了我一跳。我，一个年轻人，如何能告诉歌德我对他作品的看法！但他一定要让我说一说，所以我就说我认为维特这个人物很软弱，但幻想自己很强大，夏洛特和他在一起可能并不开心。我的回答让他很满意。在接下来的谈话中，他表达了自己对《维特》的看法，还说让自杀看起来有趣并非他本意，相反，他认为自杀这种行为应该受到道德谴责。

## 136. R. P. 吉利斯　1821 年 6 月 22 日

　　短暂的一上午我只写出三句我能写出的最好的德语，表明一个谦卑的学生从爱丁堡远道而来，真诚期盼能有幸与德意志最伟大的诗人有个简短的交流。

　　带上这个，我就去了这位政治元老的家，那是个大宅邸，不过要是英格兰公爵的土地管事看，肯定不会觉得气派。在接待厅，我有时间诧异这里竟没有一件奢华或昂贵的用具。有几件半身像和雕像倒是真的。但是，唉！黑漆漆的橡木地板没有铺地毯，就算在盛夏都让人感到一丝寒意，要是在沉闷的冬日，这个房间又会是怎样一种氛围呢，就算火炉里有足够的木柴和草皮也不会起多大作用吧？

　　这时，接待厅远处的房门打开了，出现了阁下又高又瘦的身影，他身上宽松地裹着一件蓝色长大衣，缓缓前行，神情和外貌好像一个归来的亡灵。他迈着深沉安静的步伐向前走，看起来非常心不在焉。整个人像鬼魂一样走过来后，他等着我开口说话！这个来自另一个世界的幽灵被唤醒，纡尊显形，现在的问题是应该或可以对他说什么才不会冒犯到他？事实是，我一心想要见到歌德，从未想过他会有兴趣听我说话，我在极度绝望中努力把这些告诉他，然后幸好再次提到我的长途旅行，以及我非常希望在魏玛找个地方落脚，等等。说到在魏玛落脚，这位最出色的外交家应对得不能再好了。对于这样的问题他几乎是（听到我断断续续的德语他微微笑着）张口就答，没有比这再简单的事了，魏玛人口不算太多，他知道宫廷书商那时候好像在负责处置一套带花园的房子，租金很低。说到这儿他补充道："昔日也有英国人在这里度过了相当愉快的时光，其中有些我记得，我敬重他们，也觉得惋惜。"我试着问他这当中有没有布鲁克·布思比先生。这个问题算是歪打正着了。

"我见他比较多，"他说，"比见其他英籍居民都多，他的离开也最让我感到惋惜。或许你认识他？他有和你说过魏玛吗？"

"他告诉我他在公爵的骑兵团得到一个军官职务，这样去宫廷就可以穿靴子了，不用穿丝袜。"

"是这样的。他身体不太好，他抱怨我们这儿冬天太冷，不喜欢丝袜，与跳舞相比他更擅长骑马。"

这个重要的事实说完以后，我提到布鲁克先生经常随身携带第一版的《维特》，还有其他几本德语书，他做了一些翻译。之后我努力告诉他《浮士德》和《威廉·迈斯特》对英语作者产生的巨大影响，说起拜伦勋爵在《曼弗雷德》( Manfred ) 中受到《浮士德》的启发，等等这些。但对这些他回答的口吻无比冷漠。他对赞扬毫不在乎，对奉承全然无感。此次我来拜访可能前后只有二十分钟，但我离开时他非常客气，还说如果我能在魏玛找到心仪又适合我经济能力的住所，他会很高兴。

### 137. C. G. 卡鲁斯　1821 年 7 月 21 日

歌德的家宽敞大气，却也并非高门大屋，装饰很简单，透露着古典风韵。一进门，宽阔的楼梯缓缓升高，楼梯平台上陈列着狄安娜[1]的猎犬和望楼上年轻的牧羊神，看到这些你就能大致猜到房屋主人的喜好了。再往上，一组代表双子座的装饰便映入

---

[1]　罗马神话中的月亮和狩猎女神。——译者注

眼帘，令人赏心悦目。进入前厅后，迎接你的是地板上镶嵌的蓝字"救赎"（SALVE）。前厅的装饰就非常丰富了，有雕刻品和半身像。房子最里面，穿过第二组半身像便可以去往室外楼梯平台，平台上装饰着鲜亮的植物，还有一个小楼梯通往下面的花园。

　　终于，隔壁房间传来坚实的脚步声，这位伟大的人物即将到来。他只穿了件简单的蓝色布衣，脚踩靴子，短发上轻轻打了点粉，步伐矫健，身姿挺直地朝我走来，把我引到沙发就座。七十二年的岁月没有在歌德身上留下多少痕迹，确实，他双眼的角膜出现老年环了，但他眼里的光依旧热烈。那双眼睛可能是他最有表现力的面部特征，也让我真正体会到他诗意的灵魂中饱含的温情。然而那种温情是克制的——虽然能看出来他克制得比较吃力——它藏在冰冷的礼节之后，好躲避这个世界一而再、再而三的侵犯。但在某些时候，随着对话的进行，气氛活跃起来，他会突然睁大双眼，释放出一位伟大的天才洞悉世事的光芒，可谓闪烁着精灵的力量。

　　我就坐在那里，面对面看着他！我必须承认，他对我个人的发展有过非常深远的影响，然而他竟出现在我面前，我更加渴望仔细观察这样非凡的存在，抓住每个细节。开场的客套话很快就结束了，我开始讲我对重点骨骼部位的最新研究。在我说话期间，他经常插几句赞叹或满意地点点头。"是的，是的！"他说，"这问题处理得很好……很好，很好！是的，是的！"他总

111

是习惯性地在对话间歇用异常愉快的语气说些这样的话来活跃气氛。

佣人拿来一些轻食茶点。看到歌德为我斟酒，还与我分食一块面包，他吃一半又递给我一半，我十分感动。他一边做着这些，一边谈论我的两幅画。快要到一点钟时我才离开，感觉温暖又愉悦。

## 138. F. 福斯特　1821 年 7 月 24 日

午饭时间歌德总是心情愉悦，非常健谈又极具感染力，不过客人从未在数量上超过九缪斯。他面前会摆一瓶陈年的莱茵白葡萄酒，他自己能全部喝完，我们面前也都摆一瓶酒，自行取用就好。不同的客人会对菜单有一定的影响，他总是亲自指导。一般来说，一顿餐有三道菜，最多四道，不包括汤：蔬菜炖肉（他非常喜欢意式炖肉），然后是鱼（鳟鱼是他的最爱），接下来是一道烤肉（通常是家禽或野味），然后是——"给女士们的"，他经常说——一道甜点，比如卡尔斯巴德果馅卷。他本人更喜欢用英国或瑞士干酪代替甜点。他每次都亲自切肉，即使是一大块难切的野味关节，有时会把最好的一块肉或鳟鱼肉质最细腻的部位给他偏爱的女士宾客，把食物摆在她盘里。老先生在午饭时间开心的时候居多，而且是罕见的开心，总是拿儿媳打趣，不过对话偶尔也会转向严肃。

## 139. 乌尔丽克·冯·莱韦措　1821 年 8 月

　　1821 年我在马里恩巴德见到了歌德。母亲把我从斯特拉斯堡的寄宿学校接出来和她在马里恩巴德待几个月。那时，马里恩巴德还是个很小的地方，也就刚刚开始存在，我们买的房子差不多是最大最好的。歌德也住在那儿，我现在依然清晰地记得我与他初次见面的场景。祖母派人来叫我，女佣说一位老先生正和她在一起，希望见见我。我十分不情愿，因为我刚开始做女红就被打断了。我进去他们所在的房间时母亲也在，她说："这是我的大女儿乌尔丽克。"歌德抓住我的手，慈祥地端详着我，问我觉得马里恩巴德怎么样。过去这几年我一直待在斯特拉斯堡的一所法语寄宿学校，只有十七岁，对歌德一无所知，也不知道他多有名，是个多么伟大的诗人，所以在这么友善的老先生面前我一点都没觉得拘谨，也没有平日里见陌生人时难以克制的含羞。歌德邀请我第二天清晨和他一起去散步。散步时，斯特拉斯堡和学校的事我就全说给他听了，我还专门提到妹妹们不在会让我感到很孤独，我是第一次和她们分开。我想正是我这种孩童的坦诚吸引了他，从那以后，他花很多时间和我在一起。几乎每天早晨他出去散步都带上我，如果我没有去，他会带花给我，我猜是他很快就发现了我对他经常观察的石头没有兴趣，但除此之外，我还是很愿意学习的。傍晚时分，他还经常整小时整小时地坐在门外长凳上，给我讲各种各样的事。当我意识到他是个多么伟大的学者时，我对他已经非常了解和熟悉了，所以并不会感到害羞或拘

112

119

谨。直到后来在我们频繁的来往中，也没有人见过，甚至我母亲也没见过，一位年龄上可以做我祖父的老人能如此从一个孩子的陪伴中获得乐趣，毕竟我那时仍然是个孩子。歌德老先生是那样慈祥、可爱，年轻人都会享受与他的友谊，尤其是当她对他用那么和蔼可亲的口吻描述的一切都充满浓厚的兴趣时：花、石头、星星，还有文学。

那年夏天，歌德还把《威廉·迈斯特的漫游时代》送给我作为礼物。开始读之后我立即就注意到它一定是哪本书的续篇（《威廉·迈斯特的求学时代》）。我说："枢密顾问先生，我不明白，这本书之前一定还有什么。"歌德回答我说："确实，你猜得很对，但你现在还不能读，我把故事给你讲一讲。"然后他便坐在长凳上，一连给我讲了几小时。如果我当时知道它后来所具有的重要意义，我就应该全部写下来。

### 140. J. S. 格吕纳  1821 年 8 月 26 日

歌德突然跳下马车去研究一块石头，我听见他说："好吧，好吧！你是怎么到这儿来的？"——他不断重复着这个问题。我对矿物学一无所知，所以觉得他这种行为近乎好笑。我很好奇，一个如此博学的人怎么会觉得那块石头那么有趣？

### 141. 费利克斯·门德尔松－巴托尔迪　1821年11月4日

两小时后，策尔特教授来告诉我们："歌德到了！老先生到了！"我们立即冲下楼跑去歌德家。他在花园，刚绕过树篱出现在我们的视野中。他非常友好，虽然我觉得他和肖像画里画得都不一样。他看了看自己有趣的化石收藏，他的儿子已经为他整理好了，他一直说："嗯！嗯！非常不错。"之后，我又和他还有策尔特教授在花园里转了半小时，然后就一起进去吃午饭了。他不太像是七十三岁，好像只有五十岁。午饭过后，小冯·歌德夫人的妹妹乌尔丽克小姐要了一个亲吻，我也要了一个。每天上午我都能从《浮士德》和《维特》的作者那里得到一个亲吻，每天下午都能从我的父亲和朋友歌德那里得到两个亲吻。想象一下吧！下午我会给他弹奏两小时，一部分时间弹奏巴赫的赋格曲，另一部分即兴演奏。

### 142. L.莱尔施塔布　1821年11月8日

歌德的接待厅有一架上好的大钢琴。那天晚上我们又在那里齐聚，因为他邀请了一大群人来认识他在魏玛的朋友，尤其是其中音乐界的朋友，包括这位杰出的天才少年费利克斯·门德尔松－巴托尔迪，策尔特一整天都在和歌德讲他。

114

按照歌德往常的习惯，至少目前据我观察是这样，他会等所有宾客到齐后再现身。在此期间，他的儿子和儿媳会以男女主人的身份殷勤地招待客人。诗人在宾客当中出现时，气氛总是有些庄重，因为宾客中往往会有一些初次见到歌德的人，或至少是很少与他接近的人，还有的人是与他走得比较近，但对他的感情主要是崇敬。那天晚上的情形也大致如此，当年迈的诗人打开门时，房间里突然安静下来，每一只眼睛都转向了他，所有人都向他安静地鞠躬致意。他那句"晚上好！"是说给所有人的，但他只朝策尔特走去，热情地与他握手。大家都知道他们彼此很亲密，都以"你"相称。费利克斯·门德尔松闪烁着双眼，在伟岸的诗人面前，抬头仰望着他雪白的头发。然而过了一会儿，诗人亲昵地用双手捧着他的脸说："现在你可以为我们弹奏点儿什么了，费利克斯！"策尔特点了点头以示**同意**。

现在歌德向我们剩下这些人走来。友好地对我说了几句话后，他开始说起费利克斯·门德尔松："我的朋友策尔特给我带来了他的这个弟子，我想你已经认识了。"我说认识了。歌德继续说："他要先给我们展示一下他的音乐才华，不过他在其他方面也非常有天分。你知道四种气质类型的理论吧，这四种每个人都有些，只是混合的比例不同，这个孩子，我想他的黏液质一定是最少的，与之相反的气质达到了最高。"

钢琴盖打开了，蜡烛也放到了谱架上。费利克斯·门德尔松准备开始弹奏了。"弹奏什么好呢？"他问策尔特，他对策尔特的态度完全是孩子似的服从和信任。"嗯，只要你会的，弹什么都可以！"策尔特回答说，他的语气轻快随意，知道他的人都会有印象，"对你来说不那么难的，什么都行。"——最后终于决定他可以即兴演奏，他便问策尔特弹奏什么主题。策尔特回答他说："你知道《有一晚我梦见了燕妮》（'I dreamt one night of Jenny'）这首曲子或类似的曲子吗？"费利克斯说他不知道。"那我弹给你听。"

策尔特在钢琴前坐下，用他僵硬的手（他有几根手指不能用）弹了一首三连音节奏型的 G 大调曲子，非常简单。费利克斯立即跟着弹了一遍，继而用两只手同时弹了几遍三连音音型，似乎在让手指形成这个主要音型的手形，好在演奏时不假思索地做出反应。然后，他开始了，但他径直进入最狂野的快板。温柔的曲调变成激昂的旋律，他一会儿转入低音部，一会儿升到高音部，用精妙的对题推动音乐的发展：这一连串不间断的旋律都是他灵感爆发的创作。那个年纪便能有如此天衣无缝的演奏技巧实属不易，而这位年轻的艺术家并没有演奏太长时间，如此，他给我们留下的印象就更好了。当他的双手有力地跳到最后一个和弦，离开琴键，逐渐静止后，房间里一片沉寂，大家深感震撼，依然沉浸其中。

策尔特是第一个打破寂静的，用他一贯的幽默口吻（我之前已经提过了）大声说："好，好！你一定是小妖怪附体了！好一段跌宕起伏的演奏！"可想而知，这个孩子的演奏让所有人都陷入了钦佩与赞赏的狂喜，尤其让歌德大喜过望，小艺术家脸上洋溢出孩子似的神情，有高兴，有骄傲，还有一些腼腆。歌德激

115

动地拥抱了他，双手捧着他的脸颊，故意使劲地揉搓，开玩笑说："你可别想弹这点儿就蒙混过关！要想我们完全认可你，你必须再来点儿别的。""我应该弹点儿什么呢，教授先生？"费利克斯问（他总是称呼策尔特"教授先生"），"我现在应该弹点什么呢？"

　　歌德很喜欢巴赫的赋格曲，巴赫是令人尊重的大师，所以费利克斯·门德尔松也被要求弹奏一首他的赋格曲。策尔特从别人拿来的赋格曲册子里选了一首，这个孩子虽然没做什么准备，但却弹得万无一失。听到这样惊艳的演奏，歌德愈发高兴了。除了其他曲子外，歌德还让费利克斯弹奏一首小步舞曲。"我可以为您弹奏世界上最美的那首吗？""哦？那是哪首呢？"他便弹了《唐璜》（*Don Giovanni*）中的小步舞曲。歌德一直站在钢琴边聆听，他的脸上闪动着喜悦的光芒。小步舞曲弹罢，他还想听这部歌剧的前奏曲，但我们的演奏家直接拒绝了，说不应该按照原本的创作弹，但修改任何一个音符都是不对的。不过他提出弹奏《费加罗》（*Figaro*）的前奏曲。他轻轻触碰琴键开始了演奏，在经过段时弹得坚定、清晰，技艺精湛，自那以后我再没听过那样的演奏。歌德的心情越来越好，显得愈发亲切了，开玩笑打趣这个意气风发的少年。"到目前为止，"他说，"你只给我弹奏了你会的曲子，现在让我们看看你能不能弹你不会的。我来考一考你。"

　　他离开了房间，几分钟后拿来几张乐谱手稿。"这里有我收

116

藏的几张手稿，现在给我们展示一下你的能力吧。这些你可以演奏吗？"说完，他在乐谱架上放了一张。谱上的音符很清晰，但很小，这是莫扎特的手稿。手稿里的内容看起来不是很容易，但这位年轻的艺术家边看边坚定地弹着，一点错都没出。整首曲子听起来就像他已经熟记于心很多年了，演绎得是那么准确、清晰、和谐。

　　所有人都为他鼓掌，歌德却仍是一副开玩笑的样子。"还是不够好！"他大声说，"其他人也能看出来。但是现在，我真要出点儿能把你难倒的了。现在注意了！"玩笑说罢，他就又抽出一张纸来，放到谱架上。这一张着实奇怪：很难判断那是音乐，还是单纯一张画了线的纸，上面布满墨点和数不清的污渍。门德尔松惊讶地哈哈大笑起来。"写成这样太滑稽了！"他惊叹道，"谁能认出来呢？"但是突然他严肃起来。因为还没等歌德说完，"现在来猜猜这是谁写的？"策尔特就喊道："哎呀，这是贝多芬的手稿！一公里以外都能认出来！他总像是拿扫帚写谱似的，袖子总是蹭到还没干的音符。我有很多他的手稿：太容易认出来了。"——一提到这个名字，门德尔松就突然严肃起来，不只是严肃，他的表情充满崇敬和敬畏。歌德好奇地看着他，一脸喜悦。这个孩子继而专注地盯着这张手稿，一丝惊叹从他脸上闪过，好像从这堆乌七八糟、混乱不堪的音符和字迹中看到一种崇高的美，一种深刻的、高贵的独特。但这些仅仅持续了几秒钟，因为歌德想把它当作一个认真的测试，不给演奏者准备时间。"这

117

就是了！"他大声说道，"不是告诉过你能难倒你吗？现在试试吧！给我们看看你的能耐！"

费利克斯立即弹了起来。那是首简单的曲子，如果写得清楚，弹起来会非常容易，就算中等水平的演奏者弹起来也不是问题。但在这种情况下，要从十个、二十个被划掉，或部分甚至完全被擦掉的内容中辨别出正确的音符和段落，确实需要迅速和精准的理解，这就很少有人能做到了。他弹奏了一遍，整体上都是正确的，只是个别音符停顿了一会儿，有几次出错，他马上就纠正过来，说："不，应该是这样！"然后他大声说："现在我可以给您弹了！"第二次弹奏没漏一个音符。歌唱部分他一边唱，一边演奏，将它融入其他部分……这次展示完技艺后，歌德宣布自己满意了。不用说，这位年轻的演奏者又收到大量赞美，虽然歌德用插科打诨掩饰了他的赞美，挑毛病说费利克斯在这首曲子上还是犹豫了，没那么有信心。

年迈的诗人预言这位音乐奇才一定大有作为。他热切地向我肯定他的前程，也因此对我说了许多肯定他的话。如此充满希望的人物让他由内而外散发着对艺术的喜悦，而且在谈话过程中，那股热情会不断被点燃。这个孩子确实是让他非常满意了。

## 143. 费利克斯·门德尔松－巴托尔迪 1821 年 11 月 10 日

每天下午歌德都打开钢琴，对我说："我今天还没听你弹钢琴呢，给我来点动静吧。"然后他就坐在我旁边，我弹完后（通常都是即兴演奏）就会跟他要一个吻，或者直接给他一个吻。你不知道他有多好，多亲切，也不会知道这颗诗人中的"北极星"拥有多么丰富的矿石、半身像、雕刻品、小雕塑和大幅画作。他的身材不算高大，其实他比父亲高不了多少。但是他的仪态，他的谈吐，他的名字——是这些让他很高大。他的声调很不一样，咆哮起来有千军万马的气势。策尔特计划星期二去耶拿，从那儿直接去莱比锡。我们也是要和他一起走的，但我们决定匍匐在他脚下，祈求他在魏玛多留几天。策尔特教授被拽进歌德的房间，随之歌德的雷霆之音向他袭去，斥责他想要把我们带去那个糟糕的地方，命令他闭嘴，不要反驳，就把我们留在这儿，他自己去耶拿然后再回来。教授走投无路，只能按照歌德的意愿来。就这样，我们把歌德团团围住，亲吻他的嘴唇，他的双手，无法靠近他的人则拍打他，亲吻他的肩膀。我想，要不是他已经在家里了，我们都会跟随他回家，就像罗马人跟随发表完反喀提林阴谋的演说后的西塞罗一样。乌尔丽克·冯·波格维奇 [1] 小姐也歪靠在他的脖子上，他便开始和她打趣（她非常漂亮），所有这些让他很有满足感。

所以你看，如果歌德对我说"亲爱的孩子，明天我要举办

[1] 此处原文为 Ulrike von Pogswisch，似有笔误，歌德儿媳的妹妹名字为 Ulrike von Pogwisch，此处按她的名字翻。——译者注

宴会，你一定要再给我们弹点儿音乐”，我不可能说不，怎么说呢！

## 144. J. S. 格吕纳 1822 年 7 月 31 日

歌德尤其喜欢我的儿子伊格纳茨，他说是因为这个孩子用那双大眼睛看着他时非常友好，所有问题都能给出那么有活力的回答。歌德经常让这孩子讲故事，比如有一次他说：“给我讲一只猫的故事。”这孩子毫不慌张，问道：“哪种猫，白猫还是黑猫？”“给我讲一只白猫的故事。”然后这孩子让他的猫游过一个池塘，去到一座岛上，在那儿捉老鼠，之后又游了回来，却刚一上岸就被猎人一枪毙命了。

“你看，我的朋友，”歌德说，“他和很多作者都用了一样的结束方式！他们再想不出合适的内容发展自己的主题了，所以就杀了主人公。”

## 145. J. S. 格吕纳 1822 年 8 月 1 日

在我和歌德的谈话中，我们提到《少年维特之烦恼》，以及它一经出版就在全德意志引起的巨大轰动。歌德说：“显然，一个人不可能让所有人都满意；几个学生用枪自杀了，有人想让我为此负责。在维也纳，人们举办了一场烟火表演纪念《维特》，现场整体比较安静，在中间很长一段时间停顿后响起一声枪响。新奇有它自己的符咒。"

### 146. F. 索雷　1822 年 9 月 21 日

今天晚上，迈尔先生带我去见了大名鼎鼎的歌德。他友好地接待了我，不过却带着一丝冷漠。我们的对话主要围绕矿物学、化学和物理展开。他似乎对偏振现象特别感兴趣。他给我展示了一些装置，基本是按照他自己的想法组装的，还说愿意和我一起开展这方面的实验。看到这样一位伟大的诗人对科学实验乐此不疲，创作出狂热的《维特》之后对生气全无的矿石那么津津乐道，我感觉甚是奇怪。

我们在那儿待了一个多小时，快结束时歌德愈发健谈起来，我们离开的时候他对我说了许多赞美的话。他的面容依然俊朗，额头和眼睛看起来尤显威严，他很高，体格健壮。过去几年，人们一直以为他年纪太大，所以放弃了社交生活，不再外出，也不去拜访公爵等人了，反而是接待他们的来访。但亲眼见到他之后很难把他与年老体弱联系起来。

119

歌德像

## 147. F. 冯·穆勒　1823 年 2 月 3 日

　　"如果，"歌德说，"我一定要属于反对党阵营，我宁愿煽动起义，制造暴乱，也不愿一直忧郁沮丧，徘徊不前，对已确立的秩序挑三拣四。我一生中从未苦于把自己置于人民意志或主流信仰的对立面，与大势对抗都是徒劳无益的。我会更喜欢退守在自己的壳里，在里面自在地生活。"

## 148. F. 冯·穆勒　1823 年 2 月

（17 日）：下午去看了歌德，发现他已经病得很重了，他卧室里一片漆黑。中午时他有一阵发烧烧得厉害，持续了两小时。他一直呻吟着说："全能的上帝啊，我病得太厉害了！谁遭受这样的苦，都是一个可怜人！我很多年都没病成这样了。"然后说："像这样生病的日子是神对我们的苛刻——并不是健康时对我们有多照顾。"

（20 日—22 日）：从星期四到星期六，他的病情时常反复，一会儿好一会儿坏。他经常陷入恍惚，有时处于半游离状态，不过也时不时地说些神志清醒的话，与人交流也都明白。周四时他和他的长孙待了好一会儿，还给他唱了一首歌。他总是询问之前他不那么感兴趣的人身体如何。有一次，他对佣人施塔德尔曼说："你想象不到我现在有多难受，病得有多重！"他总是劝告医生们再仔细斟酌一下他的病情，并暗示他对他们的医术有些怀疑。"做你们要做的！"他叹道，"一切都很好，但我不认为你们能救得了我。"有几次他想洗个热水澡，但这被认为太危险。一次医生们在一起小声讨论，他说："这些耶稣会士又来了！他们可以商量，这当然可以，但他们无法出谋划策，也无法挽救一个人的生命。"他抱怨医生们总是随意开些"该死的东西"让他吃下去。星期六中午，他们让他喝了一杯香槟，没什么明显的影响。他非常享受地吃了一个香梨和一些菠萝冻。有一次他轻声对自己说："我确实很好奇，这个统一体，在经历这些撕裂和折磨

120

之后，还能不能重新出现，组成一个新的统一体？"他对乌尔丽克·冯·波格维奇说："哦！你想象不到这些想法有多折磨我，它们有多盘根错节地纠缠在一起！"

（23日）：星期天是他病情最重的一天。那天一大早他就对儿子说："死亡藏在各个角落里，围绕在我周围。"他还对一名医生说过很多次："我不中用了。"有人告诉我说他曾经感叹道："啊，你这基督教的上帝！你让你可怜的人类生物承受多少痛苦啊，而你却想要我们在你的圣殿里赞扬你、感谢你！"

（24日）：下午他和医生们生了很大的气，大声喊着给他拿来些克罗伊茨布伦嫩[1]，他说："如果我要死，至少也要用我自己的方式去死。"他真的喝了一小瓶克罗伊茨布伦嫩，而且它明显产生了有益的效用。四点半过后，直到九点，我一直都在隔壁房间，他的声音听起来很是洪亮有力。我听到他要人全面详细地给他讲一讲自己病情的发展，好像一件与自己无关的事现在有了定论。他很开心用自己敏锐的味觉在一种药里尝出了洋茴香，考虑到他对这种草本根深蒂固的憎恶，他们决定换一下处方。听到他们想给他开山金车，他很开心，饶有兴致地围绕这种花上了一小堂植物学课，他说他经常在波希米亚看到它们茂密地生长。他问了很多次有哪些朋友来探望他。"这些亲爱的人们很热心肠，我肯定。"他的状况有了明显好转，还敦促他的家人去睡觉。"他们

---

[1] 位于马里恩巴德的一个小镇，此处所指应为来自那里的矿泉水。——译者注

应该想想自己，"他说。他自己的小需求都一个个被满足了。他开始重拾希望了，他说："明天我还要喝很多克罗伊茨布伦嫩，很快我就会是个有着寻常习惯的正常人了。"他问他们有没有每天帮他记日记，还痛惜他们没有按时记。

## 149. 艾克曼　1823 年 6 月 10 日

我是几天前到这里的，今天第一次去拜访歌德。他接待我时分外亲切，以我对他性格的印象，今天可以说是我人生中最幸福的一天。

他即刻就谈起我的手稿来。"我刚才已经见过你了，"他说，"我一早上都在读你的文章，它们不需要推荐，自己就是招牌。"之后他夸赞了文章阐述之清晰，思想之流畅，称其有理有据，思虑周详，令人钦佩。"我必须马上附信一封把它寄给出版社。"他又说道。我万分激动，感谢不已。

我们一起坐了一会儿，安静地、亲昵地交谈。我把手放在他膝盖上，专心致志地凝望着他，都忘了说话，怎么看他都看不够。他棕色的面庞是那样刚毅，上面布满了皱纹，每条皱纹都充满表现力。他整个外表看上去刚正、有力、平静、威仪！他讲起话来不紧不慢，像一位年迈的君主。很显然，他达到了自洽，远非褒贬所能影响。和他在一起让我无比开心，我感到安心与平和，就像多少苦难都已成为身后事，曾经魂牵梦绕的愿望如今都已淡然。　122

## 150. 艾克曼　1823 年 9 月 15 日

歌德从马里恩巴德平安归来。我们刚见面他就说起我的规划。

"我必须坦白告诉你，"他说，"我希望这个冬天你能和我一起待在魏玛。我在附近给你安排个住处，整个冬天你都不会感到乏味。魏玛也汇聚了众多人才美物，随着你接触到更好的圈子，你会发现你所处的环境不逊色于任何一座大城市的精英圈层。我们还有一座精良的图书馆和一个剧院，一点儿不比德意志其他城市最好的设施差。我再说一遍：留下来！不只是这个冬天，让魏玛成为你的家。这里有向全世界敞开的门，有通往全世界的路。你可以夏天的时候去旅行，慢慢把所有想看的地方都看遍。我在这里已经度过五十年了，去过各种地方！但回到魏玛一直是我心之所向。"

我再次向他表明，我这种特殊情况，只要他认为是最好的事，我都愿意去做。

## 151. 艾克曼　1823 年 9 月 18 日

"世界太大，太丰富，生命太多样，从不缺少诗歌出现的场合。但诗必须都是偶得的，也就是说，现实刺激了诗歌创作，提供了素材。只要经过诗人的处理，特例就能具有普遍性，就能充满诗意。我所有的诗都是偶得的，因现实而起，以现实为基础，扎根于现实。我不喜欢凭空想象来的诗。

"不要让任何人说现实缺少诗情，毕竟诗人就有才智从有趣的角度表现普通事物。现实必须提供主题，提供要表达的观点，提供问题的核心，但要把这些塑造成美丽的、有生命力的统一体就是诗人的事了。"

### 152. F. 冯·穆勒  1823 年 9 月 23 日

在马里恩巴德度过一段开心的时光后，他又困守在这里，为此他一整晚都闷闷不乐。我劝他每天乘车出去转一转，他说："我和谁出去呢？他们都让我感到无聊。那个叫斯塔尔的女人曾经对我说，'你需要诱惑力'，她说得很对。"我提到奥蒂莉和乌尔丽克，他说："任凭是谁天天从早到晚出现在眼前也会失去诱惑力的。是的，我回到家时身心舒畅，三个月来我一直都很开心，从一个兴趣点被吸引到下一个，从一个向往之地辗转到下一个，就像一个滚来滚去的球。但是现在——这个球又回到它的角落，我必须把自己埋在我的獾洞里，设法挨过冬天。"眼睁睁看着这样一个人遭受内心的折磨，科学也好，艺术也罢，注定要一番惨烈的挣扎才能让他恢复失掉的心智平衡，真让人痛心不已。

123

## 153. F. 冯·穆勒  1823 年 9 月 25 日

他跟我说了很多在马里恩巴德的事，特别是冯·希曼诺夫斯卡夫人，她钢琴弹得极美。他说她太可爱迷人了，虽然她的音乐美妙动听，但还是很愿意她能停下来，因为想听她说话，而停下来之后又想让她继续弹，因为她的话太让人兴奋，只希望在她弹琴时平复下来。

他说他很快就与她成了朋友，没铺垫太多闲话，就像是在纯净温和的氛围里马上就有了回家的感觉。后来，他去了花房，随手拿起一张她的字，借着这张字细说她的性格。再后来，他充满感情、郑重其事地给我读了写给她的诗，是三段美丽的诗节。

## 154. F. 冯·穆勒  1823 年 10 月 19 日

他精辟地分析了教堂是历史上错误和专政的产物。赋予基督神性的信条首先在尼西亚公会确立，此后（他说）便为专制政府提供了非常有益也的确必要的帮助。

关于个体的持续存在，歌德也表达了十分明确的观点。任何有思考力的存在（他说）都绝不可能构想出非存在的状态，无法想象思想和生命停止的状态。在这个意义上，每个人体内都不自觉地携带着永生的证据。但只要人试图从客观上跳脱出自己，尝试用教条的语言证明和概括个体的持续存在，在那种内在性的知识基础上构建一个庸俗的论证结构，那他就会陷入矛盾之中。尽管如此，人还是会经常情不自禁地把"不可能"归纳为一个假设（一个整体）。几乎所有法律都是"不可能"的结合体，比如婚姻制度。但这样也有好处，因为要实现"不可能"，就在最大程度上实现"可能"。

### 155. 艾克曼　1823 年 11 月 3 日

"始终都要牢牢把握住当下。每一种境况，确切地说每一分钟，都有无限价值，因为那是整个永恒的代表。"

### 156. F. 冯·穆勒　1823 年 11 月 4 日

希曼诺夫斯卡夫人的公演音乐会终于在今天举办了。结束后我们在歌德家共进晚餐，此间他和蔼可亲，风度翩翩。很多人提祝酒词，其中有一个人要敬"记忆"，这让歌德加重了语气，他大声说："你理解的'记忆'我认为并不存在，这个词只是个并不恰当的临时用词。在经历过一些美好的、美丽的或者重要的体验后，我们不需要'提醒'自己，不需要从我们自身以外的地方去追溯、捕捉和回忆。相反，它一定是从一开始就被织进我们的大脑里，成了大脑的一部分。它一定能在我们体内唤醒一个更新的、更好的自己，成为一股有创造力的，能带来变化的力量，永远地留在我们体内。我们不应该追忆过去，因为一切都无法重来：只是过往经历的组成部分在不断发展，以新的形式出现。真正的追忆必定是个创造的过程，持续制造新的、更好的事物。"

### 157. 艾克曼　1823 年 11 月 16 日

刚好遇到一个合适的时机，歌德想起来曾说过要再给我看看他的《马里恩巴德悲歌》，他起身，将一盏灯放在桌上，递给我这首诗。我很高兴它再次出现在我面前。歌德又坐下来，动作很轻，让我心无旁骛地研读。他好像睡着了，我趁机反复读了几次。

"你手里拿的，"他后来对我说，"是情绪至浓至烈时的产物，当那种情绪涌上心头，我无论如何都阻止不了它，现在任凭怎样我都不想再有那样的感受了。

"我离开马里恩巴德后马上就写了这首诗，我的情感依然是新鲜、炽烈的。写下第一节诗是早上八点，马车第一次停，在接下来的路程中我继续创作，每次停车我都会把脑海里的诗写下来，所以到晚上手稿就完成了。这就是为何它有种紧迫感，有种浑然一体的感觉，我相信整体上这是有好处的。正如有人把宝全都押在一张牌上，我把宝都押在了当下的体验上，在没有任何夸张的情况下尽可能提高它的价值。"

### 158. F. 冯·穆勒　1823 年 11 月 25 日

策尔特说，有人问海顿为何他的弥撒曲那样愉悦，甚至欢快，这位作曲家回答说："因为我一想到慈爱的上帝（den lieben Gott），就感到难以言表的幸福。"我把这件事告诉歌德时，泪水沿他的面颊落下。

### 159. 艾克曼　1823 年 12 月 31 日

"人们说起上帝，"歌德说，"就好像这个目前超出我们理解范围的至高存在是和我们一般无二的人。要不然他们不会说'上帝我主'（Herr Gott）、'慈爱的上帝'（der liebe Gott）、'仁慈的上帝'（le bon Dieu）。对于这些人来说——尤其是天天提及他的神父——他成了一句套话，一个对他们来说毫无意义的名字。但如果他们是从内心深处感受到他的伟大，就不会再说了，崇敬会让他们犹疑说出他的名字。"

### 160. 艾克曼　1824 年 1 月 2 日

我们讨论了英国文学，讨论了莎士比亚的伟大，以及在那位诗歌巨人之后，英国剧作家的艰难处境。

"我自己，"歌德说，"当然比较幸运，五十年前身处一个陈旧落后的德意志。我很快就与既有传统达成了和解，它没有震慑

126

我太久，也没有给我带来太多障碍。不久之后，我就放弃了德意志文学和对它的研究，专心于生活和创造性写作。所以我一步一步往前走，不断取得进步，在我的每个生命阶段都积累了相应的文学成就。而且在每个发展阶段，我对卓越的认知与我在那个阶段能够达到的真实水平没有拉开太大的差距。但如果我是英国人，在我年轻的想象力朦胧初醒之时，便有各种各样的杰作冲击着我的内心，我早就感到力不从心、无所适从了，不会如此轻松、自信地取得进步。我一定会深思熟虑，观望良久，最后决定找些别的什么出路。"

对话转向《维特》。"那是另一个，"歌德说，"我用心血喂养的生物，像鹈鹕一样的生物。里面有太多我内心深处的情感和思考，完全可以用来写出十部同等体量的小说。顺便说一句，我以前也经常说，它出版后我就只读过一遍，而且下决心不再读第二遍。它简直就是烈性炸药！读它会让我产生一种奇怪的情绪，害怕再次回到启发我写那本小说的病态心境。"

## 161. 艾克曼 1824 年 1 月 4 日

"公众从没真正对我满意过，总希望我不同于上帝用他喜欢的方式创造的我。他们也很少对我的创造性工作满意。当我辛辛苦苦工作了一整年，倾尽心力创作出能够被世人喜爱的作品时，世人却以为只要他们不反感我的写作，我就要心存感激。如果有人夸赞我，他们不希望我自鸣得意地接受赞美，觉得这是理所当然，而是虚与委蛇予以否认，谦卑地表达我自己与作品都是微不足道的。但这不太符合我的个性了，我必须做个无耻之徒才能用这种方式撒谎和伪装。而因为我敢于以真我示人，随性而为，也就获得了傲慢的名声，到今天也没有摆脱。

"不管是在宗教、科学，还是政治领域，我总给自己惹上麻烦，因为我坚决不做伪君子，有胆量直言不讳。

"我相信上帝和自然，相信高贵能战胜卑劣，但虔诚的人们还是觉得不够，还想让我相信三即一，一即三。可这有悖于我的理智，而且，我想不出这样的信条能对我有什么帮助。

"至于政治！我无法跟你形容我都遭遇和忍受了些什么。人们曾经用各种各样的名头称呼我，我懒得再提。世人只是单纯不想了解真实的我，不关注任何可能展现我真性情的事。席勒却异常的幸运——我只和你说，他比我更像贵族，但比我说话更小心——他被视为人民的好朋友。我一点也不羡慕他的名声，不过让我感到慰藉的是，我的前辈也没比我好到哪儿去。

"我确实无法克制对法国大革命的憎恶，因为它的恐怖深深触动了我，无时无刻不让我感到惊骇，而它能够带来的有利影响还无法预知。此外，我无法漠视德意志现在的所作所为，这会人为造成类似事件的发生，法国发生革命完全是出于巨大的内在需求。

"但并不是说我就要与专断暴虐的统治为伍，而且我坚信所有大规模的革命都不能归咎于人民，而是政府。如果政府能够一直保持公正和清醒，及时改革，而不是拒绝改变，直到必须做出改变的力量自下而上施压给政府，革命是不太可能发生的。

128

"一个国家只能受益于发乎于心的诉求和自己的整体需求，不需要模仿其他国家。一个民族在某个特定发展阶段所依赖的食粮可能是另一个民族的毒药。所以，当本国人民没有根深蒂固的需求时，从国外引进任何一种创新都是愚蠢的，试图开展这样的革命也都是徒劳的，因为上帝不会保佑这样的国家，他不会给这种错误的尝试提供帮助。但如果有国家真的需要重大改革，上帝将与它同在，它也一定会成功。"


## 162. 艾克曼　1824 年 1 月 27 日

"外界一直认为我是个被命运垂青的人，确实，人生一路走来，我无甚怨事或遗憾，但表面之下尽是辛劳与汗水。我想我可以说，在这七十五年里，我没有一个月是真正感到放松的，就像是在不断地推石头，要一次次把它推上去。内与外总是有太多要求我付诸行动的事。

"让我真正感到幸福的是我对诗歌的思考和创作，但这样的活动总是时断时续，受到我世俗职位的限制和阻碍。如果我能从公务或职务中多解脱出来一些，有更多自己的时间，我会感觉更幸福，可以做更多作家的工作。"

### 163. 艾克曼　1824 年 2 月 25 日

"我无意剥夺人们笃信来世的幸福感，我甚至会和洛伦佐·德·美第奇一起说，对来生不寄希望的人这一生也是行尸走肉。但这些难以理解的事距离我们太遥远，不能作为日常的思考对象，做这种揣测会伤害大脑。而且，相信来世的人就应当默默享受自己的幸运，而不是用作装腔作势的资本。我遇到过几位愚蠢的女士，很骄傲自己相信永生，我不得不忍受其中几位就这件事一再的盘问，极为固执。不过我也惹恼了她们，我说：'此生结束后我们还能享有来生，对此我一点意见都没有，但我有一个特殊的请求，就是从此以后不要再让我见到此世相信来世的人，要不然我真的是要受罪了！'也有虔诚的信徒围着我说：'我们难道不对吗？我们没告诉你吗？居然没告诉你吗？'就连来世也显得漫长和无聊了。"

"思虑永生，"歌德继续说，"是贵族阶级的消遣方式，尤其是无事可做的女人。而一个踏实的人，一个希望还在地球上就有所成就，并每天都为那个目标努力奋斗的人，会让另一个世界自顾自存在，同时给这个世界的自己以激励。"

129

### 164. 艾克曼　1824 年 2 月 26 日

歌德说，真正的诗人对世界的认知是与生俱来的，不需要太多经历或广泛的观察就能很好地描绘它。"我写《葛兹·冯·贝利欣根》时，"他告诉我，"只是个二十二岁的年轻人，然而没想到的是，十年后我发现我描绘的生活是那样真实。你知道，我那时没有经历过，也没有见过类似的事。所以，人的各种境遇一定是我早就知道的。

"其实，我只喜欢书写我内心的世界，后来才逐渐了解到外面世界。当我发现现实世界和我想象中一般无二时，我很恼火，完全失去了写作的愿望。我想说，如果我等到了解这个世界以后再去写它，我的写作一定会沦为笑柄。

"如果这个世界不是本就存于我心，那么我定目大不睹，我所有的探索和经历都只是单调乏味的无用功。光本就存在，色彩就弥漫在周围，但如果我们眼里没有光，没有色彩，也一定察觉不到外面世界的明亮与鲜艳。"

### 165. F. 冯·穆勒　1824 年 3 月 27 日

歌德又明显表现出否定一切的倾向和怀疑的中立态度。今天，他整体上是轻慢、诡辩的，喜欢反驳的。他的这一面很讨人厌。

### 166. F. 冯·穆勒　1824 年 3 月 31 日

今天一整晚歌德心情都不错，克制收敛、乐于沟通、言之有物，没有恶意、没有讽刺、不热烈、也不生硬。

## 167. 艾克曼　1824 年 5 月 2 日

在蒂尔福特附近，我们又折返到回魏玛的路上，夕阳景象随即映入眼帘。歌德沉思片刻，对我引述了一句古代作家的话：

太阳就算会落下，也还是那个太阳，永不改变。[1]

"当一个人活到七十五岁，"他不带一丝忧伤地继续说道，"总会不经意间想到死亡。这个想法并没有让我感到不安，因为我坚信我们体内的精神本质上是不可摧毁的，它的活动从永恒持续到永恒。就像太阳，我们仅用肉眼看到它下沉或消亡，实际上它从未如此，而是永远散发着光芒。"

## 168. 艾克曼　1824 年 5 月 2 日

我们谈到他负责管理剧院的那许多年，以及他因此损失的作为诗人的大量时间。"确实，"歌德说，"我本可以用那些时间多写几部好戏剧，但回头去想，我并没真的感到后悔。我一直都只把我的作品和成就看成象征性的，无论是做罐子还是做盘子，到

---

[1]　Δνόμενος γάρ, δμως ή'λιός έστιν έ τι.（帕诺波利斯的诺努斯）

最后对我来说都一样。"


### 169. F. 冯·穆勒　1824 年 6 月 6 日

下午，在宫廷吃过午饭，他只穿了件衬衫和里默尔坐在一起喝酒，也是出于这个原因，琳·冯·埃格洛夫施泰因[1]伯爵夫人来访时他没有接待。"请让她晚上再来，"他告诉奥蒂莉，"而不是有朋友让我感觉深刻和高尚的时候。"我很少见他这么活泼幽默。

我给他讲的几件趣闻让他谈起幽默来。歌德说："只有没良知或没责任感的人才能成为幽默家。当然，我们都有幽默的时候，关键是要看幽默是不是一个人终其一生的思维态度。"

我评论说这可能是因为比起说笑对象，幽默家更在意自己的心情，对他们来说，前者比后者要重要得多。"说得好，"他回答说，"我正是此意。

"维兰德，比如说，就是一个幽默的人，因为他是怀疑论者，怀疑论者对所有事情都不会当真。维兰德不对任何人负责，不对家人负责，不对他的公爵负责，他也是这样行事的。但一个绝对真诚的人是无法成为幽默家的。一想到自己对自己以及他人都担负着莫大的责任，他怎么能有幽默感？

---

[1] 此处所指为卡罗琳·冯·埃格洛夫施泰因。——译者注

"但我不是想要批评幽默家。毕竟，人一定要有良知吗？谁说的？"

### 170. F. 冯·穆勒　1824 年 6 月 6 日

说到他的诗《科林斯的新娘》（ *The Bride of Corinth* ），他评论道，文学创作一定能从异教和基督教的冲突中获得丰富的灵感，单就一种宗教而言是没什么可说的。

他又说了很多这样精妙深奥的话，比如："所有悲剧都建立在不可调和的对立面上。只要达成或可能达成和解，悲剧元素就消失了。"

### 171. F. 冯·穆勒　1824 年 6 月 30 日

歌德对基督教中神秘的事进行了疯狂、尖刻的抨击，尤其是圣母玛利亚的无染原罪说和她母亲圣安妮的圣灵感孕说。

132

### 172. 海因里希·海涅　1824 年 10 月 2 日

歌德的容貌让我深感震惊——他面色发黄，嘴唇里没了牙齿，总是神经性地抽动，俨然一副老奶奶模样，他的整个身体就是人类衰老的诠释。这可能是他近期生病了的缘故。只有眼睛还是明亮闪烁的，他的这双眼是现在还值得访问魏玛的唯一理由。歌德对我的健康表现出深切的关怀，让我非常感动。从很多方面来看，他都是那个将生命置于一切之上，关切生命的美化与留存，关切用生命实现具体目标的歌德。他与我这种本性的差别给了我强有力的冲击。

### 173. H. 海涅　1824 年 10 月 2 日

（M. 海涅记）

歌德用他标志性的优雅和谦虚接待了我的长兄。他们的对话如果不完全是关于天气的，也都是些日常事务，他们还聊到耶拿和魏玛之间的白杨树林荫道。然后歌德突然问海涅："你现在在忙些什么？"

年轻的诗人毫无犹疑地回答说："我在写一首《浮士德》。"

歌德甚是吃惊，略带一丝挖苦地问道："你在魏玛就没别的事了吗，海涅先生？"

海涅立即回答说："跨过阁下的门槛，我在魏玛的事就都结束了。"说罢，他便离开了。[1]

---

[1] 这个故事的真实性存在争议。

## 174. F. 冯·穆勒　1824 年 11 月 18 日

　　歌德收到通报说有位来自法兰克福的访客，但他没有接待。"必须让人们戒掉突然造访的习惯，这样的访问总是让人开启新的思想旅程，而且不是自己的思想旅程，你必须设身处地去为这些人思考。我不想听任何人的想法，我自己的就够多了，多到我应付不来。"

133

## 175. F. 冯·穆勒　1824 年 12 月 17 日

　　我们说起拜伦的《谈话录》。[1] "我在读第二遍了，"歌德说，"我不愿放下它，但它给人感觉品位不高。他太喜欢就一些细碎小事说个没完没了，太在意每篇愚蠢的批评文章了，他带着他的狗、猿、孔雀还有马，过的是多放纵的生活啊，毫无逻辑和章法。

　　"只有涉及具体观察时，拜伦的判断才是清晰精妙的。反思不是他的强项，每每尝试的时候，他的想法和论据总是很幼稚。

　　"他对控诉他抄袭的人太有耐心——他的辩护不过都是些小争小吵，从没拿起重炮猛烈地抨击对手。诗人的前辈和同辈取得的成就是属于他的，这难道不合情理吗？为什么发现了鲜花，却要放弃采撷？只有把别人的财富转化成自己的，我们才能创造出

---

[1]　所指应是《拜伦谈话录》（*Conversations of Lord Byron*）。——译者注

伟大的存在。我的靡菲斯特不也是取材于《约伯记》和莎士比亚的一首歌曲吗？——很大程度上，拜伦是一位伟大的诗人而不自知，他很少对自己感到满意和欣赏。"

## 176. F. 冯·穆勒　1824 年 12 月

1824 年 12 月的一个晚上，歌德谈到克林格尔时说："人不应该再见老朋友。你们已经没了共同点，两个人都有了不同的话语体系。注重颐养心性的人应当小心这样的会面，因为它所暴露的不和谐会扰乱心绪，遮挡你对早期这段关系完美无瑕的记忆。"

## 177. 艾克曼　1825 年 1 月 10 日

出于对英国的浓厚兴趣，歌德时不时就让我给他介绍居住在这里的英国人。歌德准备在今天五点钟接待我和赫顿先生，一名皇家工程部队的军官，我已提前介绍过他，初步帮他留下了一个好印象。我们在指定时间到达，等了几分钟，歌德就进来了，亲切地与我们打招呼。"我很高兴能用德语和你讲话，"他对赫顿先生说，"我听说你已经精通我们的语言了。"待赫顿先生礼貌地回复了几句后，歌德请我们就座。

赫顿先生的性格一定给歌德留下了不错的印象，今天在接待这位外国访客期间，歌德一直兴致饱满，和蔼可亲。"你很明

134

150

智，"他说，"来这里和我们待在一起学习德语，因为在这里你不仅可以轻松快速地熟悉这门语言，还能熟悉语言得以形成的基础要素——我们的土地、气候、社会行为、礼仪、习俗、传统等等——回到英国后，你脑海中会留下这些图像。"

赫顿先生回答说英国现在有很高的热情学习德语，而且是与日俱增，所以到目前为止，几乎没有家世好的英国年轻人不学德语。

"不过这方面，"歌德礼貌地回道，"我们德意志要比你们国家领先半个世纪。过去五十年里我一直在学习英语和英国文学，所以我很了解你们的作家和你们国家的生活方式及风俗习惯。如果去到英国，我一定不会感到陌生。

"但就像我说的，你们年轻的英国人现在都非常明智，来到这里也学习我们的语言。这会让我们自己的文学受益，不仅如此，不可否认的是，现在学好德语可以不用再学其他许多语言。我不是说法语，它是社会上的主流语言，旅行时尤其需要，因为人人都能听懂，掌握了法语可以在任何一个国家生活，不需要一个好翻译。但是像希腊语、拉丁语、意大利语和西班牙语，这些语言最经典的文学作品都有好的德语译本可以读，如果不是有十分特殊的目的，不需要花费大量时间苦学这些语言。德意志人有欣赏其他民族特质的天赋，以及进入其他国家思维方式的能力，所以这一点，加上我们语言强大的适应性，让德语译本极其忠实，近乎完美。我想，任凭是谁都会赞成，好的译本能给人长久

135

的裨益。"

歌德接着问赫顿先生读过哪些德语文学作品。"我读过《哀格蒙特》，"后者回答说，"我太喜欢这本书了，读了三遍。还有《托尔夸托·塔索》，也带给我许多快乐。我现在在读《浮士德》，但我觉得有点难。"听到最后这句话歌德笑了。"啊，确实，"他说，"我倒不建议你在这个阶段读《浮士德》。它很疯狂，直接超出了人类感受力的正常范围。但你既已开始，没有问过我的建议，我就只能留你自求多福了。浮士德是个非常奇怪的个体，很少有人能走进他的思想和心灵体验。靡菲斯特也是个很难理解的人物，包括他的讽刺，以及他是对世界的广泛观察缔造出来的产物。但要看你自己能理解到什么程度，从中获得什么启发。而《塔索》就更接近人类的正常情绪了，形式上也比较完整，所以就更容易理解。"

"尽管如此，"赫顿先生回道，"《塔索》在德意志也被认为是难读的，所以我说我在读时，这里的人很惊讶。"

"读《塔索》的关键，"歌德说，"是必须褪去稚嫩，并且进入上层社会活动。家境好的年轻人只要足够聪慧敏锐，通过与极富教养的上层阶级和贵族交往，对这种表面上的文化有了足够的了解，就不会觉得《塔索》难。"

我们一直在谈这些或是类似的话题，直到该去剧院了。我们站起身来，歌德客气地与我们道别。

回家路上，我问赫顿先生感觉歌德如何。他回答说："我从没见过有谁能兼具与生俱来的高贵和如此优雅的谦和。不管他怎样努力放下身段迁就其他人的水平，他都伟大不减。"

### 178. 艾克曼  1825 年 1 月 18 日

"《赫尔曼和多罗特娅》几乎是唯一一首我还喜欢的长诗，每次读我都能被它吸引和感动。我尤其喜欢看拉丁文译本，感觉它有了更重的分量，好像回到了原始版本。"

136

### 179. 艾克曼  1825 年 2 月 24 日

"应该从三个角度去看待拜伦勋爵：一个人，一个英国人和一个伟大的天才。他好的特质首先源自他的人性，他不好的特质源自他是个英国人和英国贵族，他的才华则是不可估量的。

"所有英国人本质上就不善反思，消遣和党派政治让他们不可能完成这种安静的文化过程。但作为务实的人，他们是很不错的。

"所以拜伦勋爵从来都不可能有时间思考自己，他任何反思的尝试也都是失败的。但他的每件产出都是成功的。确实，可以说，在他那里，灵感已经取代了反思。他需要经常诉诸诗歌！如果是他人性的表达，如果是他油然而生的抒发，那他的诗就是极好的。他生产自己最好的作品就像女人生出漂亮的孩子：不费思

153

虑，没有诀窍。

"他是个伟大的天才，生而如此，我想他体内蕴藏着真正的诗歌力量，比我见过的任何人都要强大。"

### 180. 乔治·H. 卡尔弗特 1825 年 3 月 27 日

1825 年，美国人在内地还很少见。歌德一生见过的美国人可能不超过六个。在晚饭过后悠闲的时光里突然宣布有个美国人来访，我敢说，对于这位永远朝气蓬勃的学习者和全世界的观察家来说，这是一件刺激的新鲜事。我走进去时，他的态度和神情就像一位满怀期待的博物学家，在迫切地等待一个来自大西洋彼岸的现象发生。

歌德那时七十六岁，但他的脸和身体都没有留下岁月的痕迹。接待我时，他态度亲和，举止优雅，我进来后，他也上前示意我在沙发上坐下，他随后坐在我旁边。没过多久，我就丝毫没有拘束感了。

像这样一场会面，开场白是早就注定了的。我在欧洲待了多久，我走的哪条路线，海上的航行如何。了解到我在哥廷根上了十五个月的学时，他饶有兴致地问起几位教授。

与智者谈话的机会一直都是渴望进步的人最珍视的人类特权之一。坐在比希腊七贤更有智慧的人旁边，此情此景可想而知！然而，此次与这位老师的老师交流却不是歌德给我上课，而是我给歌德上课。

约翰·昆西·亚当斯当选美国总统的消息刚刚传到德意志。歌德希望了解选举的模式和形式。我给他做了详细的解释：第一道程序是通过选举人完成的，然后第二道是众议院。也就是说，人民不直接选举，而是投票选出一些选举人，然后再由他们选出一位候选人。我用"gereinigt"（提纯）这个词来形容大众的意愿是如何渗透到选举团而实现最终目标的。"Gereinigt"这个词让歌德很高兴。

想到一位陌生人，在没有事先写信说明的情况下，能与歌德共度一小段时光就应该感到知足了，所以快半个钟头时我起身离去。

我又回到公园漫步，但现在不再孤独了：歌德的身影在陪伴着我。

## 181. 艾克曼  1825 年 4 月 27 日

"真的很奇怪，一个人的想法怎么就那么容易与公众的想法相冲突呢！我竟然永远被扣上了与人民不亲的帽子，可是我怎么也想不起来我都做了哪些有悖于人民的事。可以肯定的是，我与革命暴徒是不亲的，他们一味烧杀抢夺，只是把所谓公众利益当作幌子，掩盖他们卑劣的利己主义。我和这样的人绝不可能成为朋友，就像我不会是路易十五的朋友。我痛恨所有暴力的动乱，

138 因为它们带来的破坏并不比益处少。我痛恨发起动乱和以此为事业的人。但这就让我成为人民的敌人了？这难道不是任何一个有正义感的人该有的态度吗？

"你知道，看到未来有任何一点值得期许的地方我是多么开心。但是，正如我刚才所说，我打心眼里痛恨所有暴力和突然的转变，因为这不符合自然规律。

"我是个喜欢植物的人，我喜欢玫瑰，它是自然赠予德意志最美好的花，但我不会愚蠢到期待我的花园在4月末还有盛开的玫瑰。在这个时节，发现一片绿叶会让我欣喜；看到树干抽芽，每周都有新的变化，会让我欣喜；看到5月的花蕾，到6月玫瑰终于昂首怒放，芳香四溢，同样会让我感到欣喜。如果有人等不了那么长时间，就应该去温室。

"然后还有人说我是君主的仆人、奴隶，这样的话有意义吗！我是暴君，或者专制者的仆人吗？我是在为以牺牲人民为代价，只顾自己享乐的人服务吗？这样的统治者和这样的时代，感谢上帝，早已离我们而去了。我与大公密切交往了半个世纪，我们在一起工作和努力了半个世纪。如果说我能想到有一天大公没有思虑对人民有益、能改善每位公民命运的方案或计划，那我就是个骗子。对他来说，一国之君的位置带来的唯有辛苦和麻烦！他吃的、穿的、住的要比所有富有公民都好吗？你只需要去德意志的海港看看富商们的厨房和地窖，就会发现要比他的豪华得多。

"今年秋天我们就要庆祝大公统治和治理五十周年了。但是仔细想想，他究竟是在治理还是一直在服务？他究竟是统治，还是在为伟大的目标服务，为人民的福祉服务？所以，如果说我注定是君主的奴隶，那么让我感到欣慰的是，让我成为奴隶的人自己也是公众福祉的奴隶。"

## 182. 艾克曼　1825 年 5 月 12 日

"人们总是大谈特谈独创性，但独创性意味着什么？我们一出生，这世界就开始影响我们，一直持续到死亡。总之，除了能量、力量、意志，我们还能把什么称作是自己的！如果要细数伟大的前辈和同辈人给我的影响，那我将所剩无几。"

139

## 183. 艾克曼　1825 年 12 月 25 日

"莎士比亚给我们的是装着金苹果的银盘子。研究他的戏剧可能让我们拥有银盘子，但问题是我们放进去的只有土豆。"

## 184. C. 舒哈特　大约 1825 年

我为歌德做秘书的那段时间，他正准备出版自己作品的最终版。他给我口述了大量新材料和完善后的材料，包括《威廉·迈斯特的漫游时代》(第二部)，所以我得以有机会欣赏他思维的活力、稳健和清晰，虽然他已年逾古稀了。他的述说坚定、流利，换一个人可能只有借助书本才能做到。

如果整个过程只是安静地发生，没有任何外界打扰和中断，我应该不会对此太过在意。但在他口述时，理发师和发型师会来（歌德每隔一天会烫一次发，每天都要做发型），图书馆工作人员会来，歌德的前秘书克劳特议员也偶尔会来，这些人都可以不经请示随意出入。或者有时男仆会通知有陌生人来访，如果歌德有意接待，他会和对方简单攀谈，甚至促膝长谈，一些家庭成员时不时也会进来。理发师和发型师会告诉他城里都发生了什么事，图书馆工作人员会向他汇报图书馆的情况等等。一有人敲门，他就用低沉的嗓音有力地说一句"进来"。我通常会写完最后一句话，然后静待访客离开。客人走后，我把我认为能够帮他把思路捡起来的内容读出来，口述继续，直到下一次被打断，好像这中间什么都没发生过。这对我来说太不可思议了，所以我环顾整个房间，想看看有没有藏起来的书或手稿或粗糙的副本，是歌德路过时能瞥见的（因为他总是在他口述、我记录时，绕着桌子或者我不停地走动），但我从没发现任何这类东西的踪迹。

我向内廷参事迈尔表达过我的惊讶，他是歌德多年的好友，我们也天天见面，他对这种情况已经习以为常了。他还给我讲了另一件事：一天，他们一起优哉游哉从耶拿乘车去魏玛，歌德给他口述了《亲和力》整部小说，就是口头讲述，其流利程度堪比在他面前放一本成书，然而那时这本书还一个字都没写。

在整个口述过程中还有一件事经常发生，就是歌德会突然静止不动，就像一群人或是其他什么物体突然出现在面前，短暂吸引了他的注意力。看上去，他好像会立即把看到的事物组合和塑形，让它符合美感。他张开双手，身体微微倾向一侧，不断地平衡和挪动，直到它的位置达到美学上的正确。完成这件事后，他通常会叹一声："就是！就是这样！"

### 185. 艾克曼　1826 年 1 月 29 日

德意志即兴诗歌创作的带头人，来自汉堡的沃尔夫博士，已经来这儿有几天了，也在众人面前展现了他罕见的天赋。今晚我和歌德讨论了他。

"他的确有才华，"歌德说，"这是毋庸置疑的。但是他身上有当今时代的通病，就是主观，我希望能把他医好。我出了一道题试练他。'给我描绘一下，'我说，'你回到汉堡的经历。'对此他倒是毫不迟疑，和谐的诗行立即脱口而出。我不禁感到钦佩，但似乎无法赞誉。他给我描述的不是返回家乡汉堡，只是任何一个游子回到父母身边、回到亲朋好友身边的情绪，他的诗虽然是在描述回到汉堡，但也可以说是回到梅泽堡，回到耶拿。可汉堡是座多么美好的城市，很有自己的个性，他有广阔丰富的空间去做最独特的描述，只要他知道如何恰当地抓住事物，并且放胆去做！如果他能突破自己，形成客观的风格，他就发财了，这是注

141

定的，因为他不缺乏想象力。

"假如一个人想学习唱歌，他的发声器官首先为他提供了一个音域，他能轻松自如地把那个音域里的音发出来，如果不是在那个音域里的音，他刚开始发一定会觉得困难。但要想成为一名歌唱家，他就必须全部掌握，做到不同的音随意切换。作家也是一样。如果他只表达他有限范围之内的主观情感，就还不是真正的诗人，假如他能把世界变成自己的，并且表达出来，就是了。而且他有取之不尽的储备，永远都不需要取旧材，而一个主观的作家很快就会倾尽才智，只剩下虚空、造作的臆想。

"总有人说向古人学习，但这其实就是说：把注意力转移到真实的世界上并尝试表达它。因为这正是古人活着时的做法。

"所有正在经历后退和瓦解的时代都是主观的，而所有进步的时代都有客观性。我们的时代整个都是后退的时代，因为它是一个主观的时代，这不仅见诸文学，亦见诸绘画和其他事物。凡是严肃的作品都是离开内心世界，指向现实世界的，在真正活跃、进步、客观的伟大时代，尽是如此。"

### 186. 艾克曼　1826 年 2 月 16 日

我给歌德看了一首他的诗，但是很久以前写的，他已经记不得了。这首诗在 1766 年出版，描写了基督降临地狱的主题。他感慨说："那阵子我很难找到能写的主题，有可以作诗的都算幸运。

就在几天前我还偶然看到那时写的英文诗句，不禁惆怅诗歌主题的匮乏。我们德意志人真的很艰难：我们的起源晦暗不明，我们后面的历史上升不到整个国家层面，因为我们没有统一的王朝。我的《葛兹·冯·贝利欣根》是幸运的，那毕竟是我的骨中骨、肉中肉，还是有可能凭此写出点什么的。

142

　　"但是像《维特》和《浮士德》我就又不得不依赖于自己的想象了，并没有什么传统可以借鉴。魔鬼和巫师的世界我只用了一次就返回到希腊人的书桌上，很高兴我把继承的北方传统挥霍一空。但如果那时候的我和现在的我一样，知道千百年来有那么多杰作流传于世，我一句话都不会写，早就做些别的工作了。"

### 187. F. 冯·穆勒　1826 年 5 月 1 日

　　我们讨论了喝茶。"茶一直是我的毒药，"歌德说，"但没了它，女人们该做什么呢？喝茶是一种仪式，一种存在于想象中的职业，尤其是在英格兰。她们坐在那儿，看起来是那样舒适，那样白皙、美丽和优雅，我们也就只能让她们继续坐下去。"

### 188. S. 博伊塞雷　1826 年 5 月 17 日

　　17 号，星期三。睡到九点。给歌德送信，他立即派人来叫我。十一点：发现他在后面的书房里。热情的欢迎。看起来不错，谈话时有些倦怠——他的听力很不好，经常忘记刚发生的事。他很喜欢看《地球》(*Le Globe*)，时事确实占用了他很多时间。

他儿子是个简单耿直的人，有些普通，他真诚友好地接待了我。我们在大会客厅一起吃了午饭。今天是老人两周以来第一次在前厅吃饭。两周前，他的儿媳从马上摔下来，脸上尽是划伤，膝盖受了伤，肌肉也有多处拉伤，她仍然无法下床。老人还没有去看她。

### 189. F. 冯·穆勒  1826 年 5 月 17 日

5 月 17 日我在歌德家遇到叙尔皮斯·博伊塞雷，他是很受欢迎的客人。

奥蒂莉还是不能出来见客，歌德还在回避她毁容的脸，"因为那种不好的印象一旦留下，"他说，"我就再也忘不掉了，它会永久性地破坏我的记忆。我的感官感受力非常奇怪，对所有轮廓和外形都能记得一清二楚，但这也就是说，我对扭曲变形或不完美的事物非常敏感。再细腻、再价值连城的雕刻品只要有一个污点或一道裂痕，我就无法再看下去了。这个特点时常让我苦恼，这是自然，但我没理由抱怨，因为它与我性格中很多好的特点密切相关。毕竟，如果我没有这么敏锐的感受力和敏感度，我作品

中的人物就不会有那么生动的形象和鲜明的个性。年轻时，这种
唾手可得的精准的感知力误导了我很多年，让我以为我的天赋和
使命在素描和绘画上。直到后来我才意识到，我缺乏将我的印象
以同等强度传递给其他人的能力。"

我回答说，或许是要面对痛苦、漫长的机械训练和技术练
习让他打消了这个念头。他否认了这一点，说如果真在某一方面
有天赋，就会突破重重障碍，找到正确的方式方法实现该有的
发展。

## 190. K. H. 里特尔·冯·朗 1826 年夏

我的归程把我带到魏玛，我顺从了魔鬼的诱惑，给他的老浮
士德——冯·歌德先生——送去一封信告知我的到来，我在信中
极尽谦恭之能事。我的拜访时间被定为十二点半。

一位高大、年迈、冰冷、硬挺的帝国自由市官员出现了，身
披便袍来接待我，示意我坐下，那手势让我想起唐璜的雕像，对
我想要撬动他心弦的百般尝试都无动于衷，对我告诉他的巴伐
利亚皇储[1]的雄心壮志都点头赞成，然后突然说了下面这些话：
"告诉我，你们安斯巴赫地区应该也有火灾保险公司吧？"回答：
"当然。"——到此，我就被要求给他详细描述火灾真正发生后要

144

---

[1] 路德维希一世。

走哪些程序。我回答说这取决于火有没有扑灭，或者这个地方或房屋有没有烧毁。"如果可以的话，我们就假设这地方全部烧毁了。"我便放下一切，热心地投入到火情当中，水龙头无望地喷着，治安官徒劳地喊着：下个休息日我去做正式的房屋鉴定，做损失评估，尽可能压低估值，然后准备好新的平面草图，草图固然漂亮，但要在慕尼黑搁置一整年，与此同时，可怜的火灾受害者要在临时救灾棚和地下室苦挨日子。又过了两三年，我才会把那点儿终于谈下来的补偿款付清。老浮士德听我讲完这些说："谢谢您。"接着他又进一步询问："人口有多少呢，像是您住的那个地区？"我告诉他："要有五十多万。""哇，哇！"他说，"哦！嗯！那真的很多。"（当然，这是整个魏玛公国的两倍还多。）我说："现在，因为我有幸和您在一起，那里就少了一个人。不过我要启程回去了，就此与您别过。"于是他伸出手，感谢我前来拜访，并一直送我到门口。我感觉自己扑灭了一场火，又得了一场重感冒。

### 191. J. 施瓦贝　1826 年 8 月 28 日

　　一次歌德过生日，梅洛斯夫人和她年仅五岁的女儿也在来给他祝寿的一大群人中。歌德一看到她们就走了过去，他向孩子伸出手说："啊呦，玛丽，你也是来祝我长命百岁的吗？""是的，阁下！"梅洛斯夫人说，"玛丽还学了一首诗，想要等会儿给您背呢。""哦，我现在就要听！"说罢，他把小玛丽带到隔壁还没有宾客的房间，坐下来把她放到自己膝盖上。"现在，把你学的说给我听听。"玛丽开始了："我坐在山坡上——""观看——"歌德提示道。"观看小鸟，"玛丽继续说，"它们在跳——""它们在吱吱叫。"歌德又提示道。就用这种方式，他和小女孩把这首可爱的歌[1]一直从头说到尾。结束后，他把孩子送回她母亲身边，又去陪其他客人了。下午时，他从自己就座的餐桌上拿了一碟水果和蜜饯给玛丽送去。

145

## 192. G. 唐斯　1826 年 8 月 31 日

　　歌德每周都举办宴会，是日晚间我们被提前邀去他的花园喝茶，也得以看到这位巨人私下里在自己家中是如何社交的。我们看到他身穿蓝色长袍，头戴草帽，正在和一位朋友悠闲地散步。

　　喝茶期间，歌德愉快又活泼。在讲述下面这则轶事时，他整个人偶尔就如触电一般，表现出一个十八岁小伙的热忱，不像是八十岁。"S 先生是一个英国人，住在柏林。一天，他正在尖塔上欣赏风景，突然用望远镜在一间房屋的庭院里看到一个女孩，她是那样超凡脱俗，所以他决心想办法认识她。可下楼后，他没能找到那栋房屋，便又爬回到尖塔上，记下了更准确的位置。这场

---

[1]　原文（瑞士方言）是 "Ufm Bergli bin i gesässe, / Ha de Vögle zugeschaut. / Hänt gesunge, hänt gesprunge" 等等。

新编的尖塔求爱终于成功了。他富有——她贫穷——她同意做他的新娘，不过有一个奇怪的条件，就是永远不在其他人面前掀开面纱。"歌德就说到这儿。

据说，他的口述风采卓然：但这次毫无特点，凡是能讲话的德意志人都讲得出来，在我看来极其平淡和普通。他讲话时很有活力，被打断时显得很不耐烦。"亲爱的伙计，"他对打断他、纠正某些明显错误的朋友说，"谢谢你的好意，但是否可以让我把故事讲完。"

## 193. J. G. 冯·匡特    1826 年

歌德洞明世事的又一例证就是在我不幸摔断双腿时，他没有在任何一封给我的信中提及这件事。由于手术治疗不成功，我遭受了三年难以名状的苦痛，而每次有人同情我，我都要经历一次巨大的精神折磨，空洞的同情只能重新唤醒过去的痛苦。就算朋友的怜悯也无法给患者带来欢愉，因为这就意味着朋友也很痛苦，如何能让人开心得起来。歌德很明白这一点。一位魏玛的女士在德累斯顿看望过我，所以当她刚要对歌德详细讲述我的状态时，他马上就打断了她："不要破坏我的想象！在我心里，我面前的匡特一直都是个活蹦乱跳的人。"

146

### 194. F. 福斯特　1826 年

"一位来自柏林的年轻画家，"歌德说，"刚给我送来 幅风景画，能从中看出来他确实拥有诗意的感受力，以及构图的天分和表现力。但我还是觉得不太能接受，不管是这位艺术家，还是他的画。画家把我们带进冬天的景象里，不过冬季的冰雪对他来说似乎还不够，他把冬天本身都描绘过头了，比冬天还冬天，又在此基础上添加了很多讨厌的意象。雪中一排前行的修道士，而且还是赤脚的修道士，跟在一副已逝修士的棺材后，棺材在一个挂着黑色布帘的棺材架上，被抬去一间破败的修道院下葬。这一切都是对生命的否定。首先是自然的死亡，一幅冬景图：我不能接受冬天。然后是修道士，逃离生活的人，被活埋的人：我不能接受修道士。接着是修道院，而且是个破败的修道院，而我不能接受修道院。最后，'点睛之笔'竟是一具尸体：我不能接受死亡。"

### 195. 奥古斯特·冯·歌德　1826 年 9 月 17 日

**写给恩斯特·冯·席勒**

昨日起，我父便为即日举行的典礼（席勒的头盖骨在图书馆的收藏仪式）颓唐不安，唯恐他自己忧思成疾。今晨六点，他遣人来叫我，眼里噙满泪水，告诉我他无法亲自参加今日隆重的仪式了。所以我将代表他出席。

## 196. A. 施塔尔　1826 年 9 月 18 日

147　　一次，在一个孙辈孩子的生日会上，一群小男孩在玩扮演强盗和士兵的游戏。强盗头头刚刚被俘，被关到花园房子的一间屋子里。这时，年迈的歌德，那时可能快八十岁了，突然出现，与孩子们交流起来。"你们是什么？"他问离他最近的一个孩子。"强盗！""你们队长呢？""在监狱里！""那把队长留在监狱里，不去救他，你们不感到耻辱吗？""耻辱，但是他们把门锁上了！""那点小障碍就能阻止你们这些勇敢的小家伙去解救队长吗？"听到这话，忠诚的小伙子受到了鼓舞，高声呼喊着冲进门去，把囚犯救了出来。这位老绅士满意地笑了笑，又回到他深思的书斋里。

## 197. F. 格里尔帕策　1826 年 9 月—10 月

（9 月 29 日）：我终于到了魏玛，在"大象"要了间房。"大象"是当时德意志一家非常有名的旅馆，如果说魏玛是现实生活中的瓦尔哈拉[1]，那"大象"就是它的会客厅。我叫那里的侍者帮我送问候信给歌德，询问是否可以前去拜访。侍者带回口信说，阁下有客人，现在不能见我，不过希望我晚上过去喝茶。

傍晚时分我去了歌德家，在客厅里看到很多人都在等待，枢

----

[1] 北欧神话中是阵亡将士能与奥丁神（Odin）永远居住的殿堂。——译者注

密顾问还没有现身。终于，侧门开了，他走进来，穿着一身黑，戴着他的勋章，身体端正笔直，他走到我们当中，像一位君主前来接见。他流转于客人之间，和这个交流几句，和那个攀谈一会儿，最后也走到我跟前，我站在房间最里面。他问我奥地利是不是也有很多人研究意大利文学。我如实回答说，意大利语当然非常普及，担任公职的人都必须学习，但意大利文学却是无人问津。"受时风影响，"我说，"我们对英国文学表现出更浓厚的兴趣。英国文学固然有诸多优秀的品质，但还是有种粗糙感，对于现阶段的德意志文化，尤其是文学文化来说，可能会产生不好的影响。"我不知道他喜不喜欢我的评论，不过我想他应该不喜欢，毕竟那时他正在与拜伦勋爵通信。他从我这儿离开，去找别人，然后又回到我这里，说了什么我已经不记得了。最后，他离开了房间，我们可以离开了。

148

坦白说，回到旅馆后，我心里很不是滋味。不是说我的自尊心受到了伤害，正相反，歌德对我比我想象的更体贴周到。但看到我年轻时代的理想人物，《浮士德》、《克拉维戈》（*Clavigo*）和《哀格蒙特》的作者，化身为威仪庄严的大臣，款待客人喝茶——这简直让他从云端跌落。我宁愿他甩我一身辱骂，把我扔出去。我甚至后悔来到魏玛了。

（10月1日）：我们正计划去看魏玛的几处名胜，穆勒首相一定是注意到了我的沮丧，向我解释说歌德的郑重其事只是第一次见陌生人拘谨的缘故，这时侍者拿进来一张卡片，是歌德邀请我第二天去参加午宴。所以我不得不多待几天，取消预定明天早上启程的马车。

最重要的一天和这一天的午餐时间终于来临，我来到歌德家。除了我以外，被邀请的其他客人都已到齐，无一例外都是男性，歌德的儿媳（我后来对她很是喜欢，还有她的女儿，可惜早夭了）那时不在魏玛。我穿过房间，歌德过来见我，他之前有多庄重严肃，现在就有多热情友善。我的内心深处开始激荡。而就要去餐桌就座时，这个在我看来德意志文学的化身，一个那样遥不可及、高高在上、神话一般的存在，竟然牵着我的手，把我带进餐厅，我突然感觉又成了少年，不禁热泪盈眶。歌德尽可能帮我掩饰我的憨傻。餐桌上，我坐在他旁边，与他一贯的风格相比，他要开朗健谈多了，事后其他客人也如此认为。他推动着我们的谈话，大家都参与进来。但歌德还是经常转向我，单独对我说，可他说了什么我却记不得了，除了他对一个新期刊诙谐的评论。很遗憾，我对此次旅行没有记录。关于那天餐桌上发生的事，我只记得一件很特别，就是在大家聊得正酣时，我通过摆弄手边的面包片，把它变成丑陋的碎屑，再次凸显了自己。歌德用指尖把每片碎屑都扫到一起，堆成整齐的一小堆。我开始没注意到，后来才发现，便结束了我的手工。

临走前，歌德叫我次日早上来画张肖像。他有个习惯，就是给他感兴趣的客人画一张黑色铅笔肖像，由专门请来的画家画。会客厅里挂了个裱框用于展示，每周更换一批。我也有幸获此殊荣。

（10月2日）：第二天我到了以后，画家还没来，我就被带到小花园里，歌德正在里面散步。到现在我才明白他为何要在陌生人面前保持挺拔的姿势。年龄并非没有在他身上留下痕迹。在公园漫步时，他的头、脖子和上半身佝偻得很明显。这正是他不想让陌生人看见的，所以才刻意去挺拔着身子，给人留下不够亲和的印象。现在，看到他自然的状态，穿了件长便服，银发上戴顶小便帽给眼睛遮阳，我有种莫名的感动。他看起来一半像君主，一半像父亲。我们边散步边聊天。他提起我的《萨福》（*Sappho*），似乎比较认可这部作品，不过可以肯定的是，此时的他在某种意义上是在恭维自己，因为在那部剧中我是用他的牛给自己耕的地。当我抱怨我在维也纳的孤独处境时，他说了后来写在书里的话：一个人，若没有与自己志同道合的同伴，必将一事无成。如果他与席勒确如世人称赞的一般，那他们很大程度上都要得益于这种相互促进的交流，彼此完善。这时画家已经到了。我们走进屋，让画家来画我。歌德回了自己的房间，时不时出来看一眼画家的进度，完成后，他表示很满意。画家走后，歌德让他儿子从楼上拿下来一些他珍藏的物件给我看。里面有他和拜伦勋爵的通信，有关于他在卡尔斯巴德结识奥地利皇帝和皇后的一切，最后是为他的全集提供版权保护的帝国特权证书。这最后一份文件他似乎尤为珍视，或许是因为他喜欢奥地利保守的态度，又或许是因为他将其视为奥地利文学现象中的一个稀有事物。歌德对待这些收藏品的方式有种东方韵味，先是分门别类将其放在一起，再

150

用绸布包好，赏玩间也透露出敬畏。最后，他尽可能用他最友好的方式与我道了别。

那天，穆勒首相曾建议我晚间去拜访歌德，我会发现他独自一人，我的拜访也绝不会受到冷遇。直到后来我才突然意识到，在歌德不知情的情况下，穆勒是不会说那些话的。

至此，我在魏玛的第二件蠢事发生了。我害怕一整晚都单独与歌德待在一起，所以犹豫再三之后没有去。

（10月3日）：我向歌德告别时是我在这儿的第四天，他是友好的，但热情不如从前。听到我这么快就要离开魏玛，他表现出惊讶，还说如果日后我能写信给他们，他们会非常开心。是复数的"他们"，不是他。其实，自那以后，他没有给我应得的礼遇，毕竟虽然我们之间高下悬殊，但私以为我是继他与席勒之后出现的最优秀的作家。但无需说，这丝毫没有减少我对他的热爱与崇敬。

我离开那天，整个魏玛都在射击俱乐部为我举办了欢送晚宴，歌德是派儿子来参加的。

## 198. 艾克曼　1826 年 12 月 27 日

"人们想知道我的《赫尔曼和多罗特娅》是以莱茵河上哪座城市为背景的！随便想象一座他们喜欢的城市不是更好吗！他们想要事实，想要真相，正是这些破坏了诗歌。"

## 199. 艾克曼　1827 年 1 月 12 日

谈话暂停，吃过一些点心后，歌德请埃贝魏因夫人演唱几首歌曲。她第一首唱的是歌德优美的诗歌《午夜时分》（*Um Mitternacht*），由策尔特谱曲，给人留下了深刻印象。《魔王》（*Erlkönig*）也收获了热烈的掌声。最后作为结束，埃贝魏因夫人应歌德之请，唱了《西东合集》（*Westöstlicher Divan*）中的一些歌曲，由她丈夫谱曲。歌德尤其喜欢 "Jussufs Reize möcht ich borgen"（我愿借来约瑟夫的美）这一段。"埃贝魏因，"歌德对我说，"他有时会超常发挥。"最后一首，他点了 "Ach um deine feuchten Schwingen"（湿润的西风，你的翅膀令我羡慕），这首歌同样能唤醒人们内心深处的情感。

人群散去，我留下来又与歌德单独待了一会儿。"今晚我发现，"他说，"《合集》里那些诗对我已经没有意义了。里面的东方元素和我曾经投注的情感都不再是我生命的一部分了，我已将其抛诸路旁，像蜕去的蛇皮。不过，《午夜时分》这首诗我还是觉得十分隽永：它还活在我的身体里，与我的生命同在。[1]

"其实这样的事时有发生，总有写过的东西让我感觉十分陌生。那天我在读一本法语书，我一边读就一边在想：这人说得很有道理，换作是我也会这么说。再仔细一看才发现，这就是从我

---

[1] 《午夜时分》（*At Midnight*）和《魔王》两首诗分别出现在《诗选》（企鹅出版社）中的第 305 页和第 80 页。《西东合集》选段在第 230 至 269 页，引用的两句诗的见第 245 页和第 251 页。

作品中翻译过来的一段！"

## 200. 艾克曼　1827年1月17日

"我见过有些人，"歌德说，"就是无法接受席勒早期的戏剧。有个贵族对我表达过他对《强盗》（*The Robbers*）的意见：'假如我是即将创造世界的上帝，'他说，'并在那一刻预见席勒会在那儿写出《强盗》，我一定会克制自己不去创造它。'"我们都忍不住大笑起来。"你觉得呢？"歌德说，"这样憎恶着实有些过火，我感觉难以理解。"

"我们年轻一代，"我回答说，"特别是我们的学生，是不敢苟同的。可以把席勒或者其他诗人最出色、最成熟的戏剧搬上舞台，但你会发现剧院里很少有年轻人或学生，甚至一个都没有，但如果要演席勒的《强盗》或《菲亚斯科》（*Fiesco*），观众席上挤满的几乎都是学生。""这和五十年前一模一样，"歌德说，"而且我敢说五十年后还会如此。如果是一个年轻人的写作，那一定是年轻人最能欣赏。切莫幻想这个世界的修养和品位有了进步，就要年轻人也都超越上一代的粗陋！这个世界可能整体会有进步，但是年轻人总要从头开始，一个一个去经历世界文化不同的时代。"

### 201. 艾克曼　1827 年 1 月 18 日

"我从没为了诗歌仔细研究过自然。但我早年作为一名风景画家，以及后来作为一名科学家，种种活动总是能让我对自然事物进行精准的观察，所以我逐渐把自然记在心里，几乎是细致入微。成了诗人以后，如果我需要什么，一切得心应手，我也基本能做到贴近事物的本来面目。席勒缺少这种观察天赋。他那本《威廉·退尔》中瑞士的地方色彩完全来自我的描述，不过他的大脑真了不起，就算根据描述也能写得那样真实。"

### 202. 艾克曼　1827 年 1 月 18 日

"能让我们获得自由的，不是拒绝承认在我们之上的事物，而恰恰是尊重他们。通过尊重，我们能把自己提升到那个层次，通过认可，我们可以证明自己也具备一定的高度，值得与其并肩而立。"

### 203. 艾克曼　1827 年 1 月 21 日

"把艺术作为业余爱好，本质上就是不了解一件事固有的难处，还不断去做超出自己能力范围的事。"

153

## 204. 艾克曼　1827 年 1 月 29 日

"写散文必有话可说，但就算无话可说也完全可以写出诗歌和韵文，因为这类文章字字相扣，以字意构筑文意，实际上空洞无物，看起来却好像有点分量。"

## 205. 艾克曼　1827 年 1 月 31 日

"我愈发清楚地认识到，诗歌是人类共同的遗产，无论地点，无论时间，芸芸众生，皆有表达，只是一个人比另一个人写得好些，在表面上漂浮得久些，仅此而已。我们每个人都要告诉自己，诗歌的天赋并非那么稀有，任何人都没有理由为写出一首好诗沾沾自喜。但是当然，如果德意志人拒绝把目光投到我们自己这片狭窄的领域之外，我们很容易就会陷入迂腐的自我沉醉。这就是为什么我喜欢看一看其他国家的作品，我也建议每个人都看一看。现在，一个国家的文学都局限了，世界文学的时代近在咫尺，我们每个人都必须出力以加速它的到来。"

## 206. 艾克曼　1827 年 2 月 1 日

"几乎每个科学分支我都尝试过了，但我的工作总是指向我周围可以用感官直接感受到的现实现象。这就是为何我没有研究天文学，因为在这个领域，仅用感官是不够的：你必须借助工

具、测算和力学公式，这些本身就是要用一生去做的工作，对我
从来都没有吸引力。"

154

## 207. 艾克曼　1827 年 2 月 21 日

餐桌上，歌德谈了很久亚历山大·冯·洪堡，[1] 对他赞赏有
加。他最近在读亚历山大关于古巴和哥伦比亚的作品，亚历山大
对贯通巴拿马地峡这个项目的观点似乎尤其让他感兴趣。"洪堡，"
歌德说，"有广博的专业知识，他提出几个可以选择的位置，按
他的设想，通过向几条流入墨西哥湾的河流借力，这个项目可能
要比在巴拿马落实得快。但是自然，这要留给后世有伟大进取意
志的人去决定了。不过有一点是确定的，如果他们真开通一条运
河，不管是什么吨位或体量的船只都能由此从墨西哥湾进入太平
洋，那必将给整个文明世界和非文明世界带来不可估量的益处。
但如果美国让把持这样一个项目的机会溜走，我会非常惊讶。这
个年轻的国家决意向西拓展，在未来三四十年间也很可能占据落
基山脉以外的大片土地，在那里安家落户。此外，太平洋沿岸早
已形成非常安全、广阔的天然海港，那里也将逐渐发展出极重要
的商业城市，帮助美国与中国、东印度群岛开展大规模贸易。现

---

[1]　亚历山大·冯·洪堡（Alexander von Humboldt，1769—1859）是德国科学
　　家、探险家，著有《宇宙》（*Kosmos*）等书。——译者注

在，北美东西两岸间的商船和军舰只能绕过合恩角进行交流，路途艰苦又漫长，而且昂贵，这就让他们产生了加快交流速度的渴望和实际诉求。所以，我再重复一遍，美国一定会设法开通从墨西哥湾进入太平洋的路线，我肯定他们会成功的。

"希望有生之年我能看到那一幕，但是不可能了。我也很希望看到多瑙河和莱茵河之间开通一条河道。但这也是一项巨大的工程，我都怀疑是否会实施，尤其是在我们德意志资源如此有限的情况下。第三，也是最后一点，我希望看到英国掌管苏伊士运河。这是三件我希望有生之年可以见证的大事，为了它们再活五十年便也值了。"

## 208. 艾克曼　1827 年 3 月 28 日

"一致的想法让我们裹足不前，矛盾才让我们高产。"

## 209. 艾克曼　1827 年 4 月 11 日

"自然界中有些事物是可及的，还有些是不可及的。这种差别要分清，要充分考虑和尊重。就算仅是意识到这一点都很有益处，虽然哪里是可及的终点，哪里是不可及的开始，我们还是很难分辨。意识不到这一区别的人可能终其一生都在无谓地挣扎和探索不可及的事物，从未靠近真理半分。而做这种区分且明智的人会把自己限定在可及的范围内，在这个范围内全方位拓展，巩固他的位置。这样做可能还会让他向不可及领域开辟出一两条路，不过在这儿，他最终还是要承认，很多事只有达到一定程度才能够理解，自然之外依然有些神秘的事超出了人类的理解能力。"

### 210. 艾克曼　1827 年 4 月 18 日

"我不禁觉得好笑，"歌德说，"美学家乐此不疲地用几个抽象词，把那种难以言喻的、我们称之为'美'的特质，浓缩成一个理论概念。美是一种原始现象，虽然从不直接示人，但可以在数千个创造性思维的表述中反映出来，它和自然一样千变万化。"

我回答说，经常有人说自然永远那么美，这让艺术家感到绝望，因为艺术家很难做到与她相当。

"我很清楚，"歌德回道，"自然的魅力大多时候是无与伦比的，但我不赞同自然的方方面面都是美的。她的意图，可以肯定，一直是好的，但她要展现完美的自己所需要的条件不总是正面的。

156

"艺术家与自然有两重关系：既是她的主人，又是她的仆人。是仆人是因为他必须通过现实媒介让自己能够被人理解，是主人是因为他要让这种现实媒介从属于更高的目标并为其服务。

"艺术家希望创造出完整的事物与世界交流，而这种完整性不是他在自然中发现的，是他自己思考的产物——或者，你也可以说，这是神圣的灵感（divine afflatus）结出的果实。

"我们粗略看一眼鲁本斯的风景画就会发现，他的画看起来是那样自然，好像直接从自然中复制下来一样。但事实并非如此。这样美丽的图画在自然中是看不到的，也不会出现在普桑或克劳德·洛兰的风景画中，他们的画也非常真实自然，要在现实中寻找却是枉然。"

## 211. 艾克曼 1827 年 5 月 3 日

继施塔普费尔用法语翻译歌德的戏剧大获成功后，去年，一篇同样精彩的戏剧评论也出现在巴黎的期刊《地球》上，作者是 J. J. 安培先生。这篇文章让歌德很开心，他反复提及，大加赞赏，经常说到这个话题。

"安培先生，"他说，"立足高远。德意志的批评家喜欢从哲学角度切入，这是他们审视和评论一部文学作品的方式，所以他们的阐释只有同一流派的哲学家能看懂，其他人看只会觉得比他们阐释的作品还晦涩难懂。但是安培先生反其道而行之，从最贴近现实，最有人情味的角度入手。他对自己的工作有透彻的理解，把注意力放在作品和生产者的紧密联系上，把诗人不同的作品当作他各个人生阶段的果实去探讨。

"他深入研究了我投身尘事的变化轨迹和我的思想变化，连

我没有付诸笔端的内容都看得出来，真正做到了在字里行间读
出言外之意。他发现，我开始魏玛的宫廷生活，从事公务的第
一个十年，几乎什么都没有写出来，一种彻底的绝望把我带到
意大利，我在那里又重拾创作热情，起笔写了《塔索》，希望
通过这个自传性的主题让自己摆脱对我来说仍然是痛苦和负担
的魏玛记忆和魏玛印象。这个观察多准确啊。所以他把《塔
索》描述成'一个精炼的、强化版的《维特》'，真是再恰当不
过了。

"他对《浮士德》的评论也非常精彩。他指出，不仅主人公
阴郁的、求而不得的挣扎是我性格的一部分，靡菲斯特的嘲讽和
尖刻的讽刺同样也是。"

歌德经常用类似的话夸赞安培先生，我们都对他产生了浓厚
的兴趣，纷纷猜想他是什么性格的人，虽未曾达成一致，但我们
都认为他定已年岁成熟，才对诗人的人生和作品如何相互影响有
如此透彻的理解。

所以，几天前安培先生出现在魏玛时，看到他是一个朝气蓬
勃，不超过二十岁的年轻人，我们都极为震惊。

## 212. J. J. A. 安培　1827 年 4 月—5 月

对歌德来说，说法语有点困难，但不存在错误，只是每个词
后的停顿显得比较吃力。可这并没有让他的话丧失吸引力，反而

157

添了许多分量。他的身材中等偏高，面容高贵典雅，有时表情非常丰富，他的仪态庄严稳重，鼻梁高挺，嘴里的牙齿几乎都要掉光了，但气色看起来非常健康。

## 213. J. J. A. 安培  1827 年 4 月—5 月

### 写给雷卡米耶夫人

歌德非常了不起，我很喜欢他。他对一切都感兴趣，对一切都有想法，欣赏一切值得欣赏的事物。当他穿着雪白的长袍像只大白羊一样坐在那儿，儿子和儿媳在他身侧，两个孙子和他一起玩耍，当他谈起席勒和他们日常的工作，谈起席勒想要做的事和可以做的事，谈起他自己的作品、计划和记忆，他就是世界上最迷人、最可爱的人。他很清楚自己的名声，却从不拒人于千里之外，他经常关注其他有才华的人，对各个艺术领域出现的优秀事物都发自内心地欣赏。

他崇拜莫里哀和拉封丹，赞赏《亚他利雅》，欣赏《贝蕾妮丝》。[1] 关于塔索，他说他做了大量研究，对这个题材的处理非常贴近史实。他还说诗人被囚禁的故事是虚构的，这正符合你的心意。他相信塔索和公主彼此相爱，但总是保持着距离，总是浪漫

---

[1] 《亚他利雅》（*Athalie*）和《贝蕾妮丝》（*Bérénice*）均为拉辛作品。——译者注

的，所以亚历山大·杜瓦尔那一版中既枯燥又荒谬的求婚是绝不可能的。

我读了一篇他准备发表的手稿，精彩极了：他计划把这段情节，或更准确地说是插曲，加到还未动笔的《浮士德》续篇里。一如他所起的标题，那是个不同幻影参差错落的场景，几乎是不可译的，整体读下来尽管奇特、晦涩，却深邃、优雅，充满诗意。里面的内容可以说应有尽有了，从围攻特洛伊到围攻迈索隆吉；希腊神话、中世纪、现当代、拜伦勋爵。那是个意味深长的梦，无论内容如何，一切都是独创的，而这样的构思竟出自一个年近八十的老人。

## 214. 艾克曼　1827 年 5 月 3 日

同样让我们震惊的是，在与安培先生的进一步谈话中我们了解到，他在《地球》的同僚也都是像他一样的年轻人，而这本期刊的智慧、中肯、高度的文化成熟经常令我们叹服。

"我们生活在德意志中部的人，"歌德对我讲道，"一直饱受智慧贫瘠之苦。因为归根结底，我们过的是非常可怜的闭塞生活！从这样的人民当中我们只能获得极少的文化滋养，所有人才、精英在德意志是散落开来的：维也纳一个，柏林一个，一个在柯尼斯堡，还有一个在波恩或者杜塞尔多夫，彼此距离千里之远，连面对面的接触和思想交流都是奇事。但是想想看，在巴黎<sup></sup>159

那样的城市，举大国之贤能济济一堂，彼此学习，通过日常的交流、辩论和仿效完善彼此。再想想看，这不是一个蒙昧时代的巴黎，而是 19 世纪的巴黎，三代文人墨客，莫里哀、伏尔泰、狄德罗这样的人，在此创造出空前丰富的智慧财富，这样的地方世上再无第二个。想到这些你就会理解，安培这等翘楚如何能在二十四岁的年纪就有一番作为，他们是在那样浓厚的文化底蕴中成长起来的。一个能让个人才能得到迅速和适当发展的国家，必定是丰富的思想和健全的文化价值早已广为流传的国家。

"拿伯恩斯来说，他之所以伟大就是因为先辈留下来的古老歌谣还在人民中传唱，可以说他在摇篮里就开始听了，他从小就是在人民中间长大的，耳濡目染，浸淫在榜样的至善至美中，有了生生不息的根基，才得以走得更远。其次，他的伟大也得益于人民有马上就能欣赏他那些歌谣的耳朵，在田间收割的人、在地头捆麦子的人都能马上唱给他听，欢快的伙伴也能在酒馆用歌声相迎。在这样的环境里有所成就便不足为奇了！我们古老的歌谣并不逊色，但在我还年轻的时候，又有多少是存在于人民当中，存在于真正的农民当中呢？赫尔德和他的追随者们不得不诉诸采集才使这些歌谣免于失传。它们被记录、印刷出来，放到图书馆里，落得和德意志诗人普遍相同的命运。就说我自己的歌谣，又有哪首还在流传呢？或许偶尔有那么一两首，有小女孩弹钢琴时会唱一唱，但在人民当中又何曾响起一个音符。所以，一想到意大利渔民给我唱《塔索》那部作品的片段，我的感受可想而知啊！

"我们德意志人向前追溯，最远不超过昨天。过去百年间，确实，我们的文化取得了可喜的进步，但可能还需要几个世纪的时间，智识和高度文明的价值观才能真正在我们人民中间扎根、扩散，他们才能像希腊人一样崇尚美，为一首美丽的歌曲动容、狂热，才有可能说野蛮之于他们早已一去不复返了。"

160

## 215. 艾克曼　1827年5月6日

话题转到歌德的戏剧《托尔夸托·塔索》，有人问他想要在其中表达什么思想。

"思想？"歌德说，"据我所知，没有！我有塔索的经历和我自己的经历做素材，这两个古怪、独特的人物一混合，我脑海中就有了塔索的形象，与他相对的形象是平平无奇的安东尼，对于他我也有很多原型。至于宫廷生活和谈情说爱的诸多细节，不管是在魏玛还是费拉拉都是一样的。可以毫不含糊地说，我这个版本的故事是我的骨中骨，肉中肉。

"德意志人真是奇怪！无论什么都想看出或解读出深邃的想法和思想，把生活变得无比艰难，其实本没有这个必要。为什么就不能鼓起勇气听从自己的观感，允许自己感受喜悦、感动、鼓舞呢——甚至是允许自己收获新知，受到启发，获得勇气，搏一搏不平凡的成就！为什么要认定凡事若无关抽象的想法或思想就一无是处呢？

"比如说，他们会过来问我：你想在《浮士德》中诠释什么思想？总以为我就知道答案，可以用语言表达出来！我在《浮士德》中描写的生活是丰富的，是多姿多彩的，是千变万化的。不得不说，如果我能把这一切都串连成一条单一的思想路线，那倒好了！"

"总体来看，"歌德接着说道，"竭力融入抽象的思想并不是我写诗的风格。或许，我有意围绕一个中心思想进行创作的大部头作品，也是唯一一部，就是《亲和力》。这使得那部小说明白易懂，但不敢说就让它变得多好。正相反，我认为一部文学作品越难以捉摸，越不容易解释，就越好。"

## 216. 艾克曼  1827 年 7 月 15 日

"关于贵族统治和民主制度总是有很多争论，其实事实很简单，是这样的：年轻时，我们没有财产，或者并不在意稳定的所有权，所以我们都是民主人士。但在漫漫的人生长河中，我们不仅获得了财富，还想牢牢把握住财富，想让我们的子孙后代安然享受这份财富。所以，不管年轻时怎样倾向于对立的观点，年老之后我们无一例外都是贵族。"

### 217. 艾克曼　1827 年 7 月 15 日

"现如今，英国人、法国人和德意志人之间密切的交往给了我们交换意见和矫正彼此的机会，这非常好。这是世界文学最大的好处，而且会越来越突出。卡莱尔[1]写了一本《席勒传》，他做出的总体评价是德意志人很难得出的。我们也非常了解莎士比亚和拜伦，对他们优点的欣赏或许要好过英国人自己。"

### 218. 艾克曼　1827 年 7 月 25 日

几天前，歌德收到沃尔特·司各特（Walter Scott）爵士的信，甚是开心。看起来应该是他先给这位伟大的英国小说家写的信，这是司各特的回信。他写道：

"致冯·歌德男爵，等等，等等，魏玛。

"尊贵的、令人崇拜的爵士，——您的心意我已收到，如获至宝，拙作有幸能得到冯·歌德男爵垂青，我心甚慰。自 1798 年我稍懂些德语以来就一直仰慕阁下，不久便亲证我品位之高，同时鲁莽之至，竟试译歌德男爵的《葛兹·冯·贝利欣根》，全然忘了对天才之作仅有喜爱尚且不够，还需掌握写作它的语言，而

162

---

[1] 托马斯·卡莱尔（Thomas Carlyle，1795—1881），英国历史学家、散文作家，著有《席勒传》（*The Life Schiller*）等。——译者注

后才可尝试向他人传递其美。不过，我亦看重这早期译作，因为它尚可显示我有识别珍品之能，可惜语言基础薄弱，犯下诸多愚蠢至极之错，可见我没能用最妥当的方式表达倾慕。

"一位欧洲巨匠能够在为人敬仰和崇拜的年纪颐养天年，这是让所有热爱天才和文学者备感欣慰之事。无奈命运给拜伦勋爵早早关上了那道门，正值盛年便中道陨落，多少对他的希望和期待都永远地破灭了，令人扼腕叹息。他自视有幸能得到您的尊敬（我也多少有所体会），并对此不无感激之情。对他，我辈作家都心存感激，注定像待父亲般敬重他。

"我已请书商设法给您寄一本拿破仑那位伟大人物的生平，写得仓促，自然也非常平淡。多年来，他对治下的世界影响深重。著者报以至诚的态度追忆这位伟大的人物，其中难免偏狭和愚见，这种种不足但望您能海涵。我不知道自己是否应该感谢他，因他我从戎十二年，其间在一个自由民军团服役，纵使年少跛足，但也成长为一名驭马好手、一个猎人、一个枪手。只是近来，这些技能都有些力不从心，北方的气候让我深受风湿病痛苦的折磨，骨骼受到些影响。但我并无怨言，因为我看到儿子们都在从事我不得不放弃的运动。至于其他，纵使曾损失惨重，我依然可以按自己喜欢的方式生活。我有座气派的古堡，随时都敞开大门，热烈欢迎冯·歌德男爵的朋友，里面有一个摆满盔甲的门廊，足可充当葛兹·冯·贝利欣根的城堡，还有一只大猎犬守卫在门口。

"此次给您写信着实有些突然，有位游客恰巧路过，必须当即抓住这个机会。时间紧迫，我只能就此停笔，谨祝冯·歌德男爵永远健康顺遂，作为您荣幸且卑微的仆人，在此献上我真诚和深切的敬意。

163

"沃尔特·司各特。

"1827 年 7 月 9 日，爱丁堡"

一如刚才所说，这封信让歌德很开心。至于其他，他觉得信中对他评价太高，其中相当一部分都要感谢这位高门雅士的修养。

"我现在非常期待，"他接着说，"他答应给我寄来的拿破仑生平。我听过许多关于这本书的报道，争议也好，歌颂也罢，至少可以预先肯定的是，这是本有重要意义的书。"

### 219. F. 冯·穆勒　1827 年 9 月 5 日

今晨，舒科夫斯基和冯·勒特尔的来访让歌德心情大好，我很少见他像今天这样可爱、亲切和健谈。能对这些朋友说的他都毫无保留：所有可能给他们愉悦、温暖他们心灵、让他们受益的话，所有他们需要他给予的意见、建议、肯定和关怀。他似乎在向外呼吸着全新的空气，给人以活力，救人于饥渴，还人以鲜活。

## 220. F. 冯·穆勒　1827 年 9 月 7 日

今日与前天大相径庭，他完全换了个人。这或许和迈尔在场有关，歌德在他面前好像不太愿意表露自己的情感。我觉得他今天非常"靡菲斯特"，冷酷、无情、蔑视一切。

## 221. W. 察恩　1827 年 9 月 7 日

1827 年的 9 月 7 号，我途经魏玛去柏林。身为一个寂寂无名的年轻人，我一心想的只有歌德，所以决心去拜访这位伟大的人物。但他不是很容易接近的人。纵然每天都被访客包围，他依然与世界保持了几分距离。奥古斯特·科皮施，画家、诗人、卡普里岛蓝洞的发现者，告诉我他给这位诗歌王子写过一封长信，在信里请求与他见面，但从未收到过回复。还有一位我认识的人——他的名字我一时叫不出来了——曾大胆闯进他家，踮着脚，紧张地走到院子里，他环顾四周，想看有没有佣人，但只看到两个小男孩，是诗人的孙子。他们正疯狂地追逐打闹，大喊大叫。忽然，一扇窗户猛地打开，他一直渴望见到的人欠出身来，双眼光芒四射，声如吼狮一般，朝下喊道："你们两个小恶棍能不能别再制造噪声了！"他一边咆哮，一边摔上了窗户。男孩们安静下来，我的朋友赶紧在惶恐中溜之大吉了。我并没有被这些失败的先例吓倒，径直鼓起勇气出发了，尽管我没有谁的名字可以提及，也没有一行引见信可以打头阵。

在大厅里我先见到一位佣人，给了他我的名字："察恩，画家和建筑师。""画家和建筑师。"佣人机械地重复道，有些怀疑地打量着我。"转告阁下：刚从意大利来。""刚从意大利来。"他重复后就离去了，即刻便回来让我跟他走。我们沿一个精致宽大的楼梯往上走，这位向导打开房门，让我进去，我便置身于一间豪华的接待厅里。

几分钟后，歌德进来了。早有人重复过无数次，再说诗人的气质和举止堪比希腊众神之父就显得没有新意了，但没有人能否认，站在我面前的这个男人是个独一无二的存在。年龄只让他魁伟、强健、庄肃的身躯更显威仪。在他浓密的眉毛下，乌黑的双眼炯炯有神，古铜色的面庞散发着卓越和智慧。他示意我坐在他对面，用抑扬顿挫的声音，不过偶尔带点法兰克福的口音，问我道："待在意大利了，之前？""待了三年，阁下。""那参观过那不勒斯附近的地下遗址，或许？""那正是我去旅行的目的。我住在庞贝一座非常舒适的古宅里，两个夏天的挖掘工作就是在我眼皮底下进行的。""甚好！甚好！"歌德说。他喜欢言简意赅，不带人称代词。他把椅子往我这边挪了挪，继续略带强调地说："维也纳和柏林的研究员应该把年轻人送到那儿去，已经告诉他们好几次了。让他们研习古典绘画和壮观的地下城市。像你这样自主去的就更好了。是的，是的，艺术家们还是要把古代遗物作为典范。咱可别忘了正事：你应该随身带了些画吧，我猜？""通常，一有古代壁画被发现，我就会马上拓下来，也试着临摹了些

165

水彩画。承蒙阁下不弃，您是否愿意看几幅？""哦，当然，当然！"歌德马上说道，"很愿意，十分感谢！务必过来吃午饭。午饭大约在两点。还有几个对艺术感兴趣的人会来。非常期待看到你的画。早安，我年轻的朋友！"然后他向我伸出手，亲切地握紧我的手。

我在指定时间再次出现，连续穿过几间装饰风格相似的房间后进入餐厅，发现歌德和其他客人都已经到齐了，有冯·穆勒首相、里默尔教授、艾克曼和内廷参事迈尔。所有客人，还有歌德本人，都身穿正装。我坐在歌德和乌尔丽克·冯·波格维奇小姐中间，她深得诗人喜爱，因为他经常对着她说话，对她的回复也显然非常欣赏。在我们对面就座的是奥蒂莉夫人——歌德的儿媳，乌尔丽克的姐姐。午饭非常美味，酒水也不逊色。每位客人面前都摆着一瓶红葡萄酒或白葡萄酒。我想在甜点上来前保持清醒，所以往酒杯里倒了水。歌德注意到我这样做，不以为然地说道："那个坏习惯你是打哪儿学的？"餐桌上，谈话很广泛，也很热闹，从未冷过场。歌德娴熟地引导着对话方向，但从不限制任何人。他另一侧坐的是他的"活百科全书"，他偶尔会向其求助，他只是不喜欢用书本上厚重的学问徒给自己增加负担。里默尔代表了语文学，迈尔代表了艺术史。艾克曼针对每个能想到的主题都旁征博引，每每说完，他都屏息以待，聆听主人的每一句话，好像旋即便能记在心里，如同听到神谕一般。我们谈论的主要是意大利和它的艺术瑰宝。歌德竟可以让我紧张害羞的舌头

放松下来，引导我谈论我在梵蒂冈的研究。在场每个人都醉心于
对罗马的记忆，盛赞它的辉煌。歌德喝空了一整瓶酒，又从第二
瓶给自己倒了一杯，此时大家已经在传递咖啡了。稍后，我们都
站起身来。桌子被推到一起，铺上白布，我就在上面展开我画的
画，对他们进行解说。这些彩绘临摹的都是在三十米的火山灰下
被发现，终于重见天日的庞贝壁画。歌德爱惜地、郑重其事地看
着每一幅画，做出鞭辟入里的评论，足以见得这位伟大的天才对
艺术本质和希腊思想的神秘都有深刻的认知。突然，我们听到身
后传来军人坚实的脚步声，我转过身，看到一个中等身材的人，
头戴官帽，身穿一件短款镶金边的绿色法兰绒狩猎上衣。是大
公。他是穿过花园走后门进来的，他一直都有后门的钥匙。歌德
用一句家常话与他打招呼："刚好赶上午饭，殿下！"卡尔·奥
古斯特手里捏着一支海泡石的烟斗，他经常一有机会就不停地
抽，不过现在是灭的了，因为歌德讨厌烟草。虽然大公经常用
"du"称呼他的老朋友，今天却客气地用了"sie"。

　　我本打算次日清晨继续上路，但歌德劝我至少再待两周，每
天都来找他。大公邀请我第二天共进午餐，歌德替我回答说：
"不行，午饭时间察恩是属于我的。"卡尔·奥古斯特没再坚持。
大部分客人都已经离开了，我也准备走，但是歌德把我留了下
来，说："胃口还没满足。必须再给我看几幅画。"与此同时，他
已经脱下了正装，抓起舒适的便服套上。然后，他坐在一把扶手
椅上，其他人站在他周围，他的孙儿瓦尔特和沃尔夫冈刚刚进

来，在我展示画的时候，他们就靠在爷爷身旁……他陷入沉默的思考，接着说道："是的，在所有超凡的艺术领域，古人都是不可超越的。相信我，先生们，我以为我也有了些成绩，但在任何一位雅典诗人面前，比如埃斯库罗斯或者索福克勒斯，我什么也不是。"

167

## 222. W. 察恩　1827 年 9 月 8 日—10 日

这几个难忘的夜晚，歌德很喜欢对我谈起他在意大利的时光。这位伟大的诗人对罗马情有独钟，他知道每一条大街小巷，知道每一个街角的小酒馆，主要是因为那里有最好的酒，这是众所周知的。"是的，"他说，"我没有虚度时光，没有把时间浪费在各处拜访上，我认真仔细地研究了整座城市和那里的人。你知道我在《罗马哀歌》中是怎么写的吧：'想去哪就去哪吧！终于我远离了你们 / 优雅的女士，还有你们，上流社会的绅士！……/ 如今你们再难尾随我到这个避难所，/ 被丘比特华丽的羽翼遮蔽起来的，我的处所！'"

"你知道坎帕纳餐厅吗？"他继续问。"贝尔酒馆？当然。我们德意志的艺术家去年还在那儿庆祝您的生日了呢。""他们还有上好的法拉诺[1] 吗？""当然！""厨房都提供什么菜？""哦，有

[1]　一种葡萄酒。——译者注

斯塔法拖（*stuffato*），一种炖肉，还有通心粉和炸什锦，他们叫它弗里提。"和我那时一模一样！"歌德一边说一边露出满意的笑容。然后他继续说："那家餐厅我经常光顾。我就是在那儿遇到了那个启发我写《罗马哀歌》的罗马女孩。她总是在叔叔的陪护下过来，我们经常在那家伙鼻子底下约见面时间，用手沾洒出来的酒，把时间写在桌子上。你记得吗？'这是我们的餐桌，宾至如归的德意志人围坐着欢乐……/眼前那四个亲切的人儿，仍深刻在我心间！'"

### 223. W. 察恩　1827 年 9 月

一天，我再一次和歌德一起用餐时，弓弩俱乐部来了位代表，郑重邀请阁下参加他们一年一度的庆典。俱乐部在魏玛已经有三百年的历史了，他们每年都会来邀请歌德。迄今为止，歌德都是拒绝参加的，但是这次，他思虑片刻后竟然接受了。人人都为之惊讶。"那好吧！"他说，"我会来，但察恩也必须来。"歌德生来便好运常伴，就算在这样一个庆典上，他都用弓弩射中了牛眼。我们随之在射击场坐下来享受了一顿丰盛的早餐。歌德情绪高涨，邀请每个人都去参加当晚的大型宴会。宴会上宾朋众多，美酒佳酿喝得酣畅淋漓。他兴致勃勃地观察着客人们接连陷入酩酊，唯独他没有受到酒精的影响。

我最享受的与歌德在一起的时光是我们两人单独相处的晚

168

上。在这个时候，我还能看到这位大人物身着便袍的样子。我们经常就着冷炙肉喝下一瓶又一瓶的酒，有时到了午夜或者更晚他才叫我回去，平时他都是九十点钟便就寝了。他有问不完的问题，总能让我展现出最好的一面，引导我讲出隐藏最深的秘密，所以我总能被自己惊讶到。在这些宝贵的时光里，他经常沉醉于追思过去人生的充沛与美好，向我敞开他崇高又伟大的心灵——一颗与他的智慧同样伟大的心灵。那里没有一道嫉妒的阴影，只有拥抱全人类的慈悲，总是驱使他用善行和良言给许许多多的人送去帮助，虽然总是默默地、隐秘地。

### 224. F. 冯·席勒　1827 年 9 月 20 日

"翻译中最大的快事绝不是与另一门语言展开肉搏。译者必须在可译的部分达到极致，并且尊重不可译的部分，因为后者正是每一种语言的价值之所在、性格之所在。"

### 225. F. 冯·席勒　1827 年 9 月 23 日

"坦白说，如果不能解决新问题，克服新困难，那我也不需要享受永生。但这已经无需多虑了：且去观察行星和恒星吧，那儿有大量的难题等待攻克。"

169

## 226. 艾克曼　1827 年 9 月 26 日

　　歌德邀请我今早乘车去埃特斯贝格山，今天是个风和日丽的日子。我们走到最西边的山顶，眼前，宽阔的温斯特鲁特山谷在和煦的阳光里延展，处处点缀着村庄和小镇。

　　"这是个好地方！"歌德说，同时命令马车停下。"我想我们可以看看能不能在这清新的空气里吃点早餐。"

　　我们下了车，来回散了一会儿步，等弗里德里希拆开我们带来的早餐，摆在一块小丘的草地上。我们坐下来，背靠一片橡树，面向大半个图灵根州辽阔的风景，大口咀嚼着一对烤山鹑，搭配新出炉的白面包，开一瓶香醇的葡萄酒，倒进精致的金杯，边吃边喝。金杯不易碎，每次像这样出来远足，歌德都会将它们装在一只黄色的皮箱里随身携带。

　　"我经常到山上来，"歌德说，"希望这也不是我们最后一次在这里享受美好的一天。以后我们一定要更常来。总待在狭窄的室内会让人枯萎的。在这里会感到自由自在，心情舒畅，就像眼前一望无际的大自然，人也应该一直是这个状态。"

## 227. 艾克曼　1827 年 9 月 26 日

　　"我从来都不看重这种仅代表贵族的头衔，除非它蕴含着某种健全的人性或健康的人文价值。其实，我对过去的自己一直很满足，一直都感觉自己很有尊严，但如果成了贵族，我就不会再觉得这变化有多不同寻常了。我被授予贵族证书以后，很多人以为我应该感觉自己高贵了。但就我们俩说，我丝毫没放在心上——丝毫没有！我们法兰克福的精英从来都视自己为贵族，我手里握着那纸证书时，我以为我收获的是我早就拥有的。"

## 228. 奥蒂莉·冯·歌德　1827 年 10 月 17 日

（转述）

一天，歌德通知儿媳午餐会有客人来，但没有告诉她访客的名字，以前他从没省略过这一步，而且客人到了以后也没介绍。双方默然向彼此鞠了个躬。餐桌上，歌德说得相对较少，可能是想任由客人侃侃而谈。这位客人将他的思想铺展开来，逻辑之周密让人瞠目，句法之复杂令人咋舌。他的讲述愈发热烈起来，新奇的术语、高深晦涩的表达、怪异的哲学公式彻底让歌德陷入了沉默，但客人并没有注意到这一点。女主人也默不作声地听着，当然时而用几分惊讶的目光瞥几眼她的爸爸（她经常这样叫歌德）。午餐结束，客人离开后，歌德问儿媳："说说看，你觉得他怎么样？""他真是太怪了！我不知道他究竟是个天才还是个疯子。我看着，他不是个思路清晰的思想家。"歌德哂笑道："好吧，好吧！我们刚跟现在最著名的现代哲学家吃了午饭——格奥尔格·弗里德里希·威廉·黑格尔 [1] 。"

### 229. 艾克曼  1827 年 10 月 18 日

　　黑格尔来了，虽然歌德并不十分欣赏他的一些哲学成果，但对他这个人敬重有加，今晚就为他举办了一场茶话会。聊天过程中，我们讨论起辩证法的本质。"简单来说，"黑格尔讲道，"辩证法就是按照严格规范和逻辑方法来培养矛盾精神，这是每个人与生俱来的天赋，对辨别真伪很有价值。"

　　"但愿"，歌德插了句话，"这样的思维艺术和能力不要被滥用，成了颠倒黑白的工具！"

　　"这的确时有发生，"黑格尔回答说，"但只限于有精神疾病的人。"

　　"嗯，"歌德说，"我个人建议通过自然研究来预防那种疾病。因为在自然中我们面对的事物具有无限的、永恒的真理性，如果有人在观察和处理自己的研究对象时不够诚实正直，就会因为不充分而立即遭到反驳。而且我敢肯定，研究自然对许多辩证法受害者来说都是一剂良药。"

171

---

[1]　黑格尔的全名应为：格奥尔格·威廉·弗里德里希·黑格尔。——译者注

## 230. F. 福斯特　1827 年

"说真的，"歌德今天对我说，"没有一个国家像英国那样，那里的访客让我备受困扰，他们无聊的好奇心有时甚至让我腻烦，但也不得不承认，论人情练达，英国人是无人能及的，我经常有这样的亲身经历。一两个月前，一个爱好德意志文学的英国人给我寄来一个《浮士德》[1]译本，笔迹非常工整，希望我能发表些看法。我非常委婉地回复说，因为有眼疾，我没办法看手稿，所以如果短期内不能满足他的心愿，请他见谅。可是你瞧，昨天我又收到一个复印本，这位勋爵阁下特地在羊皮纸上印了非常大的字给我，还附了张便条，大意是希望这样的字能让我看着不伤眼。今天福格尔医生发现我在阅读这份精美的礼物，严禁我带着还在发炎的视网膜继续"沦陷"四五周的时间。但我无论如何都要对这位勋爵阁下、对他的作品和他向我表达的善意表示感谢。所以，或许可以劳驾你把翻译带回去，看有没有你觉得出彩的段落，到时朗读给我听。"

第二天，我如约而至，先读了《献诗》，歌德认为译得很成

---

[1] 福斯特所描述的情节并不可靠，此处所说应该是指弗朗西斯·莱韦森·高尔勋爵翻译的《浮士德》(参见 No. 231)，但该版本的印刷本，歌德是在 1825 年收到的。根据另外一篇记录，歌德在 1827 年收到一本《托尔夸托·塔索》的英文译本，为不给他的眼睛造成负担，字印得尤其大，作者不详，福斯特或许混淆了这两件事。福斯特记录他与诗人谈论莱韦森·高尔的《浮士德》译本的日期——1827 年，也不十分准确。

功。我又告诉他，天堂那段精彩的开场在译文中被省去了，我有
些失望和吃惊，因为在我看来，把这部分翻译成英文并不是做不
到，歌德回答说："我想勋爵阁下并不是翻译有困难，而是出于　172
宗教，或者更确切地说是出于高教会派的原因；可能根本就不是
因为他自己有顾虑，而是他那个贵族群体的顾虑。这世上再没有
一个地方像英国那样有那么多伪君子和道貌岸然之辈了，我想莎
士比亚的时代可能有所不同。"接下来，我不得不告诉他，我认
为格蕾琴唱的那首歌《从前图勒有个国王》( *There was a king in
Thule* ) 翻译得不是很准确。

> Und als er kam zu sterben,
>
> Zählt er seine Städt im Reich,
>
> Gönnt alles seinem Erben
>
> Den Becher nicht zugleich[1]

这一段在勋爵阁下的版本中（毫无疑问只是为了押韵）是这
样的：

> He called for his confessor,

---

[1]　"And when he came to die he numbered the cities of his kingdom and withheld
nothing from his heir, except only the cup."（在弥留之际，他细数王国的城池，将
一切交给王储，独留这只金杯。)（参见《诗选》，企鹅出版社）

（他去找他的告解神父）

Left all to his successor...

（把一切都留给王储……）

歌德放声大笑。"去找他的告解神父！"他重复道，"我们必须告诉勋爵阁下，图勒国王在位时是洪水时代以前，那时还没有告解神父。"[1]

他还叫我说一说（施塔普费尔的？）法语译本，这方面确有许多新奇的趣事。"论对我们语言的无知，"歌德说道，"最近新涌现的《浮士德》译者和他们著名的杰出的同胞斯塔尔夫人不相上下。不可否认的是，那位夫人值得德法两国的尊敬。她的书《论德意志文学》（*Sur la littérature allemande*）让她的国人熟悉了我们的成就，在法国为德意志人赢得了声誉。但是格蕾琴在教堂昏倒时喊出的：

Nachbarin, Euer Fläschchen!

在斯塔尔夫人的翻译中却变成了：

Ma voisine, une goutte!

（身边的女士，给我一瓶！）

---

[1] 其实，莱韦森·高尔的译本并没有出现这一误译。

好像格蕾琴在跟旁边的人要一瓶白兰地，而不是嗅盐。" 173
这又让我们想起其他类似引人发笑的翻译。浮士德的话：

Heisse Magister, heisse Doktor gar!

曾被翻译为：

On me nomme Maître—Docteur Gar.

（人们叫我老师——叫我"竟然"博士。）

浮士德说格蕾琴的话：

Und ivie sie kurz angebunden war,

Das ist nun zum Entzücken gar!

这里，译者直接省略了"gar"，但是他把"kurz angebunden"
（即"无礼的"）理解为"向上提起裙摆"（with her skirt drawn
well up），所以他翻译的版本是：

Et sa robe courte, juste,

（她的裙子又短又刚好）

Vraiment, c'était à ravir!

（真是曼妙！）

一次，一个英国人表示很惊讶，民谣《魔王》里的父亲被描写得过于关心男孩了，毕竟他有那么大一个家庭。向他指出诗里没有提及这点时，他半张着嘴念出了：

Dem Vater grauset, er reitet geschwind,

Er hält in den Armen das achtzehnte Kind.[1]

## 231. A. B. 格朗维尔　1828 年 1 月 2 日

十点半，歌德准时出现在古朴的会客厅里，一分钟前我也刚刚被带进这个房间。在他友好地向我伸出手，欢迎我来到他的住所时，我正呆立在那儿，沉浸在对这位本世纪文坛第一人的思考中。不过，他那独具亲和力的声音和问及我行程的第一句话，把我从睡梦中拉了出来。我发现他在对话中是从容的，不是流利；是追随的，不是引领；是不动声色的，却彬彬有礼；是恳切而且有趣的，没有一点想表现出自己多么德高望重——而这已然是德

[1] "父亲晃动身体，让马加快步伐，把第十八个孩子搂在臂弯。"歌德的诗写作"dasächzende Kind"（呻吟的孩子）（参见《诗选》）。

意志，更是整个欧洲对他共同的评价了。他用法语交谈，偶尔说 174
英语，特别是谈到近来他作品的一些英文译本时，他想让我对他
的观察有更直观的理解。《浮士德》就是其中之一。弗朗西斯·莱
韦森·高尔勋爵的翻译似乎并没有让这位经验丰富的作家感到满
意。他说，严格意义上讲，那并不能算是对他写作内容的翻译，
而是仿写。"原作整句整句地被省略了，"他补充说，"翻译中就
留下很多裂口，而那里本应该插入感人至深的段落，整幅画面才
能完整。原作可能有一些难点，这位贵族译者在翻译时无法解
决。其实，很少有外国人可以精通我们丰富的习语，做到以同样
丰富的表达和同样有力量的概念，用本国语言传达出它的含义。
但是，在我提及的译本中，弗朗西斯·高尔勋爵认为应该省略的
部分，大多都不能用这个借口解释它的不完美。不可否认，这个
英文译本的措辞、格律，和勋爵阁下在其中展现的创作天赋与才
华，或许是值得本国人为之喝彩的，但是是为变装的《浮士德》
作者喝彩，不是为歌德的《浮士德》译者喝彩。"

这场会面持续了一个多小时，在整个过程当中，歌德都表现
出对一些基本信息的强烈好奇，尤其是关于英国及其各种机构的
情况。

## 232. F. 冯·穆勒　1828 年 3 月 6 日

现在有人抱怨惠灵顿公爵成为首相会权倾朝野，这是非常

荒谬的，歌德说。他们应该庆幸他终于坐上了正确的位置。一个征服印度、打败拿破仑的人有足够的资格去统治一座肮脏的小岛。"一个权倾天下又恰在其位的人，我们必须尊敬他、臣服于他。——但我不想在这个年纪还为世界历史的荒诞劳神费脑，无论是人的死亡还是国家的灭亡，和我又有什么关系呢？傻瓜才关心呢。"

175

### 233. 艾克曼　1828 年 3 月 11 日

"人，"歌德说，"有困惑和黑暗的时刻，也有觉醒时刻，他的命运正悬于此！我们平时需要体内精灵的指导，告诉我们做什么，激励我们去实践。但这只友好的、指引着我们的手会离开，留我们在黑暗中无力地摸索。

"多伟大啊，拿破仑！一直是觉醒的，一直是聪明果断的，时时刻刻都才华横溢，又有足够的精力即刻采取行动，把他想到的凡是行之有效又有必要的事落到实处。他的一生就是半神的一生，从一个战场走到另一个战场，从一次胜利迈向另一次胜利。可以说，他一直处在一个不断觉醒的状态。"

我回答说，拿破仑正值年轻又逐渐气盛的时候似乎尤为如此。

"说到这个，"歌德说，"所以我的情诗和《维特》不会再写

206

第二次。那种神圣的灵感——启发出非凡成就的灵感，总是与青春和多产联系在一起，而拿破仑，你知道，是有史以来最多产的一个人。做到多产不一定要写诗、写戏剧，行动也可以多产，而且在很多情况下，行动的产出质量更高、分量更重。"

"这里，"我说，"您似乎把'高产'等同于我们常说的天才了。""这两者非常接近。"歌德回答说，"因为，是那种高产的精力让天才做出永远无愧于上帝、无愧于自然的行为，也因此万古长存，于后世激起无数回响。除此之外，天才又何以为天才呢？所有莫扎特的作品都属于这一类，它们蕴涵着一种生生不息的力量，从一代影响到下一代，而且在未来相当长一段时间里也不会被消耗。其他伟大的作曲家和艺术家也是一样。没有一个天才不具备这种持续高产的力量，更重要的是，这样的力量不限于人特定的工作，或哪一个艺术领域，或哪种职业——它无处不在。我还要说，不管一个人创造出多少作品，做过多少事，数量并不是生产率的标准。在文学领域，有些诗人被认为是相当高产的，因为他们发表的诗集一部接着一部。但是这些人在我看来毫无效率可言，因为他们做的事是没有生命的，不能持续。

"但你说得很对，拿破仑业绩最辉煌的时期就是青年时期。啊，是的，我亲爱的朋友，成大事必须趁年轻。不只拿破仑一人如此！——若我是君主，我在选择政务要臣时，决不会选择只依靠出身或者资历逐渐高升，现在一把年纪，还沿着惯常的轨道缓慢爬行的人。如果这样，做不出什么名堂来也就不足为奇了。我

176

会选择年轻人！——但他们必须是有能力的人，要头脑清晰，充满能量，为人和善，还要品格高贵。"

一个上了年纪又依然身居要职的人，能如此坚定地支持年轻人，让我感到很不可思议。我不由得提起几位德意志的杰出人物，他们虽已年迈，却还葆有十足的青春活力，去完成各种各样举足轻重的任务。

"这些人，还有他们这一类的人，"歌德说，"生来就是天才，他们有一个特性，就是会重复经历青春，而其他人就只年轻一次。

"你看，每一个隐德来希 [1]（entelechy）都是不朽的一部分，受限于肉身这短短几年不会让它衰老。如果是那种微不足道的隐德来希，它在隐匿于身体期间不会产生明显的影响，恰好相反，身体会占据上风，随着身体逐渐衰老，它也无法停止衰朽的步伐。如果是像天才那样强大的隐德来希，它会充斥全身，主导身体，不仅有强健和升华身体组织的作用，其无与伦比的精神力量也会不断彰显自己永葆青春的特权。这就是为什么一些天赋异禀的人，虽已步入老年，却还会出现异常高产的新阶段。他们似乎时不时就经历一次短暂的复兴，我愿意称之为青春的反复。

"但青春就是青春，无论隐德来希有多强大，也永远不会完

---

[1] 歌德借用亚里士多德的术语，指一个有机体内活的精神原理或"灵魂"。在亚里士多德学派的哲学中，"隐德来希"是潜能的实现。（参见 No. 101）

全战胜身体。不过，身体是它的盟友还是敌人会产生截然不同的影响。

"曾经有段时间我每天都强制自己写一个印张[1]，还感觉很轻松。现在，我想我肯定不能再做那样的事了，不管怎么说，即使身处暮年，我也没理由抱怨自己不产出。但年轻时我可以每天做、不分场合去做的事，现在只能间歇地，在某些条件允许时再做了。在解放战争后，十一二年以前的那段时间，我很幸运，天天沉浸在《西东合集》的诗歌里，非常高产，一天可以写两到三首，无论在哪儿都能写——田野里、马车里、旅馆里。现在，我只能每天早上静下心来写《浮士德》的第二部，因为刚睡醒，我感觉自己还精力充沛，也没有被日常荒谬的琐事烦扰。就是这样，我能写多少呢？如果非常幸运的话，能写到一页，但一般来说是写一手掌那么宽，如果我不在产出的状态，写得可能还要再少些。"

我问他这是否就是说，产出的状态是根本无法调动的，或者如果不够强烈时，是无法加强的。

"这一点，"歌德说，"就比较特殊了，需要很多思考和阐释。

"所有最高层次的产出，所有重要的洞见和发明，所有结出果实、产生影响的伟大思想——所有这些都超出了人的控制范围，不受尘世力量的牵制。人只需将它们看作上天意外赠送的礼

---

[1] 书籍出版术语，即未经剪裁的一全张纸。——译者注

物，看作纯粹的上帝之子，带着感激欣然接受，并且恭敬以待。这就像半神，凭着那股至高无上的力量在人类中间任意而为，人类不自觉地受到控制，却又相信一切都出于自己的意志。这种情况，人通常可以被视为这个世界某种最高统治的工具，是被选中的可以承载神圣灵感的器皿。说到这儿我就想到，有多少思想仅凭一己之力就改变了整个世纪的轨道，又有多少个体，因为体内流动着这样一股力量，就在他们所处的时代留下了烙印，不仅永垂不朽，还在不断产生有益的影响。

"不过还有一种产出，尘世的因素确实会发挥很大作用，也更容易受到人的控制，但人还是会在其中发现需要敬畏的神圣力量。我把一切计划的执行，把首尾明朗的思想链条中所有的中间环节，归到这一类，我把构成一件艺术品的有形实体也全部归到这一类。

"所以当莎士比亚刚有了《哈姆雷特》最初的构想——当整个作品的精髓以一种意想不到的画面呈现在他脑海中，他在受到启发后开始探查各种特定的情景、人物和适当的结局——就好像收到了上天馈赠的礼物，他没有直接生发这个构想的力量（当然，若没有他那样的头脑也不可能产生如此洞见）。但每一幕剧情的进一步发展，对话的创作，都完全是受他控制的，所以他可以按天写、按小时写，或连续写上几个星期，一切以他为准。而事实上，他的戏剧无一不展现着一以贯之的生产力，他没有一部作品、一个段落可以说不是在情绪最饱满、精力最旺盛的时候创作的。我们一边读他，一边就会看到一个身体与心灵无时无刻不遒劲刚健的人。

"但如果一个剧作家没有健壮非凡的体魄，而是体弱多病，他在创作不同的场幕时一定常常感到力不从心，甚至连续几天都无法创作。在创作力缺席或贫乏的时候，如果他用，比如酒精，强迫自己进入状态，或是提振自己的状态，可能多少会有一点效果。但如果所有内容都是这样强行创作出来的，那么他这样做的痕迹会很明显，也非常有害。

"所以我的建议是不要强迫自己做任何事。就算挥霍掉没有效率的时日，或者干脆睡过去，也不要尝试在这个时候写让自己以后不满意的东西。

179

"当然，酒确实能起到某种非常关键的作用，可以促进产出，但这都取决于个人状态和具体时间，一个人的蜜糖有时是另一个人的砒霜。休息和睡眠也有促进的力量，运动也有。这样的力量也存在于水中，更弥漫在大气中。大自然中新鲜的空气是最适合我们的元素：在那里，人似乎能感觉到圣灵的气息迎面吹来，感觉到一股神圣的力量在发挥效力。拜伦勋爵每天都会在户外待上几小时，有时沿着海岸线在马背上骑行，有时架起一只帆或划上一艘船，有时在海中沐浴游泳，增强体力，他是有史以来最高产的人之一。"

接下来我们讨论了给拜伦勋爵后来的岁月蒙上阴影的种种磨难，直到最后，一股崇高的冲动，也是他不幸的宿命，将他带去了希腊，彻底将他毁灭。

"其实你会发现，"歌德接着说，"人到中年，事业往往会发生转变，虽然青年时期万事都受到青睐，万事都能成功，现在却突然逆转，灾难和不幸接踵而至。

"但你知道我对此是什么看法吗？人的这种瓦解是不可避免的。每位杰出人物都有他注定去完成的使命。使命达成，他在地球上存在的形态就不再是必须的了，天意又将赋予他其他用途。拿破仑，还有其他很多人，都是这样。莫扎特三十六岁便英年早逝，拉斐尔也差不多是同样的年纪，拜伦也只比他们晚一点。但他们都完美地完成了各自注定的任务，而且他们也应该离去，总要给这世界留点什么让其他人去完成，毕竟，世界在创建时是想持续相当长一段时间的。"

### 234. 艾克曼 1828 年 3 月 12 日

"很难说究竟是因为祖先的血脉传承，还是一方水土养育一方人，抑或是因为自由的政治体制，或是健康的教育方式——总之，英国人总体上在某些方面似乎要优于许多其他民族。在魏玛这里，我们只看到几个英国人，而且他们可能还不是最杰出的典范，可是，看他们多潇洒啊！虽然年仅十七岁就来到这里，但在德意志这个异国他乡，他们从没感觉拘束或者不安，恰好相反，他们在社会中的行为举止散发着自信与从容，好像到哪儿都是主人，整个世界都属于他们。正是这一点让他们在我们年轻女孩的眼中充满魅力，也给了他们在那些可怜的小心脏里兴风作浪的能力。他们这些年轻人是危险的，但当然，这种危险性也正是他们的长处。

"这甚至无关地位和财富。他们只是单纯有勇气去成为自然想让他们成为的样子，这是最重要的。他们的生长没有受到任何阻碍和破坏，从未对自己三心二意或优柔寡断，只是一直坚定地做自己。他们有时也十足的愚蠢，我不否认，但蠢也蠢得不无价值，也在自然的天平上有些分量。

"有能够享受个人自由的幸运，对自己拥有一个英文名字的自觉，以及其他国家给予这个名字的重视——这些都是他们的优势，孩子也不例外，因为这些意味着不管是在家还是在学校，他们都要比我们在德意志享受更多尊重，有更自由、更幸福的发展空间。我只需要向窗外看一看我亲爱的、古老的魏玛，便能知道我们都是如何做事的。最近地上有雪，住在我附近的孩子们想在街上试试他们的小雪橇，但警察随即就出现了，小家伙们都拼命逃跑。就说现在，春日的暖阳把他们诱惑出来，他们想和伙伴们在门前玩耍，我能看出来他们在玩耍时一直都感到局促，应该是没有安全感，害怕有强横的警察找上门来。没有一个孩子敢甩一下鞭子，敢唱歌，敢叫喊，因为警察会立即出现制止他们。在我们国家，凡事都想提前驯服年轻人，消灭他们的天真、创造力和野性，所以到最后只剩下了庸俗。"

181

## 235. 萨克森－魏玛的卡尔·奥古斯特

（F. 冯·穆勒记）

1828 年的一天我去拜访大公，他兴致勃勃地和我聊了近两小时，告诉我很多歌德早年的事。歌德（他说）一直都很重视女性，他爱自己在她们身上投射的想象，他从没真正有过强烈的激情。他爱的时间最长的人——冯·施泰因夫人，是个很好的女人，就是并不十分聪明。那个姓武尔皮乌斯的女孩打破了一切，让他远离了社交圈。老公爵遗孀的离去又是沉重一击，因为她一直是协调社会交往的核心人物，大公夫人暂时还不能承担起这个角色。席勒是一大遗憾——没了他，歌德在很长一段时间里都失去了生活支柱。小歌德绝非等闲之辈，很有前途，遗憾的是，他染上了酗酒的恶习，从小也比较缺乏管教。

## 236. J. 施瓦贝

歌德是非常有鉴别力的红酒鉴赏家，在大公卡尔·奥古斯特举办的一次小型晚宴上，他就充分证明了这一点。在吃甜点时，我们品尝了几种好酒，御前大臣冯·施皮格尔向大公提议拿上来一瓶不知其名的酒。一瓶红酒便传递开来，大家依次品尝，一致认为是瓶好酒。席上有几位绅士说这是勃艮第，不过对于这么高档的酒究竟是哪个品种大家看法不一。因为几个味蕾久经考验的人都认为是勃艮第，也包括大公，大家就普遍接受了这个结论。只有歌德还在一尝再尝，摇了摇头，若有所思地放下了手里的空杯。"阁下似乎有不同的意见，"御前大臣说，"请问您觉得这是什么酒？""我从来都没喝过这种酒，"歌德回答说，"但我觉得不是勃艮第。我更倾向于是耶拿产出的精品葡萄酒，在马得拉白葡萄酒的发酵桶里储存过一段时间。""如您所说，"御前大臣肯定道，"正是如此。"

182

## 237. E. 舒哈特　1828 年 9 月 5 日

午宴已经准备就绪，酒也摆到我们面前时（歌德喝的是维尔茨堡，我们喝的是红酒），歌德说起一本英国人写的关于红酒历史的书，他对这本书非常感兴趣。接着，他抱怨说魏玛忘记给他补给酒水了，上周六才收到，只有五瓶。然后，他开始自己准备沙拉，一边做一边对我们讲他发明了一种用腌黄瓜做的沙拉。他整个人看上去好像就是这些方面的专家，谈论了很多关于吃的事，自己也非常有胃口。洋蓟端上来时，他似乎注意到我吃起来有些费劲儿，教了我正确的吃法。他告诉我们，这些洋蓟是他在法兰克福的亲戚送给他的，收到后他很是开心。后来，我们讨论了土耳其战争、哥达等问题。午宴接近尾声时，他好像困意十足，我看他双手紧扣，好像在祈祷，低下头，沉默不语，不过没多久他就又开始和大家聊天了。午饭后，大家依次传递咖啡，但歌德一点都没喝。之后，我们同他一起走到花园，与他道了别，时间大约是五点钟。

### 238. 艾克曼　1828 年 10 月 1 日

"亚里士多德的自然观比任何一位现代思想家都清晰，只是他太急于做出判断了。自然不会向我们透露她的秘密，除非我们对她有足够的耐心和包容。如果有科学观察引导我形成某种观点，我不会期待她立即就帮我证实，我只会继续观察和实验。假如她偶尔馈赠我一些证据证明我的假设，我就很心满意足了。如果她不赐予我这样的恩惠，那么她往往是想建议我探索一些其他的假设，或许在这一点上她更愿意把证据交给我。"

### 239. 艾克曼　1828 年 10 月 9 日

"只有在罗马时我才真正感受到什么是生而为人。我再也没达到过那种高度，再没有感受过那种喜悦，确切地说，和我在罗马的精神状态相比，我再也没真正开心过。"

183

### 240. 艾克曼  1828 年 10 月 11 日

"我的作品永远都不会流行，这样想的人或试图让它们流行起来的人都是错误的。我的作品不是为普罗大众而写，只是为少数有相似目标和倾向、有共同追求的人而写。"

### 241. 艾克曼  1828 年 10 月 22 日

今天在餐桌上我们谈论了女人，歌德的评论很有趣。"女人，"他说，"是我们放置金苹果的银碟子。我对女人的概念不是根据现实和经验抽象出来的，而是与生俱来的，是它自己在我脑中形成的，天晓得是怎么形成的。我作品中的女性角色都得益于此，现实生活中并没有她们那样完美的女人。"

### 242. 艾克曼  1828 年 10 月 23 日

我们还谈论了德意志的统一，包括哪种意义上的统一是可能实现的，或者是众望所归的。

"我相信，"歌德说，"德意志一定会实现统一，我们良好的公路系统，还有未来的铁路，都会发挥作用。但最重要的是，要让统一起来的德意志人彼此关爱，永远联合起来对抗外敌！我想要的统一是德意志泰勒和格罗申两种货币在整个帝国内都实现等价，是三十六个邦国无需开放边界我就可以带着行李随意进出，是手持魏玛护照的人不用被隔壁大邦国的边界官员当作证件不足的外国人。德意志各邦之间再无内地和域外之分。德意志还应该有统一的计重和测量制度，它应该为了贸易和商业统一，为了一百个类似的目的统一，我不能也无需一一列举。

184 　"但如果有人幻想德意志的统一应该是在这个巨大的帝国内设立一个大国都，这个大国都不仅有利于个体人才的发展，还能惠及普罗大众，那他就错了。

　"有人说，一个邦国就是一个有许多手足的生命体，那么，一个邦国的首都就像它的心脏，生机和繁荣都从那里流向不同的手足，或近或远。但如果手足距离心脏太过遥远，奔向它们的生命之流就会越来越微弱。最近，一个聪明的法国人画了一张法国各省的文化地图，用颜色深浅表示各省受教化程度的高低。所以有些省份，尤其是远离首都的南方省份，他完全涂成了黑色，象征那里完完全全处于蒙昧无知的状态。但如果有十个中心向外散发光芒和活力，而不是一个，法国这片美好的土地还会是这种情况吗？

　"德意志因何伟大？因为一种平均遍布帝国各个角落的优秀的民族文化。但是它的传播点在哪儿呢？又是在哪儿培育和发展起来的呢？难道不就是各个公国吗？假设数百年来，德意志只有两座首都城市——维也纳和柏林——或只有一个，德意志的文化又将何去何从？我很想知道。而与文化并驾齐驱的普遍繁荣又将在哪儿呢？

　"德意志有超过二十所大学，遍布整个帝国，有一百多个图书馆，坐落在各地。它还有数不清的艺术收藏，有种类齐全的自然风物，因为每一位君主都把让这些美好的事物环绕在周围视为己任。可以支撑人文研究的学院，还有科技和工业学校也比比皆是。确实，很少有一个德意志的村镇没有自己的学校。而法国在这方面是什么样呢？

"此外，众多德意志剧院，一共七十多个，都在用自己的方式发展和弘扬高雅的民族文化，各个可圈可点。音乐和歌曲在德意志普及程度之高、践行风气之盛，再没有一个国家可以做到。这也是一件了不起的事！

"但是现在，想一想德累斯顿、慕尼黑、斯图加特、卡塞尔、布伦瑞克、汉诺威等这样的城市，想想它们内在的生命力，想想每一座城市对它周围省份的影响，然后问问你自己，若不是它们从不知什么时候起就有自己的君主或亲王管理，德意志还会是今天这番景象吗？法兰克福、不来梅、汉堡和吕贝克都卓越不凡，它们对德意志的繁荣都产生了不可估量的影响，但如果它们失去了自己的主权，变成一个德意志大帝国之内的省份，它们还会保持现状吗？对此我很是怀疑。"

185

## 243. 艾克曼　1828 年 12 月 16 日

"德意志人，"歌德说，"永远都摆脱不了庸俗。现在他们正在为哪些格言诗在席勒和我的作品里出现过争执个不停，一定要确定哪些是席勒的，哪些是我的，好像弄清楚这个有多重要、有多大用处，这些诗存在本身难道还不够吗！

"像席勒和我这样一对志趣相投的朋友，我们在经年累月的交往中，在日常的接触和思想的交流中，已经变得非常熟悉和相似了，很难说这个或那个想法是属于我俩谁的，问这样的问题毫无意义。我们一起写了很多类似的对句，通常是我有了想法，席勒组织语言，也常常调换过来，还有很多时候席勒写第一句，我写第二句。这些情况又要怎么界定归属权！如果有人即使有半点儿想要拎清这个界限，都是个不折不扣的俗人。"

我回答说文学界经常有这样的事发生，比如有人对某位名人的原创表示怀疑，就试图查找他文化积累的根源。

"这很荒谬。"歌德说，"还不如问一个营养好的人都吃了哪些牛、羊和猪，又是哪一种给了他力量。我们起步于天赋，这是肯定的，但我们的成长要得益于全世界带给我们的无数影响，只要是我们想用的，只要是与我们的需求密切相关的，就可以随意取用。我要感谢希腊人和法国人的地方太多太多，莎士比亚、斯特恩和戈德史密斯也都给予了我莫大的帮助。但说这些不是追溯我的文化根源：那样做是没有尽头，也是非常没有必要的。关键在于要有一个热爱真理并且愿意接受真理的大脑，无论真理出现在哪儿。"

186

## 244. 法尔克

歌德说起教授和他们如何在论文里塞满引用和注释，总是东一耙子西一扫帚，论点模糊不清。他把他们比作拴了绳的狗，刚猛拽一两下，就又抬起后腿做这样或那样目的不明的事——"和这样的畜生在一起寸步难行，"他说，"一天也就能走一英里[1]。"

"别告诉我，"他在另一个场合说，"我的作品会代代相传或流传后世，或你们所说的受到公正的对待。我会说，见鬼去吧《塔索》，就是因为他们告诉我这本书会载入史册；我会说，见鬼去吧《伊菲吉妮娅》；一句话，我的一切只要是被这种公众喜欢就都见鬼去吧。事实上，如果我能写出一部作品，让德意志人发自内心地诅咒我，接连五十年或一百年不说我一句好话——虽然有生之年我不可能成功——我会由衷地开心。能对像我们民众这样天然的冷漠产生影响，一定需要一部好作品。至少在憎恶这方面我们还算有了点儿性格。只有在某个方面表现出一些真性情，我不在乎是哪方面，我们才会开始重新成为一个民族。我们大多数人本质上没有恨或爱的能力。他们不'喜欢'我！多寡淡的词！算了，反正我不喜欢他们！我从没有为了讨好他们去做任何事。如果在我死后，他们恰好在《浮士德》续篇读到魔鬼在神的宝座前得到宽恕，我想他们短时间内是不会原谅我的！迄今他们已经花了近三十年的时间，绞尽脑汁想要弄清楚《浮士德》中的

---

[1] "一英里"约等于 1.609 千米。

一些情节，比如布罗肯山的扫帚和'女巫厨房'中猿的对话，对那些幽默的、戏剧性的胡言乱语做各种解读和讽喻的阐释，却还没有一点进展。哎呀，就连聪明的斯塔尔夫人都认为，在天使唱歌那一幕，我让圣父用那么好的态度对待魔鬼有失妥当，她想让他更凶狠一些。那么，她再次见到魔鬼时会怎么说呢，那时魔鬼会升到更高的层级，或许会直接升入天堂！"

### 245. F. 福斯特  1828 年

我偶尔会试着让他告诉我一些《浮士德》第二部的内容，还有整本书会怎样结尾，但他的回答总是很隐晦。我只记得有一次我大胆猜测最后一幕一定发生在天堂，靡菲斯特肯定会承认自己的失败，并向观众承认"一个好人，在内心的痛苦挣扎中，很清楚他要走的路以及如何去走"。歌德摇头说："那只是符合了启蒙运动的精神思想。浮士德最后成了一位年迈的老人，而我们年老以后都会变成神秘主义者。"

### 246. 艾克曼  1829 年 2 月 4 日

"基督教本身就是一种强大的力量，已经一次又一次帮助沦陷了和挣扎着的人性实现救赎，如果我们承认它有这种力量，那它就在所有哲学之上，不需要哲学依据。所以，同样，哲学也不需要用宗教的权威去证明某些学说，比如永生主义。如果一个人相信永生，他有权相信，这是他的本性，他完全可以用宗教承诺来支撑自己的信仰。但假如哲学家想要借助传说来证明灵魂永生，他的立论就非常薄弱和可疑了。就我自己来说，我相信存在是以行动为基础的：如果我持续不断地工作，直到死亡，在我当前的存在即将消耗殆尽，必须释放出我的灵魂时，自然有义务为我提供另一种存在形式。"

## 247. 艾克曼　1829 年 2 月 12 日

我说我没有放弃希望，一定会有适合《浮士德》的音乐诞生。

"这不太可能，"歌德说，"它一定会有些阴郁的、令人反感和可怕的段落，不属于这个时代的精神。《浮士德》的音乐一定要像《唐·乔瓦尼》那样，一定要配上莫扎特的音乐。梅耶贝尔或许也可以，但是他应该没时间做这样的事。"

188

## 248. 艾克曼　1829 年 2 月 13 日

"要不是做了一些自然科学方面的工作，我永远都不可能真正了解人。再没有一项活动能让我们如此接近纯粹的思考和思想，或者如此密切地观察感受和智慧的错误，和一种特性的优点与弱点。其他事情总是或多或少有些灵活度和不确定性，可以在一定程度上达成和解。但是自然无法忍受荒谬，她总是真实的，总是严肃和缜密的。她总是对的，错误和差错都是人犯的。她对力不胜任的学生不屑一顾，只对才干充裕、追求真理和纯粹的人让步，透露她的秘密。

"人单单靠经验智慧（Verstand）是无法靠近她的，必须上升到最高层次的、形而上的理性（Vernunft）才能触碰到那透过原始现象展现出来的神性，她隐藏在那些现象之后，也是它们存在的源头。

"然而这种神性只在有生命的事物上闪光，不在死寂的事物中逗留，它蕴藏在不断的生长和变化之中，不与一成不变为伍。这就是为何形而上的理性只关切发展着的、有生命力的事物，它致力于追求那种神圣，而经验智慧只研究停滞的、固定的事物，让其为己所用。

"因此，矿物学是智慧的科学，是对生活有实际功用的，它研究的是没有生命的、不再发展的现象，所以绝不可能窥见一个更高的复合整体。气象学研究的现象是有生命的，这是自然。我们每天都能目睹它们丰富的动态，这些动态昭示着一个复合整体的存在。但它们衍生的现象数量太多、种类太杂，人不可能掌握这个整体的全貌，所以辛苦的观察和研究都是白费力气。在这个领域，我们一点点驶向那个复合的整体，就像驶向梦中的岛屿，这个整体虽然是真实的，却很可能一直是一个无人踏足的国度。这并不奇怪，因为就算在植物和颜色这些简单的领域，要想以偏

概全都是极其困难的事。" 189

### 249. 艾克曼　1829 年 2 月 18 日

我们讨论了歌德的色彩理论，其间提到刻在玻璃高脚杯上那些不透明的图案，把它们放在光前看是黄色的，背景变暗后就是蓝色的，这就给了我们一次观察原始现象的机会。

"人能达到的最高的状态，"歌德联系到这一点说，"就是惊奇。在一个原始现象让他感到惊奇时，他就该知足。它不会再透露更多，一定不要再到它背后寻找更多的东西：这里就是它的边界。可是人往往不满足于看到原始的现象，他们笃定这里有一条通向更远处的路，所以就像孩子似的，一看到镜子就把它转过来，看看背面有什么。"

### 250. 艾克曼　1829 年 2 月 19 日

"对于作为诗人取得的成就，"他经常说，"我从不居功自傲。吾辈中人有非常优秀的作家，前辈当中还有更杰出的人物，后辈中人也定会人才济济。不过确实值得我庆祝一番的，是在色彩学这门困难的科学中，我是本世纪唯一一个知道真相的人，这给了我很强的优越感。"

## 251. 艾克曼　1829 年 3 月—4 月

（3 月 24 日）："人站得越高，"歌德说，"就越容易受到精灵的影响，必须时刻保持警惕，否则指引的力量就会走入歧途。

"就拿我和席勒的交往来说，这当中一定有某种精灵的力量在发挥作用。我们可以早点相遇，也可以晚点相遇，却恰恰是在我的意大利之行中相遇，席勒也恰好在那时对他的哲学猜想感到疲倦，这个时间节点非常关键，给了我们两个人很大的帮助。"

（4 月 2 日）："我们只是要注意，"我说，"一种影响究竟是阻力还是助力，它与我们的本性是天作之合，还是背道而驰。"

"正是如此，"歌德说，"但这也正是困难之处：不断坚决地维护我们更好的本性，不允许精灵的力量超过应有的程度。"

## 252. 艾克曼　1829 年 4 月 2 日

我们讨论了法国近代文学，以及"古典"和"浪漫"的含义。歌德说："我想到一种新的解释方法，能很好地区分这两个词。我把古典的称为健康的，浪漫的称为病态的。所以，《尼伯龙根之歌》（*Nibelungenlied*）和《荷马史诗》一样是古典作品，它们都是健康有活力的。大部分现代文学之所以是浪漫文学，并不是因为它的现代性，而是因为它的虚弱、病态和苍白。古代文学之所以是古典文学，并不是因为它的古典性，而是因为它的

190

雄浑与清新、欢乐和健康。如果我们用这些标准区分'古典'和'浪漫'，很快就一清二楚了。"


## 253. 艾克曼 1829 年 4 月 5 日

我们谈起他的意大利之行，他告诉我，他在那段时间写的作品中发现一首诗，想给我看看。他让我把面前桌子上的一捆纸递给他，那是他在意大利期间的信件，他在里面找到那首诗读了出来：

> 丘比特，你这任性的、纠缠不去的顽童！
> 就几小时，你问我借宿。
> 可是看，多少个白天黑夜你在此逗留！
> 你掌控了我的房屋，现在已经反客为主。
>
> 我曾有宽敞的大床，你将它霸占；
> 我被迫蹲伏在地，每个夜晚都是煎熬。
> 你在我的壁炉燃起旺盛的火，耗尽我整个冬天
> 燃料的储备，在你的恶作剧中炙烤可怜的我。
>
> 所有一切都错了顺序，乱了位置；
> 我不停翻找，好像失了明，好像发了疯。

你这般作乱和吵闹，我担心我可怜的灵魂会
191　　　惊慌失措，冲出家门落荒而逃。

　　这首诗让我很开心，之前好像并没有听过。歌德读得非常优美，在我脑海中久久挥之不去，他似乎也一直沉浸其中。最后几行他重复了好几次，如入梦中：

　　　　你这般作乱和吵闹，我担心我可怜的灵魂会
　　　　惊慌失措，冲出家门落荒而逃。

　　我们在一起又度过了一会儿愉快的时光，最后歌德给我吃了很多蜂蜜，他还用枣款待了我，我后来把枣带走了。

## 254. 艾克曼　1829 年 4 月 6 日
　　我们在餐桌旁坐了片刻，就着美味的松糕，喝了几杯陈年的莱茵白葡萄酒。歌德在喃喃自语。我又想到昨天谈到的诗，背出下面这两句：

　　　　所有一切都错了顺序，乱了位置；
　　　　我不停翻找，好像失了明，好像发了疯。

"我还是不禁想到那首诗。"我说，"它很别具一格，将生活中爱给我们的折磨描写得入木三分。""它会让人陷入阴郁、悲观的心境。"歌德说。"很难理解您怎么会想表达这样一种心境，"我说，"这首诗就像来自另一个时代，另一个世界。""这也是我不会再写的东西，"歌德说，"确实，很多时候都是这样，我也很难解释是怎么把它写出来的。"

"这首诗还有一个特点。"我说，"我总觉得它是押韵的，但其实不然。为什么呢？""因为格律。"歌德回答说，"每行诗开始都是非重读音节，按照扬抑格的节奏向前，快到结尾时有一个扬抑抑格，这就会产生一种特殊的效果，营造出忧伤、哀婉的基调。"歌德拿起一支铅笔，将一行诗像下面这样拆分开：

我们探讨了整体意义上的格律，一致认为这是绝对不能考虑的事。歌德说："格律更像是随着诗意的情绪不自觉形成的。如果写诗时思考用什么样的格律，你可能会发疯，永远都写不出来像样的东西。"

192

### 255. 艾克曼　1829 年 4 月 10 日

"趁着等汤这会儿，我要先让你饱饱眼福。"说罢这句体贴的话，歌德就在我面前放了一卷克劳德·洛兰的风景画。

"终于在这里，"他说，"你能看到一个完全的人了，他的所思所感是那样美好，他脑海中的世界是你很难在现实生活中发现的。这些画栩栩如生，但一点都不写实。克劳德·洛兰对真实世界了如指掌，到了细致入微的程度，他以此为手段来表达自己细腻的感官世界。而那其实是真正的理想世界。所以，使用写实手法意味着更高的真理得以彰显，却产生一种它很真实的错觉。"

"说得太好了，"我说，"这不仅适用于视觉艺术，也同样适用于文学。""正是。"歌德说。

## 256. 艾克曼　1829 年 4 月 12 日

"问题是，"歌德继续说，"人一生中总是被错误的追求羁绊，但在脱离这些羁绊之前，人总是察觉不到错误。"

"但是，"我问道，"人怎么分辨或知道一种追求是不是错的呢？"

"错误的追求，"歌德回答说，"是没有产出的，或者就算有产出，也都是没有价值的。察觉其他人的错误并不难，放到自己身上就是另一回事了，这需要很强的判断力，而且就算意识到错误也不一定有用。我们总是充满踟蹰和犹疑，就和要离开自己心爱的姑娘一样，虽然很长时间以来都不断有证据表明她对自己不忠，但真要离开依然非常痛苦。说到这儿我就不由得想到，我用

了多少年才意识到我在视觉艺术领域的追求是错误的，而意识到 193
这点以后，我又花了多少年，反正是更长的时间，才让自己走
出来。"

"但就算这样，"我说，"这些追求还是给您很多帮助，很难
称之为错误。"

"它们提升了我的理解力，"歌德说，"所以我没理由后悔。
我们确实可以像这样，从错误的追求中受益。若一个人致力于音
乐，虽然资质不足，不会成为大师，但在这个过程中，他能逐渐
意识到和理解大师何以为大师。虽然我做过很多努力，也没能成
为一名画家，但通过在每个画派亲自试手，我学会了解读笔触和
鉴赏优劣。这是不小的收获。确实，错误的追求总能对我们有些
用处。"

### 257. H. 克拉布·鲁滨逊　1829 年 8 月 2 日

大约十点到十一点间，我把名帖送到歌德家，给了他儿媳，
继而前往公园的小屋，刚到那儿，这位大人物便同意我们去见他
了。"好！你们终于来了。"他说，"我们已经等待多年了。"如此
热情的接待让我颇感压力，在两段非常有趣的谈话中，他愈发
热情起来，而我也愈发感到自惭形秽。——一小时后我们离开，
同意晚上来喝茶。——我们又把名帖给了冯·穆勒首相——因
为受邀共进晚餐，我们又去找冯·歌德夫人：我与她交谈甚

欢。——歌德说她是"疯狂的可人儿"，我已经可以领会这个称呼的力量了。——她的三个孩子都很像他们伟大的祖父，一个三岁的小女孩与他更是惊人地相似。

六点回到歌德家中。——我害怕待太久，我们就只坐了一个半小时。——他的友好已经超出我的想象——尤其是问到我什么时候再来。——他坚持要我在魏玛多留几日，因为还有太多事没来得及问我，分别时他竟吻了我三次！——记录几个我们谈到的各不相关的话题。——歌德问起英国对德意志文学的品位，我给他讲了几个译本。他对自己或许在不远的将来声名远扬表示非常欢喜。——说到奥西恩，他有些轻蔑地说："没有人注意到维特神志清醒时谈论的是荷马，只有发疯以后才爱上奥西恩。"——我提及拿破仑对奥西恩的喜爱——他说那是因为奥西恩和他之间性格的反差。"拿破仑独爱忧伤的轻音乐。他在圣赫勒拿（St. Helena）读的书中有《维特》。"——歌德问起我自己的研究和兴趣，我不知道回答什么——不过在我们的会面接近尾声时，他再次对我发出热情的邀请，我深感荣幸。

## 258. A. E. 奥迪涅克　1829 年 8 月 19 日

昨天正午时分，一辆优雅的马车在我们旅馆前停了下来，那是奥蒂莉夫人的车，一刻钟过后，我们走下这辆马车，来到歌德宅邸的花园门旁。这里，歌德的一位老用人已经等候多时，他引导我们穿过花园，打开客厅的房门请我们进去，之后便离开了。我们一边等，一边轻声细语地交谈，大约过了一刻钟。亚当问我是不是心在扑通扑通跳。的确，我们就像在等待一个超自然存在现身。毫不夸张地说，朱庇特神大概也就是歌德的模样。威严的气质、巨人的身形、高贵的面容，啊还有他的额头！——这里正是他朱庇特一样的气质的所在。额头上虽然没有王冠，却无时无刻不在闪耀着庄严。他依然满头青丝，唯额前略有斑白。浓密的眉毛下，瞳孔中两个淡灰色的圆圈格外引人注目，如同上了釉一样包裹在虹膜周围。亚当说好像土星周围的光环。我们从未见过有人有这样的双眸。他走进来，像阳光穿透云层，一个美妙的、迷人的、亲切的微笑让那个严肃的面庞顿时美好起来，他先向我们鞠了一躬，然后一边握手一边说："抱歉，先生们，让你们久等了，很荣幸见到希曼诺夫斯卡夫人的朋友。拥有她的友谊是在下的荣幸。"寒暄过后，我们各自落座，他转向亚当，说他知道亚当是我们国家以及整个欧洲文学新潮流的带头人。"从我自身的经验来说，"他又说道，"我知道逆潮流而行有多艰难。""我们，"亚当回答说，"也从阁下的经验中得知，当伟大的天才逆潮流而行时，潮流也会为他们所逆。"歌德略微点了点头，好像接受了这个赞美，继而表示他很惋惜自己对波兰文学知之甚少，也不会一门斯拉夫语。"但人这一生中有太多事要做。"不过，他又补充说在报纸中读过对亚当的报道，所以已经知道他了。亚当应他之请，向他介绍了波兰文学从初期到近现代的发展脉络，同时将它

195

的发展阶段与不同的历史朝代联系起来进行比较，简洁清晰，相当精彩，歌德一直注视着亚当，可以看出他不仅对亚当赏识有加，还对他的话有浓厚的兴趣。他用手指轻轻敲打着膝盖似乎说明了这一点。注意，我忘记说了，刚开始交谈时，歌德说的是德语，但亚当用德语告诉歌德，虽然他确实可以讲德语，但在他面前却不敢开口。歌德听到他这样说便马上转成了法语。在我们后来的交谈中歌德感慨道，对普世真理越来越强烈的追求已经让诗歌，乃至文学，都不可避免地愈发同质化了；不过他又认可了亚当的观点，诗歌永远都不会缺乏国家特色。到此，我们谈论的话题转向民歌，亚当向他描述了我们各地区民谣的不同特点和旋律，我在一定程度上也参与了描述。歌德兴致勃勃地边听边问，后来午饭时他竟给其他人重新讲了一遍我们的话。我们的文学对话就告一段落了。

　　我们起身准备离开时，他表示很遗憾外面现在大雨倾盆，没办法带我们去看他的小花园（son petit jardin）。"但我很高兴还可以在我儿媳那儿和你们共进晚餐。"然后他笑着转向我，说道："还会有几位美丽的夫人和小姐参加，期待能够让你尽兴。"我们都被逗笑了，他也笑了，很快地转向亚当，神秘兮兮地问他："不是吗？"随后他与我们都握了手，我们已经走到楼梯上时，他再一次打开客厅的门对我们说了声："再会！"

　　我们回来后，餐桌上，亚当坐在歌德和奥蒂莉夫人中间，在我两侧就座的是优雅的罗莎·福格尔夫人和帕彭海姆小姐。谈话

196

非常热烈，不用说，不管怎样，两边我都要照顾到，还要竖起耳朵尽可能地去听歌德对亚当都说了什么。但我几乎什么都听不到，除非歌德提高音量对坐在远处的人讲话，或者是对所有人讲话，只有这些时候大家才静下来听。他对坐在对面的艾克曼先生，逐字逐句地重复亚当对他讲的关于民谣的话。像这样重复别人的话一定是他的习惯，而且我肯定他这样做是出于礼貌。午饭过后，我们正喝咖啡时，他也是这样。当时他就站在我旁边，手里端着咖啡杯，他用德语打趣地问我："嗯，那么你觉得我们的女士怎么样？"这样的口吻也给了我勇气，我鞠了一躬，笑着回答说："有如天堂鸟（paradiesischer Vogel）一般，阁下！"听到这句话，歌德放声大笑，两步并作一步走到女士们中间重复了我的回答。奥蒂莉夫人和其他女士向我看过来，对我微笑，只有福格尔夫人两颊绯红。

## 259. 艾克曼　1829 年 9 月 1 日

我提到一位访客听过黑格尔讲上帝存在的证据。歌德和我一致认为这样的讲座已经不合时宜了。

"怀疑的时代已经结束。"歌德说，"人们现在对上帝存在的怀疑不会再超过对自我存在的怀疑。然而上帝的特性、永生、灵魂的本质，以及肉与灵的关系这些问题是哲学家永远无法帮我们解答的。想想到现在已经有多少对永生的哲学猜想了！谁又比谁更明智呢？——我不怀疑我们是会继续存在的，因为我们的隐德来希对自然非常重要。但我们并非享有同等程度的永生，如果有人想证实自己以后是强大的隐德来希，那么他现在就必须已经是了。"

### 260. K. L. 冯·克内贝尔

歌德是个极端的自我主义者：但他必须如此，因为他清楚自己负责的是怎样一座宝藏。

### 261. 冯·勒夫－楚·施泰因富特男爵　1829 年 10 月 3 日

刚到魏玛我就给歌德和他儿媳送去了引荐信，后得到通知可以次日中午前去。中间这段时间，我那种精神的紧张和紧绷感简直难以形容。几乎一整晚，我要么睡不着，要么就做些焦虑不安的梦。次日清晨，我兴奋难耐，一直在大街小巷和公园快步穿梭。终于，指定的时间到了。我走进曾经几次路过都心怀敬畏注视过的房子。在我被引导着通过的房间门前，木板上镶嵌着 "SALVE" 字样。如此神圣的节庆布置让我感到今天更加隆重了。

我跟着穿过一个房间走进另一个房间。随处可见各种各样的艺术品：油画、版画、半身像、雕像，还有放在画架上展示的素描画册。家具倒是有些格格不入：不够雅致，还老旧，可以说平平无奇了。我站立着等了几分钟，然后从房间那扇敞开的门中看到歌德走进旁边的房间，他穿过那个房间向我走来，身姿挺拔，走得很快，一边走一边嚅动嘴唇，还时不时轻声地自言自语。他走进来，我发现他整体的形象不太符合我的预期。在听过也读过那么多赞美之词后，我想象中的他要更高些，要再年轻些。还能看出一颗强大的大脑对这个八十岁的身体依然有支配力的，就只有他眼神中的活力和偶尔释放出的光芒，还有他竭力保持的挺拔，说话间他会时不时正一正不自觉前倾的上半身。而真正非同凡响和让人出乎意料的是他说话的方式。无论话题是什么，他纯净的语言都如行云流水，展现出极大的多样性和灵活性。谈到更为深刻的话题时，就算是有学养的健谈者，或者经过训练的思想家往往都要搜肠刮肚一番，他却能不假思索就随口说出，和谈论天气或者小镇上的八卦没什么两样。在整个谈话中，我能明显感觉出这是一个把思想和理想作为一生关切的人，这些对我们来说是蜜饯的东西已经成了他每日的食粮。简言之，此时此刻他口中的德语已经达到了炉火纯青的境界。

我们还探讨了最近的神学争论，歌德说："毋庸置疑，只要人类存在，关于三位一体的本质，关于人性善还是人性恶，人是否要靠基督的拯救才能洗清罪恶，是否能通过自己的努力获得恩典免下地狱，还是只能依靠上帝的宽恕——或者还是，"他呵呵一笑说道，"人应该依靠自己获得恩典，从而走向地狱。在这些

198

237

事情上，人距离简单朴素的道路已经太远太远，孩子都可以成为我们的导师了。"

我把话题转到文学作品上，特别是《浮士德》和《意大利游记》。他在谈到这两部作品时极其谦逊、朴实，给人强烈的好感。他说《意大利游记》主要是他给朋友们写的信，他又把这些信要来留下复印件，想着可能会有一些人感兴趣。他即将问世的新版作品集还会新增一些内容。在《浮士德》中，他单纯是想描绘人性中躁动不安的激荡。我告诉他，在《浮士德》第二部先发表出来的部分，我看到结尾处有"待续"字样非常开心。他也知道，关于这首诗是否还能继续写下去，魔鬼有没有将浮士德带走，总是有不休的争论，而现在这些可怜的读者终于还是得到了一个悬而未决的答案。"确实，"他顽皮地回答说，"很长一段时间内也还会如此。嗯，我想一个老头偶尔开一下这样的小玩笑是可以被原谅的。"

时光飞快，我们的谈话已经持续了相当长一段时间，他站起身来，我意识到他想结束了。作为谈话的结束，他邀请我去拜访大公遗孀，歌德对她高贵的品德总是赞不绝口，之后便让我离开了。我走上楼去找他儿媳，但因为我还沉浸在刚才的对话中，和她在一块儿我没怎么说话，无疑让自己留下了糟糕的印象。

199

## 262. 奥蒂莉·冯·歌德

### （转述）

　　一次我们说起来，歌德对出于好奇来拜访他的陌生人总是端起高傲的官架子，奥蒂莉非常肯定地告诉我们——看到一个人如此温文尔雅和谐于礼数可能会让人觉得他非常了不起——歌德这样做只是因为拘谨不安，想要用看似傲慢的外表掩饰内心的窘困。总之，她最后说，歌德是一个虚怀若谷的人。

## 263. W. 察恩　1829 年

　　对于为了刨根问底而想来见他的人，他越来越觉得是个负担，其中许多人都被拒之门外了。他对我说："对只想盯着我看，我又什么都学不到的人，我该怎么办呢？"这里我必须提及两位德意志的教授。那时他们来拜访歌德，一再追问他作品的内涵，很是让他反感。他们在交叉火力中对年迈诗人的大脑发起了追问："此处阁下是怎么考虑的？""阁下想通过那里传达什么？"——歌德有所暗示地在桌下用肘推了推我，咬咬嘴唇，嘟嚷了几个词，听不清说的是什么，随后便转移了话题。等两个博学的大脑采摘人离开以后，他不耐烦地嚷道："想知道连我自己都不知道的事。这个作品是怎么写出来的，那个作品是怎么写出来的——只有上帝才知道。"

## 264. 亚历山大·格里戈列维奇·斯特罗加诺夫伯爵　1825 年/1830 年

不得不说，虽然我把我们的拜帖送到了冯·歌德枢密顾问家中，但我到魏玛才几小时，根本没有心情去致敬一位大人物。因为我个性比较严肃——实话实说——还有点与生俱来的骄傲，我一直都认为，既不是老师，也不是恩人，仅仅是因为有些天分或成绩就接受我们尊崇的人是可耻的。如果除了外在的社会地位，我还有什么过人之处，我一点都不希望别人因此给予我尊重。和所有超凡的才华与天赋一样，那只是命运偶然的赠与。歌德的作品从没让我有过类似于钦佩的心情。他精辟的表达、恰当的幽默、对人性深刻的洞见总能让我产生强烈的共鸣，但这种共鸣绝不是对人本身的赞扬，而且我只喜欢他的几部作品。很多其他作品，尤其是讨论最多的《威廉·迈斯特的漫游时代》，我一直都很讨厌。歌德令人钦佩的地方是他对语言和主题的紧凑处理，像是在《浮士德》中。虽然《浮士德》有很多地方都让人想到莎士比亚，但它本身也独具匠心，因此让他成为世界级的文学巨匠。但是，当他开始展开，开始分析、阐述和限定，我就感觉到他十分可恨了——他冷静细致地聆听自己，对这些没有根据的想法还自鸣得意；他迂回着堆砌，让琐碎的思绪盘根交错在一起；他像金匠一样再现从未感受过的情绪，技艺精湛却尽是模仿的痕迹。确实，我经常听到德意志人对这些我不喜欢的特质张皇铺饰，但我对德意志整个民族的感情用事已经有了充分的认识，不会因为他们与我意见相左就被误导。他们对本国作家捉摸不定的情绪宣泄和胡乱含混的文字津津乐道，世界上没有一个民族能欣赏得来，最能证明这一点的就是那些文字还没有被翻译成任何一种外国语言。这就是我对歌德作品的看法，所以面对这个国家的神，那帮狂热的拥趸表现出来的强烈热情与崇拜（我经常能观察到），我自然不会有，但并不是说我对他非凡的才智有冒犯之意。我很荣幸，这里文学圈子的主要成员经常恳切地向他推荐我，似乎让像我这样不信神的人皈依已经被他们当作严肃的使命，但到目前为止他们显然是失败的，如果歌德找一个合适的借口拒绝我的拜访，我应该不会大动肝火。让我尤其不快的是，凡是德意志的名人显贵都想让外国人，而且尤其是外国人，遵守一套正式的礼节，这很让我反感，因为我不喜欢换下我舒适的旅行装。我弟弟为人比较随和，面对这样的要求还比较从容，在我们终于收到去拜访歌德的邀请时，他还喷了香水，细心整理了发型，好像一早 201就要去看望哪位漂亮女人。我有点担心阿列克谢高涨的情绪可能会给我们带来麻烦，但看他以往在社交上机敏的表现，我心里也有一点底。带着这样的心情，我和他一起乘车去了歌德的别墅。我们初次拜访时受到了非常刻板和正式的招待，萨克森佣人们的浮夸，还有主人自己的一本正经让我弟弟横生出许多幽默感。歌德的个性已经人所周知了，他的崇拜者描述得非常全面，已经没有外国人再描写的空间了。很多人说他体格健硕，五官富有表现力，但从他目前的言行举止来看，我觉得他是典型的德意志人，在宫廷礼仪方面，与我们国家上流阶层展现出来的精致和魅力相差甚远。

阿列克谢以为歌德的高傲是根深蒂固的，是他的本性，而我，凭借对他作品更为全面的认识，对此表示怀疑。我发现他外在的傲慢和接待我们时因为我们是俄国贵族而表现出来的尊重是矛盾的。我想，这个人既不可能像高傲的外表展现出来的那样自视甚高，也不会因为毫无价值的头衔就对我们有多另眼相待。后面的事就证实了我对歌德性格的判断。

我们初次接触有多稀松平常，临走前去拜访他时我们的对话就有多深刻难忘。在前一天的晚宴上，他宴请了很多人，很明显只是为了让他本国的崇拜者观赏一下两个罕见的俄国人，而且这两个来自克里米亚的家伙还读过也能读懂他的作品。我们，尤其是我的弟弟阿列克谢情绪非常高涨，表现出游客一样强烈的好奇心，但同时他也非常巧妙地把我们变成了别人好奇的对象：关于我们国家的行为习惯，他们抛出各种稀奇古怪的问题，我们四面受敌，不停地应对，几乎没有喘息的机会。他们对俄国的专制统治含沙射影，旁敲侧击，混淆农奴制和类似事务的概念，充分展示了各种常见的张冠李戴。在这样有教养的圈子里，我当然会遇到一些见多识广的人——而且歌德自己也非常博学——但他们看待整件事的立场是错误的，也因此让我和其他客人间有了一场礼貌的争辩。争论过程中，我的爱国情怀完全被这群陌生人误解了，我在试图向他们解释俄国人家长制的生活方式时，就逐渐变成了万恶农奴制的拥护者。在我们讨论期间，歌德基本是保持中立的，但很明显也乐在其中，而且似乎还对我们的尴尬有些幸灾乐祸。面对这样的捉弄我决定对他展开报复，所以设法把话题转移到他的作品上。我故意用一些琐碎的细节问题刁难他，这样大胆的举动顿时让我比在场所有人都更胜一筹。我抛出一些德意志博学的绅士们一直都在争论的问题，这位高高在上的文学大师始终没有纡尊降贵，帮他们走出困惑。这一点我弟弟比我还厉害，刚用顽皮的流氓行为得罪完别人，就用好脾气做出挽救。应该如何解读《西东合集》？《浮士德》有什么含义？他的作品中有哪些哲学思想？——这些问题都被拿出来公然讨论，好像歌德是在千里之外。不过面对这样的鲁莽行为，他一直不动声色，因为，我也是后来听说，这不是他第一次遇到这样的情况。他只是微笑着用几句模棱两可的话应答，把话语权都交给了当时在场的一位莱比锡，要么就是耶拿的教授，名字我已经记不得了。这个人已经把解读歌德的作品当成了一生主要的事业，他现在开始主动回答我的提问，细碎而烦琐，又缺乏根据。他在回答中掺入许多让人不知所云的套话空话、哲学术语和学究们的陈词滥调，好像这样就能把一个外国人吓到惊慌失措。我突然意识到，歌德一直用赞成的微笑鼓励这个让人受不了的话篓子说下去，是想拿他当挡箭牌，这样就不用亲自去对付难缠的提问者了，这不是不可能。如果是想达到这个目的，他的确是不二人选。这个行走的哲学机器一直不断地嗡嗡作响，要是没读过堆叠在博士脑袋里的书和期刊，插一句话的难度不亚于做出一个合适的回答。我实在无法理解他那艰涩的言语，就用一种教诲的口吻请他把他的长篇大论为我言简意赅地翻译成法语，因为最近德语中出现了成千上万个俗套的希腊语、拉丁语和法语单词，特别是柏林哲学的专业术语，很遗憾，我并不是很熟悉。但是这位博学、专业的注释传播器和颂词生产机直接告诉我，用德语以外的语言谈论这位伟大的文学大师是不可能的。在我用不失礼貌的不屑还击这么武断的言论时，歌德离开了房间，但我相信他一定在别处全程听了我和教授的讨论。饱读诗书的博士坚持认为其他国家无法欣赏歌德的才智，无法评价他对这个时代的哲学贡献和精神影响，而我同样坚持拜伦勋爵和他同胞的观点，认为世界上没有一个国家像德意志那样对歌德有如此深的误解。最后我宣布两方从完全不同的立场出发，针锋相对，是不可能达成共识的，就此结束了争论。

　　我如此大胆的言论刚恭敬地脱口而出，歌德就进来了，邀请客人们移步另一个房间共进晚餐，看起来并无尴尬，但比较严肃。他对我的举动好像在告诉我，我刚才对德意志人拙劣的赞美让他有些恼怒；不过他偶尔会向我这里瞥一眼，还是偷偷地，眼神中倒没有什么不满。即便如此，谈话的氛围依然十分紧张，这让我有种把在场所有人都冒犯了的感觉，尤其是招待我的主人，也因此损害了两个国家的尊严。但我很快就消除了这个顾虑。事后我得以和几个当时在场的人单独交流，才知道我可能只得罪了那位自命不凡的教授，虽然无论是用俄语、法语还是英语来看，那些话都无异于是最重的侮辱性语言，对我有非常不好的影响。这让我十分震惊。而且，其他人都认为我说得确实很有道理，只是每个人都觉得自己是个例外。坦白说，我更希望听他们维护自己国家的错误，同一个外国人争辩一番。

次日清晨，我收到歌德亲笔写给我的便条，用了我的教名和姓来称呼我，他言辞非常客气，想邀请我与他同行。如此突如其来的好意很让我惊讶，但我还是接受了邀请，一小时以后我就与这位大人物单独在一辆马车里了。那是个风和日丽的早晨，老人看起来精神矍铄，好像刚从春日的气息里借来生机和朝气。他的脸洋溢着难以言表的喜悦，即便上了年纪，他的双眼依旧闪烁着由内而外的活力，只是被他沉着的男子气概中和了许多。打过招呼以后，他用一种熟悉的口吻对我说："昨天，伯爵，您太不小心了，摔落好几个价值连城的宝贝，都是德意志人平时小心呵护，舍不得损坏的，所以让我很是渴望对一个如此富有的人有更深入的了解。"那口气让我感到受宠若惊。"阁下所指，"我问道，"是我哪方面的财富呢？""您的思想，"他回答说。我躬身感谢他的赞美，不过对我来说这个理由还不够充分。"毫不恭维，我亲爱的伯爵！"他继续说道，好像知道我在想什么，"我总是能辨别哪些是普通人的赞美，哪些是有识之士的认可，只有后者才是真正让人感到荣幸的。所以，您无需怀疑，我有能力透过最不近人情的言行识别一个人是否有独立的思想。我发现这点我和伏尔泰一样，我们真正期盼的是可以被拒绝称赞的人认可。您应该不是一个拒绝称赞我的人，而是想通过和众人持相反的意见，就算表面上看起来是这样——比如您昨天对正确性提出质疑——向我展现您是个有独立思想和人格的人，因为只有这样的人才敢反驳其他所有人都达成的共识。我对您判断得是否准确，留给您自己决定。"我回答说他的评价太高，实在不敢做出肯定，但恕我直言，我有些疑惑，像他这样伟大的、享誉世界的人，怎么会在意一个路过的皇室公子、一个司空见惯的游客有什么看法。这样的开场让我们围绕歌德作品的声誉、价值和命运，展开了一场非常有趣的讨论，诗人直言不讳叙说着自己的思想，令人着迷，也让我得以窥见他最鲜为人知的一面。我们的短途旅行结束后，我马上就把他最重要的言论简要记了下来，如下所见，想着日后再公开出来，如果是在说话者去世以后我便不用再承担任何自由裁量的责任。

这就是他说的话：没什么章法，随想随写，比他的原话要简短，不过我记着什么都如实写下来了。

"名誉，我亲爱的伯爵，是一种精致的精神养料，它能坚定思想、提振精神、复活心灵，所以，心灵脆弱的人都喜欢这样的点心。但荣誉之路很快就会引起我们的鄙夷。舆论总是神化人而亵渎神，总是赞扬我们为之羞愧的缺点，轻蔑我们引以为傲的美德。相信我，名望和恶名一样是种侮辱。过去这三十年里，我一直在与精神的苦痛抗争，和我待上几个星期您就会明白，您会看到每天都有一大群外国人希望见到我，表达对我的敬爱，其中许多人都没有读过我的作品——比如，几乎所有的法国人和英国人——而他们大部分人也都不理解我。我的作品，乃至我人生的意义和价值就在于为最基本的人性辩护。这也是为何我从不对"人"置之不理，总是乐于好的命运赐予我的名望，不过我在健康的人性中尝到了更甜美的果实。正因如此，我更看重领悟了艺术背后人本意义的人，就算他们提出的是批评，那也比歇斯底里的德意志诗人只一味表达病态的热情要好，我被他们的话压得喘不过气。也正因如此，我可以非常高兴地告诉您，您说德意志人误解我的话有一定道理。德意志人普遍有种感性的狂热，在我看来有些陌生：艺术和哲学都从生活脱离出来，变成了抽象的东西，远离了为其提供滋养的自然之源。我喜欢德意志人的思想，它们是整个民族生命力的重要组成部分，我喜欢在它们的迷宫中徜徉，但前提是我周围不能缺少生机勃勃的、自然的东西。相比于艺术，我更看重生活，因为艺术只是生活的装饰。

"您说得对，拜伦非常了解我，我想我也理解他。我们非常看重对彼此的评价，但我从未有幸完整地听过他对我的看法。"他说这句话时有种特殊的强调意味，也让我明确地意识到歌德想要与我谈话的主要原因。前一天晚上，我说了些关于拜伦的话，不仅表现出我与那位风流人物相当熟悉和亲密，还暗示了我可能有机会私下询问他对歌德的看法。确实，在威尼斯的时候，我常有与拜伦密切接触的机会，但也是克服了一些困难才让他消除对所有俄国人的成见，至少是就我一人而言，那时因为希腊问题，

206

他的成见是更深了的。奇怪的是，他接受我的国籍并不完全是因为我的品格，而是因为我放浪不羁的青春活力，那段时间正是我如饥似渴探索生活和艺术的时期，但只是为了娱乐，对增进才华和增长见识毫不在意。我们不是志同道合的艺术鉴赏家，而是彼此陪伴的生活享乐家，永远热情洋溢，永远不知满足。然而就是通过这种方式，我了解到拜伦在生活中许多特别的细节，歌德兴致勃勃地听我讲述这些事，但其实我并没有打断这位主人的自我剖析，只是为他提供了新材料。我和拜伦还经常讨论彼此热烈追求的漂亮女人，拜伦习惯于在其中夹杂些美学方面的有趣的题外话：就是用这种方式，他向我道出了他的文学观点，也让我能够满足歌德的好奇心。接着我又告诉歌德，我确实有幸知道一些拜伦对他的看法，可以说给他听。于是，我把我和拜伦关于艺术和文学的谈话向他一一道来，只不过主要是围绕歌德展开的，所以又不可避免地让他继续对自己做了一番有趣的描述。我的转述并不完全是直白坦率的，主要是考虑到适度和得体，所以才只传达拜伦的观点，而不是他具体的评论。因为拜伦虽然对歌德抱有偌大的善意，但他的大部分评论可能很容易就让歌德感到不快。比如，他经常打趣而不是尊重歌德的伪善，有一次他说："他是个不愿意出洞的老狐狸，总是在洞里进行一番漂亮的说教。"歌德的《亲和力》和《少年维特之烦恼》，拜伦称之为对婚姻的嘲弄，就连他熟悉的魔鬼靡菲斯特也不一定比这写得好，这两部小说的结尾，拜伦说，更是讽刺到了极致。好在我记忆中拜伦对歌德的评价给了我足够多可以恭维的素材，甚至都可以不用害怕冒犯他，在拜伦与他观点不一致的地方给他一些暗示。对此，歌德很是满足，以一种少有的热诚继续这段对话，一整天他的想法都停留在这个话题上。

既然我有很多机会向他阐明我对他哲学的解读，就比较直言不讳地向他表达了，这似乎让他格外高兴，因为他发现拜伦也认可我的观点，而他很重视拜伦的意见。我们提起一些我敢肯定歌德再也不敢重复的事。我大概表达了这个意思，歌德微笑着坦言道他无意反驳我的预测。"但现在既然我们都开诚布公了，"他说，"我可以实话告诉您，我已经把我们谈论的要点放进《浮士德》第二部了，所以我非常确定，我死后，我的国人一定会把这首诗这样的结尾称为我写过的最乏味的东西。"

你瞧！我们对话后短短几年，我就拿到一份著名的德意志报纸，一起的还有《浮士德》第二部，我在报纸中看到了这样的话："正如这本书是在歌德的身体生命结束后以实体形式出现的，他的智识也独留书中。"

## 265. 艾克曼

歌德《浮士德》第二部的大部分内容都是我在魏玛期间他创作的，我与诗人每天都有接触，所以完全可以说我见证了它的创作过程。本书大部分的创作都是在 1823 年发生的，也就是我刚到魏玛那一年，一直到 1832 年 3 月，在《浮士德》完整地摆在歌德面前时，他才宣告完成。这是他写的最后一部作品，印刻着他沉淀一生的非凡智慧。这本书创作的开端还要追溯到席勒生前，歌德直到生命的最后几年都还在炫耀曾有幸听过席勒朗读一大段《海伦》[1]。

如果歌德认为听到席勒朗读他的作品是一种荣幸，那么反过来，听歌德朗读对席勒或者其他任何人来说更是如此；因为歌德的高声朗读总能让人心生敬佩，尤其是像《浮士德》这样真正属于他灵魂一部分的作品。单单是他说话的声音都非同凡响。有时轻声低语，有时轰然如雷鸣，横跨整个自然界的音域，而且还能突然切换到完全不同的声效，比如《古典的瓦普尔吉斯之夜》（"Classical Walpurgisnacht"）中狮鹫的咕噜声，他想模仿得逼真些，结果发出的声音总是很恐怖，是费力用喉咙把声音挤出来的。在朗读希腊悲剧那样雄浑动人的诗句时，他的声音也非常令人震撼。但我们最喜欢听的还不是他读到高潮处的激情澎湃，而是在一段安静的语流中那股子低缓与轻柔——就像是"海伦"一段中鹤的鸣叫，那声音宛如从云霄飘来，引得听众驻足仰望。

---

[1]《浮士德》第二部的第三幕，曾单独发表。——译者注

## 266. 艾克曼　1829 年 12 月 6 日

今天歌德给我读了《浮士德》第二部的二幕一场，说了下面这些话：

"这部作品我已经酝酿很久了，足足思考了五十年，我在脑海中沉淀了太多素材，现在最难的任务就是取舍。整个第二部的构思真的可以向前追溯到要多久就有多久，但直到现在我才落笔，对它来说可能也好，因为我现在对世界的理解已经非常清晰了。我是一个青年时有许多银币和铜币的人，在后来的人生中逐渐把它们换成面值更大的钱币，到最后终于把年轻时的财富都换成了纯正的金币。"

我们继续讨论《浮士德》及其创作，还有一些相关话题。歌德沉思片刻，说了下面的话：

"人步入老年以后，看待世界的观点就和年轻时不一样了。所以我总是忍不住想，是戏弄人类也好还是取笑人类也罢，精灵们时不时就让一个人遗世而独立出来，拥有无穷的魅力，人人都争先效仿，却无人能够匹敌。比如他们让拉斐尔出现，在理念和技艺上都臻于完美，一些后来的杰出人物都向他靠拢，却还没有一个人能与他媲美。他们又让莫扎特凸显出来，在音乐上实现了登峰造极的成就。还有诗歌领域的莎士比亚。我知道你对莎士比亚有些异议，但我说的只是天赋，一种非同寻常的先天品质。拿破仑也是不可超越的人物。"

如此有得说的话题让我们讨论良久，但私以为，或许精灵

209

们也有意让歌德成为他们那样光芒万丈的人，难以模仿，难以企及。

### 267. 艾克曼　1830 年 1 月 3 日

"《浮士德》是一个相当浩瀚的工程，想要从逻辑上弄出个所以然来只能是徒劳。而且不要忘了，第一部是隐晦的个体思维状态的产物，也正是这种隐晦让它充满魅力，吸引着人们像面对所有未解之谜那样不断探索。"

### 268. F. 冯·穆勒

我经常听他说，一个作品，尤其是诗歌，如果没有可揣摩之处，就不是一个真正的艺术作品，它配不上这个称号。"它最大的功用一定是催人思考，只有通过吸引观看者或读者用自己的方式去解读，通过可以说是创造性地重新演绎让它变完整，才是给自己真正的赞美。"

### 269. F. 冯·穆勒　1830 年 1 月 11 日

我见到歌德时那一天就要结束了，他反应有些迟缓，还寡言少语，但在很多次不成功的尝试后，我终于让他清醒了，他打起了精神开始说起话来。

很高兴我做到了，因为最尴尬的事莫过于每提起一个话题他都弃之一旁或者将其中断，回答每个问题都叹一声"我的老乖乖！但也确实无能为力啊"，要么就是"最好你们年轻人去处理，我太老了"，或者是停顿很长时间什么都不说，除了几个"嗯！嗯！"有时甚至还垂下头，像是要睡着了。

210

## 270. 艾克曼　1830 年 2 月 3 日

我们谈起莫扎特。"我见到他时，他还是个七岁的男孩，"歌德说，"正在巡回演奏。我大概十四岁。他头发打了粉，还佩了剑，那副小大人模样我还记得很清楚。"我注视着他，心想歌德竟已如此高龄，见过小时候的莫扎特，真是个奇迹。

## 271. 索雷　1830 年 2 月 15 日

（艾克曼改写）

大公遗孀露易丝的去世斩断了歌德一份长达五十五年的友谊，歌德在她走后第二天说道："死亡真的非常奇怪，尽管有过很多次事与愿违的经历，却还是无法相信它会发生在我们所爱之人的身上，而一旦发生就是始料未及，像一件不可能发生的事突然变成现实。而一个熟悉的存在就此变成另一种我们一无所知的存在，这种转变太过突然，以至于在世的人没有一次能逃过它带来的冲击。"

## 272. 索雷　1830 年 3 月 8 日

"以前，"歌德对我说，"我从不提前担心写诗，灵感一来就很符合心意。心中自然而然就有了想法：除了抓起一支笔，我没有时间做别的事，有时候没注意，整张纸是斜着摆在桌上的，我沿着对角线写，写到最下面才发现只剩下一个角，没有地方写下整行诗了。很抱歉，我没有保留一些样本来记录这些诗歌创作的疯狂瞬间。"

从他的话语间可以明显听出来，歌德现在经常想到死亡，他奋力抓住一切能让他紧握生命的事物！他总能让人想到这一点，比如今天晚上有一些给他的书到了："这些绅士给我寄来了生命的养料。"他说。

211

## 273. 索雷　1830 年 3 月 14 日

歌德不赞同某些古典主义者狭隘的迂腐，也同样不赞同当今浪漫主义过度的排外。他不希望看到任何一种文学形式被排除在外。宏大的经典戏剧是剧院不可或缺的品类，因为一些主题明显只适合古典风格。"我自己就是一个例子，"他说，"在不得不使用古希腊风格的主题中，我会严格遵守古典形式，否则就失去了真实性。一方面，如果我在《格茨》中遵守三一律就太愚蠢了，而另一方面，如果我给《伊菲吉妮娅》添加一些浪漫主义色彩，就会损害一切对美的感知。"总之，歌德在这个愚蠢而多余的争论中是完全保持中立的，其他人最好也效仿他这样做。

### 274. 艾克曼　1830 年 3 月 14 日

"我很清楚我是很多人的肉中刺，他们希望铲除我，但是因为他们无法触及我的天赋，就开始攻击我的人格。先是说我高傲，然后是自私，再然后是嫉妒青年才俊，还有人控诉我是感觉主义者，不是基督徒，而现在，终于，又控诉我不爱自己的国家和国人，他们真是好心。你我现在已相识多年，你应该很清楚那些话究竟有没有可信之处。

"作为诗人，我从没犯过矫揉造作的毛病。我在诗歌中表达的都是亲身经历，都是我个人最直接的关切。我从来不写爱情诗，除非我陷入了爱河。所以若没有仇恨，又何来写仇恨的诗呢？就只和你说，我没有恨过法国人，虽然感谢上帝，我们摆脱了他们。但是，对于文化和野蛮以外再无要事的我来说，又怎么可能仇恨世界上文化底蕴最深厚的国家之一呢！又怎么可能仇恨在我的教育中给了我如此多恩惠的国家呢！

"不管怎样，民族仇恨是个奇怪的现象，在最低的文化层次总是最猛烈、最愤怒的。但到达一定层次后，这种仇恨就会完全消失，好像是站在所有民族之上，邻邦人民经历的幸福与灾难也都能让你感同身受。这一层次的文化对我来说是最自然的，早在六十岁之前，我就已经安身于此了。"

212

## 275. 索雷　1830 年 3 月 17 日

**（艾克曼改写）** [1]

"塞林默就这么走了，"歌德说，"还不到七十五岁，真是可悲。人是多么可怜的生物，没有能力再撑久一点！我的朋友边沁还不错，那个极度偏激的白痴，他身体很好，比我还大几个星期呢。"

"有人说，"我回应道，"你们之间还有一点很像，他的工作劲头也不输任何一个年轻人。"

"算是吧。"歌德说，"但他和我处在一个链条的两端：他想摧毁，我想保护和建设。他这把年纪还这么激进就是愚蠢至极了。"

"我想，"我答道，"我们必须区分两种激进。一种是先摧毁，将一切推翻，为的是再建设；另一种只停留在指出政府制度中的

---

[1] 艾克曼的版本几乎就是直接将歌德和索雷的讨论翻译了过来。与原文不同之处已在下文脚注中标出，以供比较。

不足和缺陷，希望不诉诸暴力就实现好的结果。如果您出生在英格兰，我敢肯定您一定属于后者。"

"你把我当什么了？"歌德反驳道，他现在的语气和表达像极了他的靡菲斯特。[1] "你以为我会把时间花在挖掘不正当的行径上吗？又或者揭露它们，曝光它们？——我在英格兰的生计就要依赖于不正当的行径吗？如果我出生在英格兰，我一定是个富有的公爵，或者更有可能是个年收入三万英镑的主教。"[2]

"真不赖！"我回答说，"但如果您没有抽中幸运数字，不是中奖的那个呢？中不了奖的数字太多了。"

213

"我亲爱的朋友，"歌德回答，"不是所有人生来就能中奖的。你真以为我会愚蠢到抽不中吗？我首先要做的就是维护《三十九条信纲》，同一切反对者斗争，拥护所有信条，尤其是第九条，[3] 我会给予它额外的关注和更悉心的呵护。不管是写诗歌还是写文章，我都会尽力撒谎和伪装，能写多长就写多长，这样一年三万英镑就志在必得了。一旦达到那样显赫的地位，我就会继续想方设法维护我的地位。最重要的是，如果可以的话，我会不惜一切代价让无知的夜更加黑暗，啊，看我怎么把那群可怜、单纯的乌

---

[1] 索雷："歌德以靡菲斯特怪诞、讽刺的口吻反驳道，同时把对话引到全新的方向，很明显是不想探讨他不喜欢的政治。"

[2] 索雷："如果我生下来是英国人——感谢上帝，我不是！——我一定是个有百万资产的公爵，或者更有可能是工资六万英镑的主教。"

[3] "论原罪或论生而有罪"。在索雷的版本中，歌德说的是"第十三条"（"论称义前的善功"），没有艾克曼的版本可信。

合之众骗得团团转！看我怎么挥舞威风的铁杖，把那片土地上的年轻人治得服服帖帖，在学校和大学里保佑他们的心灵，不让他们任何一个人意识到，也不敢注意到，我的财富和荣耀都是用怎样卑劣的方式和手段经营起来的。"[1]

"像您这样，"我回答说，"至少能让我们感到安慰的是，您的显赫来自杰出的才华。而事实上，在英格兰，往往是那些最愚蠢、最无能之人享受着这世上的大部分资源，他们全非凭借个人的价值，只是因为有赞助、有机会，或者本质上说有贵族的出身。"

"归根结底，"歌德说，"世间的财富为个人所得，究竟是通过努力还是因为出身都是无关紧要的。那些首先获得财富的人必定才智过人，只有这样的人才能从他人的无知与柔弱中获利。——世界上满是愚蠢和低能的人，根本不需要去精神病院里找。这又让我想起一件事，已故的大公知道我不喜欢精神病院，便想给我来个突然袭击，诱骗我进一个疯人院。但我及时察觉到事有不妙，告诉他我没有任何必要去看被关起来的愚人，还有那许多遗留在外的愚人，而且，后者已经让我难以忍受了。'如果有必要的话，'我说，'我随时都可以跟随陛下进地狱，但绝不会

214

---

[1] 本段后半部分被艾克曼替换掉了。索雷（在"……我每年的六万英镑就志在必得了"后）写道："不想被压倒就要爬到最顶端，在达到权势巅峰时一定要记住，民众就是愚蠢和低能的集合体。如果不能把建立在他们愚蠢之上的霸权为自己所用——你不利用，别人就会利用——那你的作用就只是徒增他们的数量。"

进精神病院。'"

后来，歌德又提起英国高等神职人员巨额工资的话题，还是用同样邪恶、讽刺的口吻，他说起与德里主教布里斯托（在1797年）见面的事。

"布里斯托主教，"歌德说，"当时正途经耶拿，他想认识我，便引我前去拜访，我去见他时是一个晚上。他偶尔会突然表现出攻击性，但如果以同样的态度还击，他就变得温顺了。在我们的交流过程中，他想就《维特》训教我一番，说我写这样一本书诱导人们自杀有违良知。'《维特》，'他说，'是一本伤风败俗、罪大恶极的书。''打住！'我呵斥他，'如果您如此说悲惨的《维特》，又怎么痛斥这世上的大人物呢？他们可是大笔一挥就能把十万人送去战场，其中八千人都将互相残杀，刺激彼此烧杀抢夺。而您，在这么多恐怖上演之后，还要感谢上帝，唱一首《赞美颂》！——还有您对地狱有多惊悚的布道，把教堂会众中精神不振的人吓破了胆，让他们丧失了理智，最后在疯人院中了结了自己卑微、不幸的生命，这又算什么？还有您正统的教条，在明理人看来很多都毫无根据，却在您那些基督徒听众心中种下致命的怀疑的种子，让这些既不脆弱也不强大，但十分可怜的灵魂迷失在迷宫中，唯有死亡是唯一的出路！[1] 您的良心又是如何接受这些的呢？您对自己都做过哪些训诫呢？——现在您倒来让一

---

[1] 这句话索雷的版本是："——还不算想通过自杀尽早到达天堂或者逃离宗教恐怖的人。"

个作家负责，仅凭几个浅薄之辈的误读就给一本书定罪，这本书起码为这个世界消除了十几个傻瓜和闲人，他们可悲的糊涂脑袋就只剩不堪一击的残渣，除了对着它开枪，他们就没别的事可做了。我想我为人类做出了真正的贡献，也因此收获了他们的感激，您现在却想要把我小小的功绩变成罪恶，而与此同时，你们这些教士还有亲王却允许自己享受为所欲为的自由！'

"这番爆发像魔法一样在我们主教身上发挥了作用。他转而乖巧得像只羔羊，在我们接下来的谈话中对我礼遇有加，同时也小心谨慎。于是我和他度过了一个非常愉快的夜晚。布里斯托主教虽然偶尔有些无礼，但他有一定的学识与智慧，完全可以和他就一系列话题展开讨论。我离开时，他把我送到门口，留下他的教士继续送我。我们走到大街上时，教士对我感叹说：'哦，冯·歌德先生，您刚才的话真是精妙！您已经深得主教阁下的心了——您太明智了，正中他的下怀！如果您的粗暴和直接再差点火候，我敢肯定，您一定不会像现在这样心满意足地回家。'"

## 276. 艾克曼　1830 年 3 月 21 日

"'古典主义'和'浪漫主义'文学的区别现在成了普遍流行的话题，引出许多探讨和纷争，但最早还是要追溯到席勒和我。我的写作遵循客观的原则，也不认可其他原则。席勒的作品有非常主观的特点，他却觉得他那种写作方式才正宗。所以，为了反驳我的立场，维护他的观点，他写了《论朴素的文学和感伤的文学》（ *Naïve and Sentimental Literature* ）。他经过论证给我扣上了浪漫主义者的帽子，说我的《伊菲吉妮娅》太过感性，毫无传统意义上古典或古代的精神特质。施莱格尔兄弟继承并进一步发展了这个观点，此后这个话题逐渐扩散开来，以至于到现在人人都在讨论古典主义和浪漫主义，放在五十年前肯定是不会的。"

### 277. J. 伯顿·哈里森　1830 年 3 月 25 日

次日十一点乘马车去冯·歌德阁下家，很大，外观相当气派。被带上楼。路过两个古代青铜艺术品，旁边一只青铜灵缇犬。一间接待室门口写着"救赎"。他裹着件棕色大衣。气质高贵。丰富、饱满、愉悦的情绪充满眼眸，尤其是嘴，虽然有些干瘪。房间摆满小的浮雕、奖章，诸如此类。[他真正的书房]不允许外国人参观，害怕游学的群众看到太多，情有可原。他用法语向我问好，让我意外，问了些关于弗吉尼亚州的问题，也有深度，显然想让我多说话。问我在哪上学——哈佛。英国年轻人只要去美国读书都去那儿。匆匆告别，手非常软。祝我心想事成。我和其他陌生人看法一样，他的举止多少有些拘谨，说法语时明显不是很自如。

216

### 278. F. 冯·穆勒　1830 年 11 月 23 日

"我研究自然和艺术完全是出于私心，也就是为了自己受到启发。关于自然和艺术的创作也是为了继续学习。别人对我的写作有何解读与我无关。"

### 279. F. 冯·穆勒　1830 年 4 月 5 日

"真的再没有人可以和我讨论我最关切的问题了，因为再没有人知道和理解我的前提了。"

### 280. 艾克曼　1830 年 4 月 5 日

众所周知，歌德不喜欢眼镜。

"这可能是我一时的好恶，"他几次对我这样说，"但我就是克服不了。如果有陌生人鼻子上架着眼镜走进房间，他一进来我就会心生讨厌，根本控制不了。我会产生极大的不适感，还没等访客跨过门槛，我对他的一大部分善意就都消失了，我的思路也会被打断，根本不可能自然或者自如地表达自己。对方会让我觉得很无礼，就像是陌生人初次见我就对我说些羞辱的话。几年前我在公开发表的文字里写过我无法忍受眼镜，打那以后，这种感觉就更强烈了。所以如果有访客戴着眼镜来，我立即就会想：

217

'他没读我最近写的诗，这就已经让我不待见他了，或者他读过，知道我有这个痛点，却选择无视，这就更可恶了。'唯一一个戴眼镜不让我生厌的人就是策尔特，我受不了除他以外的任何一个人戴眼镜。我总感觉戴眼镜的陌生人把我当成了仔细审视的物件，他们武装起来的凝视正穿透我最隐秘的思想空间，正在我衰老的脸庞上搜寻最细小的皱纹。但用这种方式了解我就破坏了我们之间的平等，因为我不能用同样的方式去了解他们。如果一个人用嘴对着我说话，却用两片闪光的玻璃遮住心灵的镜子，不让我看到他的眼睛，我又能从他那里得到什么有价值的东西呢？"

## 281. F. 冯·穆勒  1830 年 4 月 7 日

对话转到希腊之爱（Greek love）和约翰·缪勒上。

他认为这种非常规行为的根源在于，按照纯美学的标准，男性终究是比女性更美、更优秀、更完美，这样的感受一旦产生就很容易转向肉体与肉欲。"同性交媾，"他说，"和人性一样古老，可以说是人天性的一部分，虽然有违自然。

"文明在某种程度上获得了高于天性的优势地位，无论如何都不能再次失去或牺牲。所以，婚姻神圣的观念就是基督教文明的又一个胜利，也具有不可估量的价值，虽然婚姻其实并非一种自然状态。

"你知道我有多尊重基督教，或者你并不知道。现在有哪个基督徒是按照基督想要的方式立足于世呢？可能只有我一人，尽管你们都认为我是异教徒。总之，我提到的这类文明观念已经被永远地植入各民族思想，延续了几个世纪，无论在哪儿，凡不合规范或婚姻以外的性关系都会不可避免地引起疑虑，这是好事，也应该如此。离婚不应该被等闲视之。

218

"如果人们普遍坚守婚姻神圣的准则，那么仅有几对夫妻相互殴打，让彼此变得不幸，又有什么关系呢？毕竟，这样的人即使摆脱了当下的问题，也还会承受其他痛苦。"

### 282. 燕妮·冯·帕彭海姆　1830 年 4 月 22 日

逃往意大利的决定逐渐在奥古斯特·冯·歌德心里成形。这一点他和他父亲很像，总是突然将自己从熟悉的环境中剥离出来，进而从痛苦中解放出来。只有几个人知道奥古斯特的计划。我是从奥蒂莉那儿得知的，便忍不住为他此次出行送去最温暖、最美好的祝福。我相信再次见到他时，他已浴火重生。显然，他与父亲离别的场景很是令人揪心。我听说奥古斯特突然抽泣着跪倒在地，然后就匆忙离开了，歌德瘫倒在椅子上，忧思满怀，不知所措。

### 283. E. 格纳斯特　1830 年 4 月 24 日

他非常热情友好地接待了施罗德 – 德弗里恩特女士。其间，她为歌德唱了舒伯特配乐的《魔王》，虽然他不赞成给分节的诗作曲时从头到尾一气呵成，而是更喜欢分节的形式，但威廉明妮高度戏剧化的表演实在精湛，深深打动了他，他捧起她的脸，亲吻了她的额头，说："万分感谢你带来那段精彩绝伦的艺术呈现。"他又接着说："我以前听过那首曲子，一点吸引力都没有，但经过你这样的呈现，整个作品似乎都鲜活于眼前了。"

### 284. F. 冯·穆勒　1830 年 4 月 24 日

听到我说他以前对许多事的观点和现在很不一样时，他大声说："什么！你以为我活到八十就是为了一直想同一件事？正相反，我每天都试着想些不同的事，新鲜的事，不让自己变成无聊的人。如果不想停滞不前，人就必须不断改变，不断更新，不断给自己注入活力。"

过了一会儿，他说："至于写回信，不管你愿不愿意都要宣布自己已经破产了，只需偷偷还上一两个人的债务。我的原则是：如果我看到有人只是为了自己给我写信，想要达到什么目的，那这信就和我没关系；但如果他们是为了我，想把有利于我或有关于我的事告诉我，那我一定会回复。"

总体来说，他今天很活泼，精力充沛，而且聪明诙谐，不过

219

并非和善的，而是充满讽刺和怪诞，更多的是否定，而非肯定，是幽默，不是愉悦。我想我从未见过他如此优雅地展示自己多变的个性，正是这种个性驱使他不断改变自我，让他能够玩味一切，包容和肯定与自己水火不容的观点。

### 285. F. 门德尔松－巴托尔迪　1830 年 5 月 21 日—24 日

我直接把策尔特的信送到歌德家。他回话邀请我共进午餐。我就这样见到了他。他外表看上去没什么变化，但一开始很沉默寡言，我以为他只是想看我怎么表现。这让我很苦恼，我就想：或许现在的他就是这样子。幸得我们聊起魏玛的女人圈，还有《混乱》（*Chaos*）——一本疯狂的期刊，是奥蒂莉和其他女士一起编辑的，只在她们中间发行，我也有幸成了一名赞助者。突然间，老人就打起精神来，开始拿奥蒂莉和她妹妹开玩笑，取笑她们的善举、她们的智力、她们的订阅费，还有她们的护理活动，这点他好像尤其憎恶。他煽动我加入攻击，我根本不需要他第二次命令，他终于完完全全回归到老样子，甚至表现出我从未在他身上看到过的友善和亲和。所以什么都没落下。关于里斯《强盗的新娘》（*The Robber's Bride*），他说里面有现今艺术家能够实现发迹的一切：一个强盗和一个新娘。之后他谴责了年轻一代普遍存在的不满和忧郁，接着又讲了和一位年轻女士的轶事，他曾经追求过她，她对他也表现出一些兴趣。然后又说起为

220

266

穷苦之人组织的巡回展览和展品义卖，魏玛的女士们担任销售员，他说在那儿什么都买不到，年轻人早就把什么卖给谁安排好了，她们先把东西藏起来，等那位买主到了再拿出来；诸如此类。

午饭过后，他突然说："亲爱的人儿——漂亮的人儿——必须时刻保持振作——可爱的人！"说话间，他的双眼就像一头狮子在昏昏欲睡。接下来我不得不弹琴给他听，他感慨已经很长时间没听音乐了，自觉奇怪，他说我们现在背着他对这门艺术有了进一步发展，还说他一定要问我很多相关的问题，"我们一定得找时间好好聊聊这件事"。——接着他对奥蒂莉说："我猜你已经有了自己明智的安排，但他们不会赞成你不履行我的吩咐，也就是今天你可以挪到这儿来喝茶，这样我们就又能聚在一起了。"她后来问是不是不会太晚，里默尔就要来和他一起工作了，他说："今天早上你让孩子们翘了拉丁语课，好让他们听费利克斯弹琴，所以你肯定也能让我翘一次班吧。"之后他便邀请我再弹奏一次，晚上我给他弹了很久。

我请歌德用"你"来称呼我，第二天他让奥蒂莉告诉我，如果那样的话我就不能按计划只待两天，必须多留几日，否则他就养不成这个习惯。后来他自己也对我这么说，并且多留这段时间也不会让我错过什么，如果我没有其他安排，他每天都会邀请我一起吃饭。所以到现在为止我每天都去找他。其实，你应该也会觉得我只有疯了才不把时间腾出来。今天我要给他弹巴赫、海顿和莫扎特的音乐，然后（按他的话说）一直给他弹到时下的音乐。

## 286. F. 门德尔松 - 巴托尔迪

昨天（5 月 24 日）晚上，我在歌德家参加聚会，整晚都在独奏：韦伯（Weber）的《钢琴小协奏曲》(*Konzertstück*)、《邀舞》(*Invitation*)、《C 调波兰舞曲》，三首意大利曲子和苏格兰奏鸣曲。我一直弹到十点，但是当然，结束后又玩闹了一会儿，跳啊、唱啊，诸如此类，我确实是在过着上流社会的生活。老人总是九点就回自己的房间，他一走，我们就跳到椅子上跳舞，从没在午夜前散场过。

明天我的画像就完成了，是一幅大幅的黑白铅笔肖像画，画得很像，但我看着好像很生气。歌德对我和蔼可亲，我不知道要怎样感谢他，或者要怎样做才能配得上他待我的好。每天早上我都要给他弹一小时钢琴，按照时间顺序演奏伟大作曲家们的作品，同时给他讲他们都为音乐发展做了哪些贡献，他就像雷神朱庇特一样坐在黑暗的角落里，闪烁着沧桑的眼睛。他不想听我弹贝多芬，但我告诉他必须听。我给他弹了《C 小调交响曲》的第一章，给他留下了深刻印象。他一开始说："一点都不动人，只是震撼；非常宏大！"他又接着嘟囔了一些话，过一段时间便说道："这首着实很好，非比寻常！都让人害怕房子会塌下来。更不用说那么多人一起演奏了！"——午饭时，我们正谈着别的事，他又开始谈这个话题。

正如你所知，我现在每天都和他一起吃饭。所以他会非常深入地问我问题，饭后他总是非常开心，也很健谈，我俩还会继续在房间里单独坐一会儿，再聊一小时或者更长时间，在此期间，他片刻不停地说话。或是突然抓过来一幅版画给我讲解，或是评判维克多·雨果的《艾那尼》（*Hernani*）和拉马丁（Lamartine）的《哀歌》（*Elegies*），或讲有关剧院和漂亮姑娘的事，这样的方式让我非常享受。他已经几次邀请人来参加晚宴了，这对于现在的他来说很是难得，很多客人已经很久没有见过他了。我每次都要弹很多首曲子，他还当众夸赞我，最喜欢说的就是"相当了不起！"今晚他一下子邀请许多魏玛美人介绍给我认识，说我毕竟还是要和年轻人一起待待。如果我在这类聚会中走向他，他就会说："我的老天爷！你要去找女士们，在她们面前一定要绅士。"

其实，我是知道怎样圆通得体的，昨天我请奥蒂莉问他我是不是来得太频繁了。她把信捎给歌德时，他厉声说还没和我聊什么正经话题呢。他说我精通我的专业，有很多事情要向我请教。在奥蒂莉向我复述这些话时，我感觉自己高大了两倍，而且他昨天又亲口对我说了一遍，告诉我说他脑海里还有很多事要请我解答。对此我回答说："哦，荣幸之至！"心中却暗想：这将是永生难忘的荣耀。

222

## 287. 燕妮·冯·帕彭海姆　1830 年 5 月 21 日—6 月 3 日

　　歌德本人自是卓尔不凡，忍不得任何片面，他总是想教一教费利克斯，但一切都是徒劳。一次，歌德看起来简直就像扫罗王，气愤地转过身，背对着他的心头好，因为后者没能理解他。门德尔松吓得惊慌失措，像石化了一样坐在钢琴前，直到他的手指几乎是无意识地触碰到琴键。可能是为了安抚自己，他就此弹奏了下去。歌德忽然就又站到他身边，用最温柔的语气说："差不多领会到位了，保持住！"

## 288. F. 门德尔松－巴托尔迪　1830 年 5 月 31 日—6 月 3 日

　　我的最后一封信从魏玛发出几天后，我准备动身离开，去往慕尼黑。所以餐桌上，我择机告诉歌德我准备离开的消息，他听后变得异常沉默。但之后他把奥蒂莉叫到窗边对她说："你一定要把他留下！"她便想办法劝我别走，在花园里和我散步散了好几个来回，但我去意已决，打算说到做到，坚持我的决定。后来年迈的绅士自己也来了，说我没必要这样急，他还有很多话要对我说，我也有很多曲子要弹给他听，至于我告诉他的离开的原因就是一派胡言。现在来看，魏玛就是我此次旅行真正的目的地，他看不出我在这儿的餐桌比在餐馆少了什么，毕竟在我的人生里，我应该见识过很多酒店——等等类似的话。听到这些我动摇了，奥蒂莉和乌尔丽克也跟着说起来，指出老绅士从来都不强迫

223

人留下，更多的是要他们离开；人能感到幸福的日子都是不确定的，不妨把确定可以过得幸福的先用掉几天；几天后她们可以和我同行，最远能到耶拿。所以最后我改变主意留了下来，不做言出必行之人了。这是我在一生当中最不后悔的决定，因为第二天便是我在那栋房子里最美好的一天。早上乘车散过心后，我见年迈的歌德精神正足，他开始长篇大论起来，从奥贝尔的《马萨尼洛》(*Masaniello*) 到沃尔特·司各特，从他自己到魏玛的漂亮女孩，从女孩到学生，又到《强盗的新娘》，继而到席勒。从这儿开始，他继续高兴地说了一个多小时，没有间断，包括讲席勒的生平、作品，还有他在魏玛的地位。这很快又让他进入已故大公的话题，还有1775年，他说这一年是德意志的思想之春，而他比任何人都能胜任把这一年付诸笔端，所以打算写在自传的下一卷里，但是当然，因为植物学、气象学等这些无人感念又没有意义的事，他根本没有时间去写。之后，他讲了担任宫廷剧院负责人时期的事。在我想要对他表达感谢时，他说："哦，就是随便说说，因为很高兴你在这里，是你给了我启发，所以想到什么就说什么了。"那些话听了让人心花怒放。总之，正是那样的对话才叫人永生难忘。

第二天，他给了我一张《浮士德》的手稿，在最下面写着：

给我亲爱的青年朋友费利克斯·门德尔松－巴托尔迪，一位充满力量又细腻的钢琴大师，谨记1830年5月快乐的日子。

J. W. 冯·歌德

后来他给了我三封我去慕尼黑的引荐信。

我刚在魏玛落脚时提到过阿德里安·冯·奥斯塔德的一幅画，叫《祈祷的农民家庭》(*Peasant Family at Prayer*)，说九年前它给我留下了很好的印象。我早上过来道别时，看到歌德坐在一个巨大的画夹前，他说："好吧，好吧！他们这就走了！必须努力坚持到你们回来。但不能让此刻的分别少了些许虔诚，我们得再一起观赏下这幅《祈祷》。"他还让我偶尔写信给他，他亲吻了我，我们就此乘车离开。

## 289. 索雷　1830 年 10 月 20 日

我向歌德指出，真正的功利主义者（utilitarian）不会宣扬利己主义，而是呼吁所有人都为了集体利益共同协作，这是实现个人幸福不可或缺的条件。他的回答大致如下："我不理解这种为了群众利益而牺牲个人利益的愿望。我认为每个人都应该保持自我，依照内心的信念去创造性地工作。作为作家，我从没考虑过群众利益，而是尽可能实话实说，只把我认为并相信本身是好的内容写下来。其他人会因此受益，而这并非我最根本的初衷。所以，说每个人都应该为了集体利益牺牲，在我看来，是个错误的原则。能让一个人牺牲的只有他自己的信仰。"

"但您应该会同意，"我说，"这种个人信仰在个人看来一定是正确、合理，并且有用的，他才会将其表达出来。"

"这是当然，"歌德回答，"如果不是这样，不仅无益于他人，也对我自己有害。"

"这一点，"我继续说，"我们分歧不大，因为个人利益，如果我理解正确的话，其实就是大多数人的利益。"

"是的，但我们存在分歧的地方是，你认为大多数人的利益才是准则，我却认为这只是结果。"

"请原谅我打断您，我将它视为准则的前提是，它是可以广泛适用的最佳原则。当我说实用主义准则或者所有人的最大利益时，我是在说这是指导我作为立法者最根本的原则。"

"哦！如果你是在说立法，那我就没什么可说的了，那和我无关，不在我正常的能力和活动范围之内。制定法律，为提高社会福祉设计最佳路线，这些事就留给别人吧，我只想对你说的是，在我看来，法律的职责应是减少恶的总和，而无需考虑增加善的总量。立法这件事随你怎么做，我已经不再关心了。但不要强迫我作为个人，根据所有人利益最大化的准则去规范我私人的行为。如果我只关注群众，无视自己的个性，我就会给他们讲寓言故事，愚弄他们，像已故的科策布那样。"

"不管怎样，我相信我和阁下的不同之处只是用不同的方式界定相同的内容。"

与此同时，我也觉得这段对话拉近了我们彼此，而没有让我

225

们疏远。[1]

## 290. F. 冯·穆勒　1830 年 11 月 10 日

10 月 27 日在罗马，他的儿子突然被一场中风夺去生命。

可想而知，把如此沉痛的消息告诉这位可亲可敬的父亲，对我来说是个多么艰难的任务！但他平静地接受了，心中莫大的无奈。"我知道我生来是凡人！"他叹道，眼里噙满泪水。

## 291. 约翰娜·叔本华　1830 年 11 月 10 日

那位永恒的帕斯夸莱——穆勒首相——在福格尔医生的陪同下，担负起把这个悲剧消息告诉逝者父亲的责任。老人中途打断了他们。"他离开这儿的那天，我就放弃了他，只当是丢了。"他说，然后就让他们离开了。两位绅士不能确定他是否真的明白了他们要告诉他的事。他对奥蒂莉说："奥古斯特不会回来了，你

---

[1] 艾克曼记录这段对话时认为下面的话是歌德所说："我认为每个人都应该从自己开始，首先为了自己的幸福而努力，如此，普遍的幸福最终一定会如约而至。如果人人都做好分内之事，如果人人都尽忠职守，整体的福祉是自然而然的……我一直都只是努力让自己更有智慧、更优秀，拓宽和丰富自己的人格，然后再把我认为好的、真实的东西表达出来。当然，我不否认我写的东西确实产生了很广泛、很有益的影响，但这不是我的目的，而完全是必然的结果，一如自然之力作用的结果。"

和我现在更是要相依为命了。"

### 292. G. F. A. 冯·孔塔　1830 年 11 月

当他唯一的儿子在罗马去世后，他没有对任何人提起这个沉重的打击，连儿子的遗孀也不准提。他还给啼哭的孙儿讲有趣的故事，分散他们的注意力。即便如此，大家都知道，遭受这样的损失让他大病一场，而在和青年画家弗里德里希·普雷勒尔（Friedrich Preller）谈过之后——虽然关于自己的孩子他只字未提，只是镇定自若地谈了艺术——他的病情再度恶化，他的孩子正是在画家臂弯里离开人世的。

### 293. 索雷　1830 年 12 月 22 日

前天从日内瓦回来。昨天我给歌德写了一封信，信中暗示我们两个人的损失。[1] 今天他非常友好地招待了我，从未提及他的孩子和我的父亲，只是待我和蔼可亲，说话时称呼我"我的孩子"。这是他对我那封信唯一的回复，也是我唯一想要的回复。

---

[1]　索雷的父亲最近也亡故了。

## 294. V. 库赞 （约 1830 年）

两年前我们还在魏玛再次见到他，他的身躯已随年龄增长弯得很深。无论是身体还是思想都显示出背负着岁月的痕迹，他的眉毛依然高扬、威仪，但双眼暗淡，嘴唇也凹陷得厉害。对话间，他还是偶尔闪烁着伟大的光芒，在谈论他自己、谈论他自己的作品，特别是谈论自己的计划时（在八十几岁的高龄他依旧有自己的计划），他尤为有趣。他告诉我说："我首先要把《浮士德》各章写完，然后我就开始着手这个还有那个。"他提了两三本打算写的书。听到年事已如此之高的人不断谈着未来，我深受感动，好像还有生命与才华任他调遣！

## 295. 艾克曼 （约 1830 年）

"这些批评家都恨我，他们所有人都恨我，"歌德说，"我挡住了他们所有人的路，但我还是计划再活一段时间，再写一段时间，就是为了刁难他们。我希望再生产一两部好东西，至少是让他们不得不去忍受它们的存在。"

227

## 296. Th. 福格特 （约 1830 年）

我还清楚地记得一天下午，一个轻骑兵来到耶拿给我父亲送了一封信，请父亲口头回复，他说马车一小时内就会赶到。

信中有歌德请他去参加晚宴的邀请。我父亲立即穿上最正式的
服装，被马车带去了魏玛。他走进会客厅时看到里默尔、艾克
曼，还有其他人都围坐在桌旁，而老绅士正戴着绿色的遮光眼
罩。没有人说话，每个人面前都摆着一瓶红酒。在我父亲开始
自我介绍，问他有什么能为阁下效劳时，里默尔悄悄打断了
他："阁下正在思考！"最后，十点钟时，宴请他们的主人离席
了，留下他那句人所周知的惯用语："祝你们晚安，我的朋友
们！"第二天早上，阁下彻底忘了邀请我父亲的事，或许只是一
个想法在他脑中一闪而过，他感到有必要就这个想法和我父亲说
说话。

## 297. L. A. 弗兰克尔

歌德对两个孙儿非常依恋。他用天底下最温柔的目光观察
他们，关注他们的功课。为了让他们和自己待在一起，做功课时
也不离开，他还在书房窗边专门放了两张小桌子，给他们写作业
用。歌德在来回踱步思考或者口述时，喜欢喝上一瓶莱茵白葡萄
酒，到晚年尤其如此。看着两个孙儿在旁边忙着学习，他特别喜
欢给他们喝自己杯里的酒，看他们喝开心了，完全忘了功课这码
事，他开心得咯咯直笑。

### 298. 燕妮·冯·帕彭海姆 （约 1830 年）

歌德的孙儿沃尔夫在模仿爷爷和姨妈乌尔丽克·冯·波格维奇吵架的样子。他像老人那样向前猫着腰，在房间里假装笨拙地踱步，背着手，抬起头，朝我们瞪大了眼睛，气愤地嘟囔说："年轻女人，年轻女人！你快把我的耐心磨没了！"我忍不住笑，但还是告诉我这位年轻的朋友不可以取笑爷爷。

### 299. 艾克曼　1831 年 2 月 13 日

我注意到《浮士德》第一部和第二部的章节（"奥尔巴赫的酒馆""女巫厨房""布罗肯山""大殿""化妆舞会""纸币""实验室""古典的瓦普尔吉斯之夜""海伦"）都是各自独立且完整的小世界，即便相互之间会有影响，但其实关联不大。诗人的目的是想表达一个纷繁复杂的世界，他使用著名英雄的故事只是将其用作一条中心线索，在这条线索上他想拴什么就拴什么，很像《奥德赛》或者勒萨日的《吉尔·布拉斯》（*Gil Bias*）。

"完全正确，"歌德说，"在这样一部作品中，最重要的是每个独立的部分都结构清晰，含义隽永，但作为整体就难以判断了——不过也正是出于这个原因，它就像个未解之谜，不断吸引人们反复研究。"

### 300. 艾克曼 1831 年 2 月 13 日

我告诉歌德我收到一个年轻军官的信，我和其他几位朋友曾建议他把自己送到国外，但是现在他感觉不喜欢国外的生活，所以对给他建议的人怀恨在心。

"给别人建议是个很难把握的事，"歌德说，"当一个人有了足够多的阅历，知道最合理的事情也会失败，最疯狂的事情也能带来惊喜，就不会愿意给任何人建议。而且归根结底，寻求建议是一种软弱，而提供建议是一种傲慢。人只应该在自己愿意积极参与的事情上给别人建议。如果有人问我有没有什么好的建议，我会告诉他我可以给，但前提是他要向我保证不能接受。"

229

### 301. 艾克曼 1831 年 2 月 14 日

我发表看法说，音乐天赋很奇怪，不同于其他任何一种天赋，总是在人年轻时显现，所以莫扎特五岁、贝多芬八岁、胡梅尔九岁时的演奏和创作能力就惊艳了周围人。

"音乐天赋，"歌德说，"很可能是第一个自我显现的天赋，因为音乐完全是一种与生俱来的能力，不需要太多外在滋养或人生经验。不过确实，莫扎特这样的传奇人物依然是难以解释的奇迹。但倘若这种神性不是偶尔在非凡的个人身上展现，让我们惊奇地注视，不能理解那种能力究竟从何而来，它又能在什么场合创造奇迹呢。"

## 302. 艾克曼　1831 年 2 月 17 日

"都说人的智慧得益于年龄增长，但事实上，年龄越大越难保持以往的理性。确实，人经历不同的人生阶段会有改变，但不能说一定会有进步，在某些事情上，他二十岁时认为是对的，六十岁时可能一样认为是对的。

"不可否认，有人是站在平原仰视这个世界，有人是站在丘陵俯瞰这个世界，还有人是站在古老山峰的冰川中观察这个世界，每个角度都有别人看不到的世界，但仅此而已，不能说其中一个人比其他人看到了更多真相。"

## 303. 艾克曼　1831 年 3 月 2 日

今天和歌德一起用餐时，我们又谈到精灵的力量。为了让自己的想法更清晰，他又说了些自己的观察，详见如下。

"精灵之力，"他说，"是智慧和理性无法解释的。它并非我天性的一部分，我却要臣服于它。"

我提出拿破仑似乎有某种精灵之力。"他确实像精灵一样，"歌德说，"已经达到了最高境界，几乎让他无可匹敌了。已故的大公本质上也是精灵，充满无尽的精力和活力，所以他自己的领土对他来说太狭小了，即便是最广阔的疆域也不够大。古希腊把这类精灵般的人物看作半神。"

"难道精灵之力不体现在事情上吗？"我问。"尤其如此，"

230

歌德说，"每件经验和理性无法解释的事情背后都有它的作用。其实，它通过看得见的和看不见的自然存在，以各种方式显现。很多生物本质上就是精灵，还有很多生物是体内有精灵的元素在发挥作用。"

我问靡菲斯特是不是也有些精灵的特点。"不，"歌德说，"靡菲斯特是个非常负面的人物。精灵之力只在绝对正面的精神中体现。

"就艺术家来说，"他继续说道，"精灵之力主要存在于音乐家当中，很少在画家身上体现。帕格尼尼就有很强的精灵之力，这也是为何他的演奏有如此令人震撼的效果。"

### 304. 艾克曼　1831 年 3 月 8 日

"诗歌绝对存在某种精灵之力，尤其是那种自然流露的诗歌，它已经超出了理解力和理性的范围，也因此格外动人。

"音乐也是如此，而且是最高程度的精灵之力，因为它远高于人类整体的理解力，其影响有种难以言说的绝对力量。这就是为何宗教礼拜一定不能缺少音乐，这是对人产生神奇影响的主要方式。"

### 305. 艾克曼　1831 年 3 月 18 日

歌德告诉我，他新版的《植物变形记》和索雷愈发贴切的翻译取得了可喜的进展。"但这本书给我带来的麻烦比预期要多，说实话，我开始是不愿参与这项事业的，但某种精灵之力发挥了作用，难以抗拒。"

231

"您做得很好，"我说，"顺这样的影响力而为之，这种精灵之力似乎非常强大，不达目的不会罢休。"

"不管怎样，"歌德回答，"人在精灵之力面前还是要努力达到自己的目的，就目前的情况来说，我必须在我的能力范围内，在条件允许的情况下，倾尽全力创作出一个尽可能好的作品。这类事很像那种游戏，法国人叫'科迪勒'，虽然很大程度上取决于掷骰子，但玩家也需要技巧才能让自己人占上风。"

### 306. 艾克曼  1831 年 3 月 25 日

歌德给我展示了一把造型优雅的绿色安乐椅，是他最近在一场拍卖会上购得的。

"但我应该用得很少，可能根本不会用，"他说，"各种形式的享受都与我不甚相投。如你所见，我房间里连沙发都没有，我总是坐在我那把老木椅上，几个星期前才安了一个类似头靠的东西。舒适高雅的家具围绕在我周围会让我丧失思考的活力，让我陷入自鸣得意的怠惰。除非是生来就习以为常了，否则豪华的居室和高雅的家具都是为不能思考也不想思考的人准备的。"

## 307. 艾克曼　1831 年 3 月 28 日

我们讨论了他自传的第四卷和歌德描写妹妹的精彩段落（在第 18 章）。"这一章，"他说，"应该会被有学识的女人津津乐道，她们当中一定有很多和我妹妹一样，拥有出众的才华和品德，而没有被赐予美丽外表的人。"

我说起来，在聚会或舞会之前她总是起面疹也是奇怪，很容易让人以为是某种精灵之力的影响。

"她是个很了不起的人。"歌德说，"她有很高的道德准则，身上没有一点追求感官享受的痕迹。想到要让自己受制于男人，她就心生反感，可想而知，她这个个性一定让她在婚姻中有过不少不开心的时刻。有同样感受或者不爱自己丈夫的女人能理解我的意思。这也是为何我从不觉得我妹妹已经结婚了，相反，她真应该去女修道院做院长，那才是属于她的地方。

"虽然她丈夫是个值得托付的人，但她和他在一起并不幸福，也是因为这个，她强烈建议我不要和莉莉（舍内曼）订婚。"

232

## 308. 艾克曼　1831 年 3 月 30 日

我们又聊起精灵之力。

"它喜欢加持到卓越的人身上，"歌德说，"而且更喜欢浑浊的时代。在柏林那样清朗寡淡的城市，它很少有机会显现。"

## 309. J. J. 施米德　1831 年 4 月 17 日

次日，我们继续从哥达出发前往魏玛。一想到我在这里冒失的行为，几乎是接近鲁莽了，我就忍不住发笑。考虑到原则上我此行的目的，我一定要给歌德送信，问他在不在家。这样做只是例行公事，我心里早就笃定他百分之一千不会见我。结果却让我大吃一惊，佣人回来对我说："部长阁下——冯·歌德先生向您问好，烦请您现在过去见他。"在整个德意志，歌德都是出了名的难以接近，而我来到这里，一个神学院的学生，一个初出茅庐的小伙子，连给诗歌界的他解鞋带的资格都没有，却受到了如此垂青！幸运的是，你知道，我曾拜访过几位显要的人物，否则我怎敢接受这么突如其来的邀请。的确，我一直都有拜访歌德的计划，但我越靠近魏玛，一想到如此大胆的行为，我的心就跳得越厉害。终于，这种尴尬的惊讶转变为狂喜。我一身学生装束——干净的衬衫、鞋子、绸袜（配上这一身，我头上的便帽一定显得格格不入），就这样，我向歌德的家行进。一进门就看到几个真人大小的塑像，都是古希腊风格。第一个侍从把我交给第二个，我在古典风格的接待室里等了几分钟，正有些气恼地想着侍从与周围的格调不相协调时，我被告知可以进去了。我准备好的词句说完了——我精心排练的致敬结束了——我的智慧枯竭了！我站在那儿，一如上帝造我之初——但是欣喜若狂的状态，外加一种我从没想到自己能有的沉着。起初（就是在我的脑子一扫而空之后），我舌头有些打结，我张开的嘴巴在找到话说之前，可

233

能停顿了四次脉搏跳动的时间。但是在那儿之后，清新生动的话语就脱口而出了！我可以肯定，我没有说任何蠢话，看起来也不再那么局促了。歌德也一定注意到了我的整个状态，所以回答我时有种雅典式的典雅。对我来说，伟大的时刻终于到来，我有幸站在两个世纪以来最伟大的人物面前，目睹这个人类面前最闪耀的巨星，这个千百个高贵的灵魂痛快畅饮、满足自己最高需求的源泉——见到他，与他谈论永恒不灭的话题，独自占有他半个多小时——亲自向他表达我对他笨拙但也真实的看法，同时被他亲切地对待！我再向你透露一件事，自打我拜访完歌德后还没向任何人提起过。我正在用最温情的话说着《浮士德》给我留下的印象，以及至今仍在对我产生的影响，那一刻，我看着他，年迈的歌德睁大漂亮的双眼，眼中泛起明亮的泪花，他的声音也出卖了他的情绪。我同样情难自已，他再次开口说话时，我的灵魂都充满了喜悦。我离开时，他的双手紧紧握住我的手，说："再见，愿上帝和你的灵感女神与你同在。如果在我有生之年你还能再来魏玛，一定要来看我，不用提前打招呼。"这样特殊的对待，再加上其他的一切，对我来说都是无上殊荣。离开时，自豪与谦卑在我心里交杂，我又回到旅行的同伴中，他们都只是普普通通的人。哦，愿上帝保佑我能再一次瞻仰他，再一次尽情观赏他思想的盛宴！ 234

285

## 310. 燕妮·冯·帕彭海姆　1831 年 5 月

一天，我去歌德的花园别墅看望他，他本人向我描述了里面闹鬼的情形。"我有隐形的佣人，总是把楼梯平台扫得干干净净。一天早上，我看得非常清楚，我以为是梦，但简直就像真事一样：楼上，我卧室通往楼梯的房门被打开了，我看见一个老妇，一个小女孩依偎在她身上。她转向我然后说：'我们住在这里二十五年了，条件是天一亮就离开；现在她晕倒了，我走不了了！'我再仔细一看时，她就消失不见了。"

## 311. F. 福斯特　1831 年 8 月 4 日

"席勒和我性格很不一样，主要是他在写作或创作任何东西前都必须详尽地讨论一番，他在写《华伦斯坦》（*Wallenstein*）、《退尔》这些作品时把所有场景都向我详细描述了一遍。他把创作意图一五一十全部告诉了我，我都可以给他写《德米特里乌斯》（*Demetrius*）的续篇了。我却恰恰相反，在我的缪斯女神把灵感赐予我之前，如果我泄露一点秘密，一切就都化为泡影了！"他赞扬席勒就算身体不好还极为勤勉。"我与他初相识时，他病得很重，我没指望他能再多活一年，然而我们却在一起度过了十二年。他成长得真快啊！努力工作，饱读诗书，我每次见他，他的精神境界都有提升。

"请一定代我向柯内尔[1]一家问好，她和她姐姐都很活泼可爱——总是精力充沛，以前还经常缠我的头发，她们母亲要费很大力气才能把头发梳直。但她很享受那个过程，就算我头发原本很整齐。她们的父亲是个勤勉又技法高超的艺术家，以前我很喜欢去拜访他。"

235

## 312. F. 福斯特　1831 年 8 月 25 日

歌德今天尤其开心，喜欢打趣，他的儿媳因为偏爱英国人而再次成为他才思的主要受害者。"现在让我来告诉你，"他说，"奥蒂莉关照的都是哪些古怪的人。她昨天百般央求我见一个年轻的英国人，他是个聪明、儒雅、风趣、活泼的年轻人，她是这么告诉我的，所以，我只能屈从了，虽然心里很不乐意。'好吧，'我对自己说，'这一次你最好让这个聪明、儒雅、活泼、健谈的人好好发挥，一句话都不要说。'年轻人到了，我出去见他，向他礼貌地示意，请他就座。他坐了下来，我坐在他对面，他什么都没说，我也什么都没说，我们都没说话。足足过了一刻钟，或许比一刻钟时间还短，我站起身，他也站起身，我像表演哑剧一样起身离开，他也一样，我一直送他到门口。但就在那时，我感到有些良心不安，可怜起亲爱的奥蒂莉来，我就想：'你真不应该让他什么

---

[1] 席勒的朋友柯内尔娶了 J. M. 施托克（Stock）的一个女儿（参见 No. 6），歌德此处指的是她。

都没说就走。'所以我指着拜伦的半身像说：'那是拜伦勋爵的半身像。''是的，'他回答说，'他去世了。'我们就此分别，那是我从这位聪明、儒雅、活泼、健谈的英国人身上唯一获悉的事。"

### 313. F. 福斯特　1831 年 8 月 25 日

我最后一次去拜访他时，两卷厚重的对开页手稿就躺在他的桌子上，他指着它们说："这是《浮士德》第二部，有七个封条封着，任何人都不准碰，除非是我再也碰不着了。"我试着让他说说把《浮士德》搬上舞台的问题，歌德同意我的观点，只有搬上了舞台，古代、现代乃至近代的伟大戏剧和悲剧才能被大众理解，它们的伟大也才能得到普遍认可。"至于改编，"歌德说，"那是最难的地方，尤其是《浮士德》这样的戏剧，作者一开始就没想过让人表演出来。就连莎士比亚最紧凑的戏剧也很难在我们的剧院里被充分演绎出来，他还是专为表演创作的呢。你自己也发现了吧，在改编《理查三世》（*Richard III*）的时候？"

236

### 314. J. Ch. 马尔　1831 年 8 月 27 日

1831 年 8 月 26 日傍晚，歌德来到伊尔默瑙 [1]，下榻"狮子"，

---

[1] 位于图灵根山区的一座小城，距离魏玛大约三十英里（约为 48 千米）。这是歌德最后留下记录的旅行。

带着他的两个孙子还有佣人。他立即派人通知我他到了，所以第二天（27号）我去拜访了他，他从四点开始就在桌前忙碌了。他说很开心再次回到这个地区，以前他经常来，一待就是很久，但这次距离上次来已经有三十年了。他说两个孙儿去了山里，有佣人陪着，到中午才能回来。在询问我有没有什么有趣的地质新发现后，他又问是否可以用乘车这种便捷的方式登上吉尔克汉山顶，他想看看山顶的猎人小屋，他还清楚地记得以前在那里度过的时日，他邀请我一起去远足。我们便乘车穿过加贝尔巴赫的林间小路，天光明媚。我们毫不费力就抵达了吉尔克汉最高峰，心情为之一振，他先是赞叹这个视角下雄伟的风貌，然后感慨目睹这壮阔森林的喜悦，高呼道："哦，要是我亲爱的卡尔·奥古斯特大公能再看一次这么美丽的风景就好了！"接着他又说："森林小屋一定就在附近。我能走过去，让马车停在这儿等我们回来。"山顶的越橘灌丛长得很高，他大踏步穿了过去，走向熟悉的猎人小屋，那是个用原木和木板搭建起来的双层建筑。去往楼上有个很陡的楼梯，我想扶他上去，他拒绝了，身上散发出一股年轻人的精神劲儿，虽然明天就是他八十二岁的生辰了。他对我说："不要觉得我爬不了这些台阶。还是完全没问题的。"他走到楼上以后说："以前我带佣人在这间屋子里待了一个星期，很久以前的一个夏天了，我还在墙上写了首小诗。我倒很想再看看那首诗，还有下面有没有标记写它的日期，你可以帮我记下来吗？"我立即带他来到小屋的南窗旁，窗左侧用铅笔写着：

237

群峰

被寂静笼罩；

树梢

没一丝呼吸的惊扰。

林中飞鸟

结束了歌唱。

稍等：不久之后

你也将入梦乡。[1]

1780 年 9 月 6 日，歌德

歌德读着这些诗行，眼泪从脸颊上滑落。慢慢地，他从深棕色大衣的口袋里拿出一块雪白的手帕，用伤感而温柔的语调说："是的，不久之后你也将入梦乡！"他沉默片刻，再次看向窗外幽深的松林，然后转过身来对我说："我们走吧。"

我准备扶他走下陡直的楼梯，他却说："你觉得我应付不了这几个台阶吗？还是小菜一碟！但你要走在我前面，以防我向下看。"沉浸在这种怀旧的情绪中，他又提起他亲爱的卡尔·奥古斯特大公，感怀斯人已逝。

---

[1] 这首著名的诗请参见《诗选》，企鹅出版社，第 50 页。歌德在小屋墙上的笔迹写着 "die Vögel"（鸟），表示 "小鸟" 的版本 "Vögelein" 是后来被采用的。

我们回到马车等待的地方，他再次赞叹风景的迷人和自然的壮丽，感慨这么好的天气恰是风物正盛之时。说罢，他登上马车，让我坐在对面。我又陪他回到"狮子"，一路上他用有力、传神的语言给我讲述了许多美好的事。

我们到达目的地后，他的两个孙子已经结束远足，从山里回来了。歌德问他们都看到了什么，他们的回答和观察让他甚是欣慰，有些话非常有洞察力。

### 315. F. 普雷勒尔　1831 年秋

（转述）

普雷勒尔告诉歌德他给在罗马结识的所有人都画了素描，歌德就问他能否借来翻看。普雷勒尔意识到他是想看有没有他儿子的画像，里面确实有，所以就把素描本带给了他。几天后他再来时，歌德把画本递给他，表情严肃，没说一句话。普雷勒尔到家后打开其中一本，翻到熟悉的地方，他发现自己是对的，奥古斯特的画像已经不在了。

238

### 316. C. A. 施韦尔德奇布尔特　1832 年 1 月 21 日

我最后一次为歌德画像时也发生了一件难忘的事。他坐在我前面，就在对话间歇，他突然轻声嘟囔了什么——我听不懂——

还边说边用右手食指在空中写了一个罗马字母 W。然后他如梦初醒，问我坐姿对不对，接着又在空中写了一遍 W，看上去好像在沉思，我看着他，一种难以形容的感受涌上心头。

### 317. 索雷 1832 年 2 月 17 日

（艾克曼改写）

"总的来说，不管我们怎样标榜自己，我们都是一个复合体，严格意义上属于我们的东西少之又少，我们自己太渺小了！所有人都要接纳外物，所有人也都不可避免地会学习，不管是向前辈学习，还是向同辈学习。即使是最伟大的天才，如若没有接受丝毫自我思想以外的影响，也都不会有什么大的成就。但还是有很多俊秀不懂这个道理，穷尽大半生都在黑暗中摸索，梦想有什么独创。可怜的傻瓜！不知道这根本就不可能！不知道他们每走一步，这世界都会对他们产生一点影响，就算他们愚笨也一直在给他们指导！我甚至可以断言，只要是有点才华的艺术家，在他穿过这个房间时，只要瞥一眼我墙上挂着的几位大师的画作，就能在离开这间房子以后感觉焕然一新。

"如果不是一种力量或愿望驱使我们从外部世界吸收有用的影响，让其服务于自己更高的目标，我们又拥有什么特殊的天赋呢？或许我可以说说我自己，谈谈我最切实的感受。确实，在我的生命长河中，我做过几件值得骄傲的事，有过几个值得自豪的成就。但如果用诚实的眼光去看待这件事，真正属于我的无非是一种去观察和倾听、去辨别和选择、去给我的所见所闻注入一些理性和生命力，再用技巧呈现出来的能力和愿望，除了这些还有什么呢？我的作品绝非我个人智慧的结晶，而是还要依赖千千万万我自身以外的人和物，他们是我使用的素材。愚人或智者，通透或狭隘的灵魂，孩子、青年和成熟的老人，他们全都过来告诉我他们的见解和看法，他们的生活方式，他们的活动和积累的经验，我所做的只是伸出手，采撷别人结出的果实。

"总之，问一个人是自己独立思考，还是借鉴了他人，是独创，还是效仿，都十分愚蠢。最重要的是他有没有一个高远的目标，还有去实现这个目标的技能和耐力，其他一切都无关紧要。"

### 318. 索雷　1832 年 2 月 27 日

我们谈论了法国当代小说，尤其是巴尔扎克的小说。关于他的《驴皮记》（*Peau de Chagrin*），歌德说每个细节都有待批判，每一页都存在技巧缺陷和矫饰。总而言之，里面有太多毁掉一本好书的瑕疵，即便如此，很难说它不是一本天才之作，很难不被它吸引。

我们从这个话题谈到歌德自己的创作，谈到它们独具风格的整体效果，还有诗人看待事物时角度的多样性和敏锐，它们乍一看总是不相协调的，对于研究者来说，很少有人能做到各角度齐头并进。歌德直言不讳地承认这都要感谢他所处的环境，不仅带给他无尽的帮助，还给了他可以利用的材料。这是我记录的与歌德的最后一次对话，3 月份我又拜访了他几次，同月 22 号他与世长辞。

240

### 319. 艾克曼　1832 年 3 月

"作家要想对政治产生影响就必须隶属于一个党派，一旦这样做，他的诗人生命就结束了：他必须向判断自由告别，和中立观点说再见，用顽固和盲目憎恨的帽子蒙住双耳。

"诗人，作为一个人和一个公民，可能对故土充满了热爱；但他诗歌天赋和诗歌作品的故土才是美好的、高尚的和迷人的，这些特质不限于任何一个省、任何一个国家，无论在哪儿发现了这些特质，他都会抓住并赋予它们形态。这一点，他很像鹰，自由翱翔在空中，俯瞰整个大地，不会管他俯冲下来去抓的兔子是穿梭在普鲁士还是萨克森。

"那么，'爱自己的故土'究竟意味着什么呢？'报效祖国'又意味着什么？如果一名作家一生都致力于对抗邪恶的偏见，对抗刻薄狭隘的观点，启迪同胞们的心灵，提高他们的品位，端正他们的观念，他还有什么更崇高的使命呢？还有什么更好的事能为祖国做呢？——对作家提出这么没有道理、忘恩负义的要求，无异于告诉一个军团团长，如果他不参与政权纷争就不是真正的爱国人士，于是忽略他的使命。但属于一名军官的国度就是军事指挥，要想做一名合格的爱国者就不能干预政治事务，除非是涉及他自身的政治事务，而是把注意力全部放在负责的队伍上，保持队伍训练有素、纪律严明，一旦国家陷入危险，他们就会挺身而出，履行义务。

"我讨厌和憎恶一切拙劣的业余爱好者，业余政治家最甚，他们不仅无所作为，还在戕害万千百姓。

"你知道，我一般对写我自己的东西不太感兴趣，但确实会有耳闻。我很清楚，我一生的勤恳努力在有些人眼中一文不值，只是因为我不屑于搅入党派政治。要迎合这些人，我就必须加入雅各宾俱乐部，宣扬杀戮！——我们跳过这个可恶的话题吧，要不然我一定会说些攻击蠢货的傻话。"

241

### 320. 艾克曼　1832 年 3 月 11 日

"就《圣经》而言，纠结它的真伪并不合适。没有什么是真的，除了真正的美德，美德之中交融着本真与理性，直到今天对我们的发展都有极高的价值；也没有什么是假的，只有荒谬、空洞和愚蠢，结不出果实，至少是结不出有益的果实！如果要确定《圣经》某个章节的真实性，完全以它传递给我们的是不是绝对事实为标准，那你可能连福音书的某些内容也要怀疑了。我以为，四大福音书都绝对真实，它们传递的是基督这个人身上散发和闪烁着的高贵品质，和地球上任何一处神显都同等神圣。要是有人问我是不是发自内心地崇拜和尊敬基督，我会回答：当然！我向他鞠躬致敬，因为他是最高道德标准神圣的彰显。如果问我是不是发自内心地崇敬太阳，我还是会说：当然！因为太阳也是无上光辉的显迹，比任何一种肉眼被允许看到的神迹都强大。我通过它敬奉上帝之光和上帝繁育的力量，仅仅有它的存在，我们和所有动植物便能生存、活动，便能存在。但如果让我在圣彼得或者圣保罗的拇指骨前行礼，我会说：省省你的废话，别来烦我！

"路德和宗教改革可谓功德无量。我们从顽固和狭隘的思想锁链中解放出来，凭借进步的文化重返本源，理解最根本、最纯粹的基督教精神。我们重拾了勇气，坚定地站在上帝的人间，因为知道上帝赋予了我们人性而感到自豪。但不管文化怎样进步，不管科学在广度和深度上有多少发展，不管人类智慧向前走多远——崇高的基督教精神和福音书中高贵的文明与道德永远熠熠生辉，永远无法超越。

"但这高贵的发展进程必须由我们清教徒来引领，我们走得越远，天主教徒就跟得越快。他们一旦发现自己深陷于本时代文明大发展、大传播的洪流当中，就一定会与之相向而行，最终迎来宗教的融合。

"新教之中无尽的教派分化也会停止，而教派分化在父子、兄弟、姊妹中间种下的仇恨和敌意也将随之而去。人只有理解了基督纯粹的教义和无私的爱，不做额外解读，并逐渐适应在生活中践行，就能感到生而为人的自由和伟大，不会再关注崇拜形式的细微差别。

"逐渐地，我们的行为和态度都将愈发体现出基督教精神，而不是只让它停留在话语和信条上。"

我们谈到基督之前出现在印度、波斯和希腊等地的伟大人物，在他们身上，上帝的力量与在《旧约》中几位伟大的犹太人身上一样活跃。我们还讨论了上帝的力量是怎样在当今世界伟大的人物身上体现的。

"听人们的讨论大概就能知道，"歌德说，"他们认为上帝早已完全陷入沉默。没了上帝，没了平日里看不见的上帝的启示，人被留下来独善其身，自食其力。至多，宗教领域和精神领域还承认有神的影响，而科学艺术领域已然认为所有成就都属于俗世，一切产物都是人力的成果。

"尽管让人去试一试，任何人，让他们只靠人的意志和力量去创作能够比肩写着莫扎特、拉斐尔或莎士比亚这些名字的作品！我很清楚，三位巨匠固然伟岸，但也绝非个例，每个艺术领域都有无数匠才，他们的作品也不逊色。如果他们的伟大和这三位不分伯仲，那他们也一定与后者在同等程度上超乎常人，也因此一样天赋异禀。

243  "那么，这一切的本质和目的究竟是什么？上帝有六天创造世界的著名故事，在此之后他一定没有退隐，相反，他还在不停地工作，和第一天一样忙碌。将简单的元素组合在一起构成这个粗犷的世界，让它沐浴在太阳光里，周而复始地旋转，年复一年，我相信，这对他来说意义不大，他一定是准备在这个物质基础上建造一所精神世界的神学院。所以，他正在更高等的本体内继续着自己的工作，以此吸引低等的本体向自己靠拢。"

歌德陷入了沉默，不过我已经将他精彩的伟大言论记在心里了。

### 321. K. 福格尔　1826 年 /1832 年

歌德把疾病视为世间最大的不幸。生病的人尤其可以相信他能够和他们感同身受。他不是很害怕死亡，不过确实畏惧痛苦地死去。疼痛对他来说是最无法承受的身体疾病，一切导致毁容的东西也都让他感到反感。他抨击伊壁鸠鲁，歌颂没有痛苦的状态，还经常吹嘘自己从没有过牙痛、头痛，好像这是许多人羡慕不来的福气。就算到了耄耋之年，他的牙齿依然很健康。

光和温暖是他必不可少的生命补给，气压计数值越高他心情越好。他讨厌冬季，经常开玩笑说如果人们能在夏末预想到冬季真实的可怖，可能就要上吊了。

除了医生，歌德不喜欢和任何人讨论自己的健康状况。即便是出于客套问他身体怎么样也很容易惹怒他，尤其是在他确实感觉不太好的时候。他总是生气地说，问一个人身体怎么样，而又没有能力和愿望给他帮助，这就是公然的无礼。他更无法忍受人们经常送来的慰问，有些甚至还十分冗长和悲伤。"这种时候，病人自己已经够心烦意乱了，却还要听别人的哀叹，反正我是受不了。"——等胡搅蛮缠的来访者一走他经常这样说。

歌德非常重视医术和敬仰真正有志于此的人。他喜欢围绕医学话题展开讨论，日记里经常有我们讨论医学的对话，他尤为喜欢和我聊这些。

244

他是个非常通情达理的病人。生病时，他喜欢让人把症状机理和治疗方案解释给他听。鉴于他对机体规律有深刻的认识，解释给他听既不会给治疗带来大的困难，也不会造成阻碍。他不会请医生预判自己的病情，因为他知道，对于此时的医生来说，直言不讳并非总是能被接受或允许的。如果有几名医生一起会诊，他便带着怀疑地旁观，基本和莫里哀一个看法。

病人在向医生描述自己的感受时一定很少有人比歌德有天赋。对他来说，只有一种情况是例外：如果有医生把类似兴奋剂的药物开得剂量稍高了些——我们相识之初，在我确信他的敏感度非比寻常之前，这种情况时有发生——他会把服药后的感受说成"我的机能停滞了"。他无法再用更清晰的语言描述这种情况了。

## 322. K. 福格尔  1832 年 3 月 16 日—20 日

3 月 16 日歌德很早就派人来叫我，这很不寻常，那时才八点。我像以往每天一样，到九点才上门做检查，例行公务，而且前一天我们聊了很久，离开他时，他状态很好，精神饱满。我看见他在床上打盹，很快就醒了，一开始还是半睡半醒的状态，抱怨说昨天下午天冷多风，一两点钟乘车回来之后就开始感觉不太好。他睡得很早，很长时间都没睡着，总是短促地干咳，很难受，一会热得发烫，一会冷得发抖，胸口也疼。他想这样的症状可能是感冒，而且出门前他从温暖的书房和临街的接待室出来后穿过冰冷的大厅，很可能那时就得了。

245　　（19 日）清晨我看到病人坐在床边，精神很好，不过身体看上去依然很虚弱。他在读一本法语书，和平时一样问了几件近期发生的事，还表达了想喝一杯马德拉白葡萄酒的强烈愿望，过去几年这已经是他早上固定的佐餐酒了。我没有理由违背他的意愿，他心满意足地吃过喝过，几乎一整天都没有睡觉。傍晚，我看见他在端详几幅版画，和他说了他负责的部门在他生病期间发生的事。他打着趣，甚至还表示以他的身体状况第二天就可以重操旧业了，很是开心。

3 月 19 日晚间，病人一开始睡得很安详，几小时后汗越出越多。大约午夜时分，他醒来，感觉发冷：冷，每一分钟都在蔓延，从他露在外面的双手开始，又从双手传遍全身。很快，刀扎一样的疼痛随之而来，折磨着不同的身体部位，开始是四肢，很快胸部也开始了，让他难以呼吸，给他带来极度的不安与焦躁。症状越来越重，但是，这个平时一有风吹草动就立即寻求看护的病人，这一次却没有让紧张的佣人给我带句话，因为，如他所说，他是深陷痛苦，而不是身陷危险。

（20日）第二天早晨八点半我才被叫来。等待我的是一个揪心的场景！老人已经许久没有挪动位置了，除非是偶尔不失尊严地动一动，可是现在，强烈的恐惧和不安迫使他疯狂地在床和旁边的扶手椅之间来回移动。躺在床上时，他不停地改变姿势想减轻痛苦，但怎么变都没有用，剧烈的疼痛在胸口处愈发扩散开来，让他忍不住呻吟，偶尔放声大叫。他面部在抽搐，色如死灰，双眼暗淡无光，深陷在铅灰色的眼眶中，充满死亡的恐怖。他全身冰凉，却还在不停滴汗；急促而空洞的脉搏跳得很不规律，也很难摸到了。他腹部肿胀得厉害，有一阵强烈的口渴。几个单独的词费力从他嘴中脱落，他担心又是肺出血了。

246

### 323. K. W. 穆勒　1832 年 3 月 21 日

大约晚上十一点，他恳请儿媳去休息，也带孩子们去睡觉。他坚持说每个人都不睡觉陪着他没有必要，有男仆和秘书约翰就可以了。同时，他还要看那天来探望他的人员名单，从上到下看了一遍，中间在几个名字处停留了片刻，然后说他病好后无论如何都不能忘了感谢他们的关心。此后，他再次敦促家人去休息，说不睡觉毫无意义，只是浪费力气。

### 324. 路易丝·赛德勒  1832 年 3 月 21 日—22 日

晚间，他让人拿来蜡烛试着阅读，但是发现不可能，他把书高高抬起，开玩笑说："好吧，就让我们瞻仰一下吧，像汉字那样。"他儿媳还悄悄待在隔壁房间，每次来看他，他都满是慈爱地招呼她、抚摸她，但每次都是没过多久就让她回去。他去世那天早晨的十一点钟，他居然让她拿来一系列用具，和她一起做光学实验，给她展示颜色现象。他给儿媳解释了几种现象，又说起春日将近，希望也能让他的病情很快好转。他还尝试写作，叫人从桌上拿来几张纸，这样他好编号。十点，他近乎一言不发了，只是偶尔说几个词——"坐过来，亲爱的奥蒂莉，靠我坐"或者"给我你的小爪子"。

### 325. 艾米丽·冯·施泰因  1832 年 3 月 22 日

他对奥蒂莉非常温柔，说："亲爱的孩子，坐在我旁边，靠我坐，近点，近点。"对最小的孙子，也是他最喜爱的孩子，他说："你好吗，我的小男孩？"还思想半游离着问他的佣人："那你把我的字典卖了吗，还是，或许，送了人？"然后他慢慢睡去了，没有想他是在走向死亡，前一天他还对内廷参事福格尔说：

"你只要保证我睡个好觉，我就能确保自己没事。"他又叫人拿来 247

些螃蟹和福格尔一起吃，福格尔喜欢吃螃蟹。

### 326. C. F. A. 冯·孔塔　1832 年 3 月 22 日

　　他一定是明白自己将要离去，但直到最后时刻他都在和儿媳（现在他一直让她留在身边）还有医生开心地交谈，甚至是开玩笑。"马上就 4 月了，"他说，"我可以在花园里晒太阳了。"

### 327. K. W. 穆勒　1832 年 3 月 22 日

　　黎明将近——正如医生预料得那样——他的病情已经极重了，力气在一点点消散。房间被遮挡得很黑，好让病人安静一些，但是他说："给我光，黑暗里太难受了。"很快，他的眼睛就开始不舒服，一直在用手遮挡，好像在保护它们，又好像在看向远方什么东西，所以他们给他拿来绿色的遮光眼罩，晚上阅读的时候他经常戴着的那个。然后，他让儿媳坐在身边，拿起她的手，在自己手里握了很久很久。

　　大约九点时，他要喝混着酒的水，给他拿来后，他在扶手椅上坐了起来，紧紧抓住杯子一饮而尽，在此之前他还问道："希望里面没有太多酒？"他又把秘书约翰叫来，在他和男佣的帮助下离开椅子站了起来。站在椅子前，他问今天是 3 月几号，得知是二十二号时，他回答说："所以春天已经开始了，我们很快就会好起来的。"接着他又坐在了扶手椅上，缓缓进入了甜美的梦乡。说那是一个甜美的梦是因为他嘟囔着："看，一个女人漂亮的脑袋——黑色的秀发——颜色真美——在暗幕前。"他的思绪似乎全都关乎艺术，一两分钟后他还说："弗里德里希，把那个里面有画的画夹给我！"他指的地方没有画夹，只有一本书，他的佣人就把书拿给了他，可是病人却坚持说："不，不是书，是画册！"他的佣人告诉他那里只有一本书，没有画册，就在这时，歌德突然从蒙眬中醒来，笑着说："好吧，那可能是鬼吧。"

这之后不久，他早餐要吃鸡肉冷盘。端来后，他只吃了一点儿，还想要喝点儿什么。弗里德里希递给他一杯水酒，他也只抿了抿，说："你没在酒里放糖吧，放了吗？糖对我不好。"后来他又说了自己午饭想吃什么，还为周六（3月24日）点了内廷参事福格尔喜欢吃的一道菜，因为那天福格尔要来和他共进午餐。他直到生命的最后时刻都对朋友这样关怀体贴。

歌德又一次让弗里德里希和秘书帮他站起来，想要去书房，但他刚走到门口就开始摇晃，很快又坐回到扶手椅上。坐下片刻后，他让他们拿科策布的一份手稿来。他说的那份手稿并没有找到。他的思绪又转到已故的朋友席勒。因为他注意到地板上有张纸，然后问："席勒的信怎么跑到那儿去了？请马上捡起来。"一分钟后他朝弗里德里希说："有没有人可以把屋子里的另一扇百叶窗也打开，放点儿光进来！"据说这是他说的最后一句话。

他现在愈发感到说话变得吃力起来，但还是想要表达和交流。他抬起手，起初是在空中移动，像是在画画——身体健康时，画画一直都是他的爱好——后来又用右手食指在空中写了几行字。他的手臂越来越没力气，越沉越低，沉到低处时依然在写，最后就在盖着膝盖的毛毯上一直写，好像在反复写同样的内容。看得出来，他插进去一些标点符号，第一个字母明显就是一个大写的 W，剩下的文字就辨认不清了。

他的手指开始逐渐变成青色，他们把绿色遮光眼罩从他眼睛上拿了下来，发现他的眼睛中已经没有了光。他的呼吸变得愈发困难，但并没有变成死亡前的喉鸣，丝毫没有痛苦的痕迹，这个弥留之际的男人舒服地靠在扶手椅左侧，他的心脏，那颗创造了、携带着、珍藏着一整个世界的心脏，逐渐停止了跳动。

### 328. 保利娜·哈泽　1832 年 3 月 22 日

他在奥蒂莉的臂弯中死去。他的呼吸停止得那样安静、轻缓，奥蒂莉都不知道他具体是在何时去世的，他离开以后，她还以为他是在睡觉。

直到最后他精神都很好，去世前一小时他还对她说："来，年轻女士，给我你亲爱的小爪子！"然后他就一直握着她，直到最后她不得不放开他没了生气的手。

249

## 329. F. 冯·穆勒　1832 年 3 月 22 日

他用最幸福的方式离开了人世，清醒、平静、没有痛苦，也没有怀疑自己正在死去，直到最后一口呼吸。他体内生命的火焰越燃越低，熄灭时没有一丝挣扎的痕迹。他最后想要的是光——生命结束的前半小时，他命令说："打开百叶窗，再放些光进来。"

## 330. 艾克曼　1832 年 3 月 23 日

歌德去世的次日清晨，一种强烈的渴望驱使我再去看一看他的遗体。他忠实的佣人弗里德里希带我进入摆放他遗体的房间。他平躺着，像是在睡觉，庄严高贵的面庞透出深深的平静，五官之间依然显示出力量。有力的额头后，他好像还在思考。我想要留一缕他的头发，但对他的崇敬让我没能下手去剪。赤裸的遗体裹着一层白色床单，周围摆放着一圈大冰块，好尽可能久地保存躯体。弗里德里希拉开床单，那散发着神一样光彩的肢体让我惊叹。宽阔有力的胸膛向上拱起，手臂和大腿的肌肉结实、富有弹性，双脚不大，外形无可挑剔，整个身体没有一处肥胖、清瘦或凹陷的地方。一个完美无瑕的人躺在我面前，看到这幅画面，一时间，欣喜竟让我忘了在这间华屋里暂住的不朽之魂已经离去。我把手放在他胸口———一片沉寂——我转身离开，任由克制的泪水流下来。

# 附录 英文版引言

什么比黄金更璀璨？是光。

什么比光更治愈？是对话。

——歌德[1]

    1813 年，歌德大概六十三岁时，他在魏玛的家中来了一位访客。这位访客听到隔壁有人在对话，就问佣人是不是诗人还有其他客人，佣人告诉他："顾问先生在和自己说话。"[2]想来有趣，歌德正沉浸在他那个"独特的习惯"中。这个习惯在歌德当时正在写的自传第三卷中有所提及，"那便是连独白都变成对话。——因为我习惯了，也很喜欢，"他继而解释说，"大部分时间都和其他人在一起，我甚至会把自己的想法变成交际的对话，用的是下面的方法。一个人时，我会靠想象把我认识的某个人召唤到面

---

[1]《童话》（*Das Märchen*），1795。

[2] 参见本书第 90 页，No. 104。——编者注

前，请他就座，我自己则来回踱步或站着不动，和他讨论我当时恰好在思考的问题。他偶尔会回应我，用惯常的动作表达赞成或反对……如果我说的话让客人感到满意，我就进一步阐述，对他不赞成的部分，我就加以解释或做更准确的表述，或干脆礼貌地舍弃我的论点，不再继续。奇怪的是，我选择对话的人都不是我熟知的人，而是没怎么见过，甚至完全生活在另一个世界的人，我与他们仅有过短暂的接触。不过他们往往都是善于倾听的，并不擅长表达，对于我谈及他们领域之内的事都愿意安静地聆听，不仅听得津津有味，还不带任何偏见。不过，我也偶尔召集一些喜欢反驳的人来做这种对话练习。"[1]

这段文字是歌德年老时所写，讲的是他的青年时代。这从一个有趣的角度展现出，在他看来，口头语言具有极其重要的作用，而对话是一种不可替代的创作手段（他在其他作品中也表达过这个观点）。这说明，歌德的整个精神生活就是一场内心的对话，而他的每一部作品，可以说，都是这场宏大对话的片段。他曾在一句格言中写道："思想和心灵最深的关切，我们最重要的观察和反思，都只能通过口头语言来探讨。"[2]无论是与密友，还是在更宽泛的社交中，他对口头交流或对话一直抱有极高的热忱，就算在人生最繁忙的时期，这份热忱也未曾减弱。显然，他认为交谈有助于创作，而且是一种创作方式。歌德在中年和晚年

[1] 《诗与真》，第 13 卷。

[2] 《箴言与反思》（*Maximen und Reflexionen*）。

也有口述的习惯，口述了很多作品和几乎所有的信件。这样做可能不只是出于现实原因，也是出于他对口头表达的深切需要，一种与真实的或想象的听众直接对话的需要。听众能把他的思想激发出来，同时也能让他用鲜活的语言给思想的表达注入独特的魅力。这一点已经得到证实。他的秘书舒哈特[1]对他口述《威廉·迈斯特的漫游时代》（*Wilhelm Meister's Travels*）后半部分的过程做了精彩描述：他在房间里踱来踱去，偶尔停下来盯着一群看不见的人。可见，歌德的很多作品都是在他下笔前就在脑海中上演并且完结了的，如同莫扎特作曲一般。据舒哈特所说，就算歌德不断被打扰，他口述的思路也从未中断过。歌德的朋友迈尔回忆道，一次他们乘车去乡下的路上，诗人曾向他完整地背诵过《亲和力》（*The Elective Affinities*），流利得就像是在大声朗读，而那时小说的手稿还没有问世。[2]有人说，歌德采用向秘书口述的做法代替写作是他从"狂飙突进运动"的青年阶段进入"魏玛古典主义"的成熟阶段最显著的标志。根据歌德自己的描述，[3]年少时的他一醒来就会跳下床，赶快把前一天晚上的灵感记下来，以免忘记，甚至都来不及把纸放正了再写。他还会用古雅的文字给几乎完全不认识的人写口吻亲密、热情洋溢的长信。而中年、老年时期的歌德不再是像螃蟹一样伏在案前埋头苦

---

[1]　参见本书第 155 页，No. 184。——编者注

[2]　参见本书第 155 页，No. 184。——编者注

[3]　参见本书第 252 页，No. 272。——编者注

9　写的作家了，在我们的想象里，他的身体必须是直立的，眼睛看向正前方，用深沉有力的声音、抑扬顿挫的语调一句句娓娓道来。

诗人从稚嫩走向稳健是从二十六岁开始的，本书记录的大部分对话与经历都有体现。那一年，他从家乡莱茵河畔的法兰克福搬到图林根州的魏玛。当时，作为公国首都的魏玛在文化和政治方面都不突出。1775 年，数百个有独立主权的领地在神圣罗马帝国的名义统治下，勉强组成了一个混乱、松散的联邦——德意志。其中除了奥地利、普鲁士等几个邦国在欧洲占有重要地位以外，其余成员国大多是微不足道的公国。而萨克森－魏玛－艾森纳赫又是最小的公国之一，仅由几块散乱分布、互不相连的承袭地组成，加起来还不如英国的一座中型城市大，在帝国中部毫不起眼。直到老公爵夫人安娜·阿玛利亚，以及后来她的儿子、年纪轻轻就执政的公爵卡尔·奥古斯特时，他们凭借自己的智慧与创见，使首都魏玛仅用几十年的时间就从一个只有五千左右居民的城镇，发展为欧洲文化生活的焦点和文学朝圣地。这一影响力一直持续至今。歌德来到魏玛的三年前，还是摄政者的安娜·阿玛利亚任命著名小说家、诗人维兰德做他儿子的家庭教师。公爵成年后，维兰德一直在魏玛生活，直至 1813 年去世。在以安娜·阿玛利亚为中心的文学圈中，他被尊为前辈，成了所谓"缪斯的裁判"。正如 W. H. 布拉福德所说，老公爵夫人"对维兰德的任命……让一位中产阶级文人与她的家族产生了紧密的联系，不经意间开启了贵族阶级与中产阶级两个文化团体的部分融合，并在魏玛古典主义中实现了文学表达"。[1]

1749年出生的约翰·沃尔夫冈·歌德在这一融合中发挥了关键作用。他年轻时创作的戏剧《葛兹·冯·贝利欣根》（*Götz von Berlichingen*）使他成为"狂飙突进运动"公认的领袖。在18世纪后叶整个德意志中产阶级的思想启蒙和文学复兴中，"狂飙突进运动"是至关重要的特征。1774年，他又发表了爱情悲剧小说《少年维特之烦恼》，年仅二十五岁就享誉欧洲。次年，年轻的统治者、十八岁的卡尔·奥古斯特在例行的游学之旅中结识了歌德。他对文学知之甚少，但很喜欢歌德的性格，便邀请他来魏玛。一位年轻的储君向自己公国以外的人才提供资助不过是常事，歌德接受资助也在意料之中。他对早年不得已涉足的法律行业不感兴趣，也没有天分，而且那个年代，至少是在德意志，无论多有名气的作家都无法只靠写作维持生计。歌德来到魏玛，但并未笃定就留在这儿，只是因为受到小公爵的青睐而在这里客居，他也很喜欢小公爵。不过最后，一种直觉让他决定在魏玛定居，度过后半生，没想到却留对了。其他重要人物也随维兰德和歌德纷至沓来。歌德在魏玛首先做的就是说服卡尔·奥古斯特任命他的朋友赫尔德——文学复兴的主要批评理论家、哲学家和神学家——为公国首席牧师。此后，赫尔德也一直留在魏玛，直到

10

---

[1]《古典魏玛的文化与社会，1775—1806》（*Culture and Society in Classical Weimar*, *1775—1806*, 1962），第22页。

1803 年去世。时间再晚些，到 1789 年，剧作家弗里德里希·席勒成为邻城耶拿大学的历史学教授。卡尔·奥古斯特是大学的赞助人之一。渐渐地，尤其是在 1794 年与歌德建立愈发亲密的友谊后，席勒与这座小都城的圈子有了越来越频繁的接触，甚至在 1799 年直接搬了过来。这段时光，以他 1805 年英年早逝为终点，也是席勒文学成就的巅峰时期。名气稍逊的作家、思想家、学者和艺术家很快就被吸引到了耶拿和魏玛。德意志文化伟大的古典时期，"歌德的时代"就此拉开序幕。

不过，歌德在魏玛的活动并不仅限于文学方面，这对他整体的发展和性格养成有非常重要的影响。虽然卡尔·奥古斯特的这位新朋友是一个中产阶级外人，但仅在公国待了几个月就被邀请担任政府要职。起初，这让资历深的大臣和公务人员感到不满。歌德负责过各种各样的事务，有矿山、公路、航道方面的，也有募兵、财政方面的。他被提拔为贵族，名字中加上了介词"von"，获得了相当于"枢密顾问"（Geheimrat）的头衔，享受了"阁下"这个尊称。歌德也非常关心耶拿大学的管理工作。他觉得这些公共活动既刺激又压抑。1786 年，歌德著名的"逃往"意大利事件是他在思想和个体上的自我解放，他在那里度过了近两年时光。从意大利回来后，他推掉大部分公务，把几乎后半生都献给了文学和科学工作。他依然保留的最重要的公务是管理魏玛宫廷剧院，在这个职位上一共坚守了二十七年。不过，此时的他已不仅仅是纯粹的艺术家和知识分子了，还成了阅历丰富的公众

11

人物，并且一生如是。

1788 年，歌德从罗马回到魏玛。几周后，一位没有受过多少教育但颇有魅力的年轻女人克里斯蒂亚娜·武尔皮乌斯被他带到家里，以情妇的身份与他一起生活。克里斯蒂亚娜以及她与歌德唯一活着的孩子奥古斯特，都没有真正得到魏玛社会的认可，就算在 1806 年歌德与她结婚以后也没有。克里斯蒂亚娜于 1816 年去世。次年，郁郁寡欢的奥古斯特娶了一位有才智而且颇为风趣的女孩奥蒂莉·冯·波格维施，他们住在歌德市内大宅邸的上层。事实上，本书大部分对话发生的时候都是奥蒂莉在以女主人（小"冯·歌德夫人"）的身份替公公招待客人。歌德也偶尔住在城东伊尔姆河畔公园的小别墅。上了年纪以后，歌德的社交生活有一个重要特点，那就是在医生的建议下，他在 1806 年到 1823 年期间，几乎每年夏天都去波希米亚当时流行的矿泉疗养地待上一段时间，比如卡尔斯巴德[1]和马里恩巴德。他在疗养地能遇到奥地利显赫的贵族，包括神圣罗马帝国皇后玛丽亚·卢多维卡和贝多芬的赞助者们，他还见到了贝多芬本人，不过两人并未深交。1823 年，正是在马里恩巴德，歌德对少女乌尔丽克·冯·莱韦措那段引发热议的爱恋激发他创作了《马里恩巴德悲歌》（*Marienbad Elegy*），这是他最伟大的诗歌之一。那年 11 月，他还与艾克曼谈过此事。1832 年以后，歌德再未离开过图林根，同年 3 月逝世，享年八十三岁。

---

[1]　现为捷克城市卡罗维发利（Karlovy Vary）。——译者注

就算大致选择性地看一些歌德最重要的作品，也都能体会他的才华的多面性——T. S. 艾略特称之为歌德的"无数个侧面"。[1] 这样一个人不仅在青年时期引领过文学革命，还像威尔第和提香一样在晚年保留了创造力。单单是他的抒情诗就覆盖了非常广泛的内容，他早期著名的抒情诗和叙事诗给德语甚至欧洲诗歌开辟了崭新的方向。后来也有一些重要的诗集，如《罗马哀歌》——模仿普罗佩提乌斯创作的一组爱情诗，于 1795 年出版——以及《西东合集》（*West-Eastern Divan*）——受波斯诗歌启发而创作，于 1819 年出版——这两本诗集都是传统与创新精妙的融合。正如 W. H. 奥登所言，歌德"精通每一种风格的诗歌，从粗俗到诙谐，到抒情，再到庄重"，[2] 并且写过所有主要的文学体裁。他的《赫尔曼和多罗特娅》（*Hermann and Dorothea*，1797），以六音步分九章写成的史诗级田园诗，一经出版便收获了应有的名气。他最出名的戏剧作品除了《葛兹·冯·贝利欣根》（1773），还有《在陶里斯的伊菲吉妮娅》（*Iphigenia in Tauris*，1787）、《哀格蒙特》（*Egmont*，1788）、《托尔夸托·塔索》（*Torquato Tasso*，1790），当然还有长篇诗剧《浮士德》（*Faust*）。《浮士德》第一部在 1808 年首次以完整的形式出版，第二部直到 1832 年歌德去世后才问世，每一部都耗费诗人三十余年的时间去酝酿和创作。歌德在

---

[1]　见他的文章《圣人歌德》（*Goethe as the Sage*），文章出自《诗与诗人》（*Poetry and Poets*，1957）。

[2]　W. H. 奥登和伊丽莎白·迈耶译歌德的《意大利游记》译文序（1962）。

《浮士德》第一部中或许是最容易被大多数读者理解的，包括英国读者，尽管他们会面临不可避免的翻译问题。让他享誉一生的小说是此前提过的《少年维特之烦恼》（1774），其他小说还有《威廉·迈斯特的求学时代》（*Wilhelm Meister's Apprenticeship*，1795），史上最细腻的描写婚姻与私通的小说之一《亲和力》（1809），以及《威廉·迈斯特的漫游时代》（*Wilhelm Meister's Travels*，第一部于 1821 年出版，剩余部分在 1829 年出版）。歌德主要的自传性作品是《诗与真》（*Dichtung und Wahrheit*，英文可翻译为 "Poetry and Truth" 或 "Fiction and Fact"），他在其中讲述了自己 1775 年以前的青年时代，不过大部分内容都是 1811 年到 1814 年期间写作发表的，最后一章在他逝世后的 1833 年出版。《意大利游记》（*Italian Journey*，1816—17，1829）是一本重要的自传补充性作品，可读性非常强。此外，歌德的作品还包括许多文学和艺术杂文，一些很有价值的翻译和改编，以及各种科学文章。科学方面大大小小的论文有关于解剖学的（他在这一领域的观察使他独立发现了人体颚间骨），有关于植物学的（《植物变形记》[*The Metamorphosis of Plants*，1790]），有关于形态学的（这是他创建并命名的学科），还有关于地质学、矿物学、气象学，以及普通光学的。《色彩学》（*Theory of Colours*，1810）是他尤为得意的一本著作。其中很多作品的科学价值虽然存在争议，但也反映出歌德涉猎之广。他对那个时代几乎所有能够展开研究的学科都感兴趣，对几乎所有的自然现象都抱有孜孜以求的好奇心。将这一

13

切与他的文学产出，与他对所有艺术（尤其是视觉艺术）一生的挚爱，与他大量的通信和各种各样的社会活动放到一起，我们便能理解为何歌德被称为最后一位伟大的通才——欧洲文明史上最后一位"文艺复兴人"（*uomo universale*）。

本书主要关注歌德的一个侧面：开口说话的歌德，借由他同时代人留下的无数谈话记录和语录得以再现。这些记录不能只被看作歌德全部作品以外的自传性补充，它们本身就是歌德重要的产出部分，这一点早已不言而喻了。在至少是认识他的人看来，其中有些人已经证实，歌德谈话的魅力似乎远非他的作品所能及。[1] 他自己也说过："在我最美好的时光里，经常有朋友对我说——想必是足够了解我才做出这样的评论——我的生活要比我说的话精彩，我说的话要比我的写作精彩，我的写作要比印出来的书精彩。"歌德高寿，他也是史上生平记录最详尽的人之一。他去世后的一个多世纪以来，越来越多他说过的话，或声称是他说过的话，都相继出版问世。他的观点被转述，他不经意的话[2]（*obiter dicta*）被付诸笔端，他的谈话或被如实记录，或被重构再现，或被追忆回顾，出现在数不尽的信件、日记、自传和回忆录里，更出现在一些密友——像里默尔、穆勒和艾克曼等人的书中。不必说，即便是其中最可靠的资料也都只能大致还原歌德说过的话，而它们往往又是二手、三手的信息，就算是一手信息

---

[1] 参见本书第 73 页 No. 85 和本书第 111 页 No. 133。——编者注

[2] 该拉丁文的字面意思为"偶然说的话"，表示与正题无关，只是附带插进来的话。——译者注

也都不是在对话当时记录下来的，最好的情况也是在对话发生后不久，一般则是时隔很久。而且，就算最认真、最用心的听众也都面临着巨大的挑战。很显然，歌德说起话来内容丰富，语速流利，令听者着迷。常有访客和与他交谈过的人说，歌德说话的方式或单纯是他散发出来的人格魅力就已经让他们心醉神迷了，全然不记得具体谈了什么。还有人说，他有力的言辞滔滔不绝，以至于刚听到和领会了一个想法，就来了第二个、第三个，最终淹没在他的话语中，只能记得一点他说过的内容，或干脆什么都不记得。这实在让人按捺不住想要一探究竟。现存记录一次又一次告诉我们，诗人在这个场合或那个场合说的话是那样精彩、深刻和独到，却没有说他具体说了什么。即使说了，也不可完全相信，要考虑到记录者在记忆力和智识方面的局限性，以及他／她对歌德的态度、对歌德的预设和个人固有的偏见。"歌德的谈话"通过非歌德本人的传达，或多或少会有风格和内容上的偏差。这中间不可避免地会有许多编辑、修饰、补充、简化和通俗化。记录的作者可能希望呈现自己好的一面，或把自己的观点写成是歌德的，甚至有的一整段对话都是捏造。除了这些错误或不真实的因素，我们还要注意，这些不同的、有时相互矛盾的描述反映了不同时期、不同心境的歌德。他从未声称自己的观点是一以贯之的，他还与穆勒谈过此事。[1] 而且面对不同的对话者，他也会展现性格的不同方面，可能还会故意凸显自己不同的形象。虽然要

14

---

[1]　参见本书第 263 页，No. 284。——编者注

做这些考量，但是将所有的记录加起来也能比较客观地把歌德同时代人对他的整体印象呈现出来，或许还能让我们比他们看得更客观。所有不同的声音都围绕同一个独特而有趣的人齐声唱响，通过审视这些声音的历史价值，我们或许能更好地理解歌德在读过塞居尔对拿破仑入侵俄国的回忆后所说的话："大量的细节，不一定每个都完全准确，放在一起却也能构成一幅真实的图景。"

到目前为止，我们看到的大部分"谈话"都发生在歌德最后的十五到二十年里。谈话的收集者和采集者随着歌德年龄的增长越来越多，这也是他名气愈来愈盛的自然结果，其中最重要的内容是他们在歌德六七十岁时记录的。可惜的是，在歌德的青年时代和盛年时期没有像艾克曼这样的人。他在那些年结交的密友（卡尔·奥古斯特、克内贝尔、维兰德、席勒、画家迈尔、作曲家策尔特）大多出于种种原因没有向我们提供有价值的谈话记录。世纪之交 [1] 那几年，我们最主要的信息来源是里默尔和法尔克，再晚些，穆勒也加了进来，最后到 19 世纪 20 年代则主要是索雷和艾克曼。

弗里德里希·威廉·里默尔于1803至1812年间住在歌德家中，担任诗人儿子奥古斯特的拉丁文和希腊文老师。他与学生发生了一次争吵，便离开了歌德家，此后几年一直在魏玛的一所学校任教，直到1819年才与歌德和解。里默尔身材肥胖，眼睛有些外凸，

---

[1]　18 世纪末 19 世纪初。——译者注

一副自命不凡的样子，是个相当全面的学者，一个好卖弄的学究，一个令人讨厌的人。歌德发现他是个很好的文学助手，也是个古典学方面的活字典，最后委托他做了自己的遗稿管理人之一。1841年，里默尔发表了《歌德回忆录》[1]（*Memoirs of Goethe*），据他自己说，这本书某种程度上是一本口头资料的汇编。这本书系统性地将资料分为几个部分，其高人一等的口吻令人读起来沉闷又乏味，第二部倒是收录了大量诗人的观点，很有价值。这些内容不是用对话或交谈的形式记录的——里默尔并没有那种记录能力——基本上都是直接引语，是一小段一小段的语录或格言，包含诗人对各种问题的思考。不过这样的形式能给人强烈的真实感，里默尔也确实在其中保留了许多深刻有趣的内容。他对歌德的贡献是真诚的，也是理智的。

约翰·丹尼尔·法尔克的回忆录就显得自由生动多了。中间这几年他是歌德家里的常客，不过他算不算得上是诗人的密友还值得怀疑。法尔克是新闻撰稿人和慈善家，1798年定居在魏玛。在德意志解放战争期间，他创立了一家流浪儿收容所，这家收容所至今还在。他的记录可以向前追溯到18世纪90年代，收录在《歌德：一份个人回忆录》[2]（*Goethe: A Record from Personal*

---

[1] 《关于歌德的公告》（*Mitteilungen über Goethe*），2卷，评述版，A. 波尔默编，1921。

[2] 《亲密接触者描述的歌德》（*Goethe aus näherem persönlichem Umgang dargestellt*），评述版，K. G. 温德里纳编，1911。

Knowledge）中。这本书在 1832 年发表，此时法尔克逝世已经有几年时间了，他明确要求不能在歌德生前出版。法尔克称，他定期记日记，这本书便是基于其中的真实选段。歌德的朋友威廉·冯·洪堡——普鲁士杰出的政治家、哲学家，高度赞扬了这本书，并写道这正是歌德说话的样子。[1] 里默尔却认为法尔克是个"无可救药的假大空"，他的记录不可信。此后，这本书的可信性就一直受到争议。另一位同时代的见证者说，法尔克在他的记录中"添加太多自己的想象，在诗人简洁的话语中夹杂太多夸张的修辞，已经很难辨认出歌德的形象了"。可以肯定的是，法尔克对他的资料做了润色和补充。尽管如此，现代批评家基本上都认为，他对歌德思想的传达虽有些言过其实，又过于琐碎，但有一种本质上的真实性。法尔克再现了诗人在维兰德葬礼后的那天晚上的惊人论述，与别处所证明的歌德形而上的观点如出一辙。他转述的诗人对不幸的天才海因里希·冯·克莱斯特的评价也值得信赖，连用到的短语都"很歌德"。

通览所有主要的记录，把歌德以及他的情绪和想法描述得最贴近生活、最有人情味的人是弗里德里希·冯·穆勒。他的记录涵盖了 1808 到 1832 年这段时间。穆勒（1779—1849）本身就是一个天赋异禀又有趣的人。1801 年他开始了律师生涯并在魏玛担任公职，1807 年被授予贵族身份，1815 年被任命为首相（相当

---

[1] 给伦嫩坎普夫的信，1832 年 8 月 17 日。

于司法部长）。穆勒在歌德晚年进入他的核心社交圈，经常，几乎是每天都与他见面，公事私事都有，歌德最后让他做了自己的法定遗嘱执行人。穆勒在与诗人交往期间一直都有记日记，但这本日记中的材料直到他去世后很久才汇编出版（《歌德与冯·穆勒首相的谈话录》[1] [ *Goethe's Conversations with Chancellor von Müller* ]，C. A. H. 布克哈特编，1870）。歌德和穆勒视对方为同僚，彼此平等相待。和艾克曼不同，和里默尔也不同，穆勒不是顾问阁下谦卑的随从或门生。他也像诗人那样，时不时流露出靡菲斯特 [2] 式的性情。歌德很欣赏穆勒的才智。诗人很少向人倾诉自己那些不满、无聊，有时甚至近乎绝望的情绪，穆勒便算是一个。有时，他们也觉得对方十分讨厌，但某种程度上，正是因为穆勒天性中某些不协调的因素才让他看到了歌德不那么神圣的一面。因此，相比于艾克曼单纯从崇拜者的角度去记录，穆勒的记录刚好可以起到补充作用。穆勒是个有洞察力和判断力的人，他的记录都是自然而然的写作，而且很及时，差不多每天都记。穆勒笔下的歌德没有伟大的光环，他有时穿着衬衫坐在那儿，一边喝酒一边说些愤世嫉俗的话，有时情绪性地陷入沉默，只偶尔嘟哝几个字，让客人感到尴尬。尽管穆勒的写作都很真实，但没有不敬或贬低：他对诗人的感情同样也一直是深深的喜爱和崇拜，

17

---

[1] 参阅 F. 冯·穆勒著，《与歌德的对话》( *Unterhaltungen mit Goethe* )，最新评述版，E. 格鲁马赫编，1956。

[2] 靡菲斯特是《浮士德》中的魔鬼。——译者注

这在一些重要瞬间便能显现出来，比如他在描述 1818 年与歌德在多恩堡见面时，结尾的句子充满了诗意。[1]

艾克曼在 1823 年来到魏玛，但是在他之前，还有一个名气稍逊的记录者比他早来一年。虽说这个人在本书中鲜有提及，但无论如何都值得一提，因为如果没有他，艾克曼著作的增补卷（第三卷）是否会问世都值得怀疑。弗雷德里克·索雷是瑞士人，来自日内瓦，说的是法语，出生在圣彼得堡。他父亲在圣彼得堡靠给俄国宫廷做肖像画师发了家。沙皇的一个女儿玛丽亚·帕夫诺夫娜正巧嫁给了卡尔·奥古斯特的继承人。1822 年，玛丽亚请年轻的索雷给自己四岁的儿子卡尔·亚历山大王子做家庭教师。索雷是一个纯粹的理性主义者和共和党人，服务一个德意志王子便将他置于某种自相矛盾的境地，不过他的魅力和正直让他深受魏玛宫廷的欢迎。他是一位受过专业训练的矿物学者，还将歌德关于植物形态学的论文翻译成了法文。实际上，在与歌德交往比较密切的人中，他是唯一一个真正的科学家，在描述诗人的科学观点和科学实践时还带着一丝讽刺的口吻。索雷来到魏玛时以为歌德是"德意志的伏尔泰"，他们对彼此的理解也有限，而且一开始，索雷几乎不会说德语。他是杰里米·边沁功利主义先进思想的拥趸，歌德却评价边沁是个"偏激的白痴"。[2]然而在十

---

[1]　参见本书第 105 页，No. 124。——编者注

[2]　参见本书第 254 页，No. 275。——编者注

年的时间里，索雷一直是歌德家里的常客，他记录了与歌德的对话和争论。从这些记录中可以看出，索雷也和穆勒一样，是抱着平常心、随性、真实，并偶尔带着批判的眼光去观察歌德的，不过这些记录终究还是透露着温情。索雷自己没有把日记发表出来，他后来与艾克曼私交甚密，在19世纪40年代为了帮助艾克曼给他已然非常成功的《歌德谈话录》（*Conversations*）整理续篇，慷慨地把手稿交予他自行处理。艾克曼在使用这份新得的材料时表达了由衷的感谢，不过也按照自己的思路进行了改编和改写。

约翰·彼得·艾克曼作为众多歌德谈话录中最著名的作者，身世却很让人同情。他出生在汉堡附近一个偏僻省份的工人阶级家庭，不得不努力与贫穷抗争才获得一点可怜的教育。十四岁以前，他几乎没有接受过任何学校教育。后来他每天工作十六七小时，希望能一边上学，一边打工维持生计，但只坚持了几个月便被迫放弃了。最终，他勉强进入哥廷根大学，后来也因为缺钱中断了学业。他如饥似渴地阅读，其间发现了歌德的作品，继而对歌德产生的热情决定了他一生的命运。在1822至1823年间的冬天，他从哥廷根大学退学后写了一本书《论以歌德为主的诗意》（*Essays on Poetry, with Special Reference to Goethe*），他将所有希望都寄托在这本书上。这是一本评论性作品，和艾克曼写的一些诗一样，至今仍有可读性。他完成写作后将书稿寄给了歌德，歌德看后决定将其推荐给自己的出版商出版。1823年，在炎热的6月

18

之初，艾克曼从汉堡徒步来到魏玛。此时的歌德正在准备出版自己作品的最终版，比任何时候都需要有人帮他减轻一些杂务负担。而这就来了一个三十岁的学生，腼腆、一片赤诚又身无分文，一看就愿意被聘用，或者说渴望被接受，做一个类似于私人秘书或编务杂役的差事。歌德在家附近为他找了个落脚处，让他开始帮忙工作，但并没有承诺给他薪水，也没安排让卡尔·奥古斯特给他一份，只是偶尔给他一点零用钱，仅此而已。艾克曼接受了这种处境，那时魏玛有被歌德吸引来的英国年轻人，他便通过教他们德语勉强过活。艾克曼本有结婚的打算，但他来了魏玛，忠心耿耿的未婚妻只得留在家乡等他，一等就是十一年，她甚至还拿自己的积蓄帮助他。他与诗人交往甚密这件事逐渐传出了魏玛，就有编辑和出版商给他提供良好的工作机会，但是歌德想将他占为己用，劝他不要接受。艾克曼终于在1831年结了婚，但是他的妻子三年后就离世了。

与穆勒、索雷不同，艾克曼从未在魏玛宫廷活跃过，也不像里默尔，从没在歌德家里生活过。访客们注意到艾克曼对诗人死心塌地，并总是用高人一等的语气说他是"歌德忠实的下属，一个有点内秀的家伙"，或者是"歌德的助手和盲目崇拜者"。不可否认，歌德利用了艾克曼的忠诚，但某种程度上，最终的结果也为此做出了解释：二人的关系就像一个奇特的创造性实验，一种在对方身上实现自我表达的实验。艾克曼的可塑性极强，他的一腔热情可以被引导到任何一个方向。他来到魏玛时没有任何

计划，更没有想到会永远留在那儿，成为给比约翰逊 [1] 还伟大的
人物写传记的"鲍斯韦尔" [2]。在他的《歌德谈话录》第一部中，
1823 年的相关记录是后来根据当时所写的信件改写的。编撰一本
歌德谈话录的想法要比那个时间晚一到两年，这个想法无疑是艾
克曼提出的，但很明显也得到了诗人的鼓励。他的这本书被认为
是歌德作品最终版的补充卷，因为他在帮歌德筹备出版的过程中
发挥了越来越重要的作用。歌德在他身上看到了一种可能性，认
为他至少可以把自己的某种形象呈现给后人。与此同时，歌德自
己的日记也显示出他越来越看重艾克曼，或许他是被艾克曼真诚
的崇拜感动了，或许他需要这样一位忘年交。不管怎样，艾克曼
好像天然有一种能力，能让歌德说话，或是让他就一些重要话题
发表意见。在诗人生命的最后九年里，他几乎每天都与艾克曼交
流，最后正式指定他和里默尔一起做自己的遗稿管理人。不过
在 1828 年，歌德给了他更高的肯定，把《威廉·迈斯特的漫游
时代》的续篇手稿交给艾克曼，请他给这本书的结构和结尾提

---

[1]　塞缪尔·约翰逊（Samuel Johnson，1709—1784），英国批评家、诗人、词典
　　编撰家，他编撰的《英语大辞典》（*A Dictionary of the English Language*）对
　　英语发展做出了巨大贡献，著有长诗《伦敦》（*London*）等，他还编辑、评注
　　了《莎士比亚集》，分八卷出版，此版序言是他最重要的文学批评作品。——
　　译者注

[2]　詹姆斯·鲍斯韦尔（James Boswell，1740—1795）是塞缪尔·约翰逊的朋友
　　和传记作者，以《约翰逊传》（*The life of Samuel Johnson*）闻名于世，被誉为
　　现代传记文学的开创者。——译者注

些意见。两年后歌德称，如果没有艾克曼的激励和关注，《浮士德》第二部分可能永远都不会完成。"艾克曼，"他对穆勒说，"比任何人都知道如何让我写出作品来，他总是会对我写过的或已经开始写的东西给予合理的关注。事实上，他是我还继续写《浮士德》的主要原因。"

《浮士德》第二部分在 1832 年歌德逝世后出版，出版过程由艾克曼负责，里默尔辅助。艾克曼的《歌德谈话录：在他生命的最后几年》(*Coversations with Goethe：During the Last Years of His Life*) 第一卷和第二卷在 1836 年问世。这本书的成功激励了艾克曼，他打算再写一本续篇增加一点微薄的收入。第三卷加上索雷的材料，于 1848 年出版，但时局动乱，这一卷并未激起什么波澜。艾克曼在六年后与世长辞。

有点讽刺但又必须承认的是，艾克曼的几本谈话录被认为是诗人阅读最广的作品，为 19 世纪将歌德推上"神坛"立下了汗马功劳，从此让这位安详的智者站在常人难以企及的高度俯瞰世事。艾克曼为诗人奉献了一生，也牺牲了自己的幸福，或许他有将诗人神化的心理需求。但他的书不应该被看作完全实事求是、毫无渲染的自传性记录，这也不是艾克曼的本意。艾克曼将他的写作"理想化"了，但不是一般意义上的理想化，而是歌德和席勒那种写作审美的理想化，是他们将"真"(*das Wahre*) 与单纯的"实"(*das Wirklice*) 区分开来的理想化。艾克曼效仿了歌德的风格，他选词炼句、精雕细琢，可以说他的书就是悉心塑造的艺术品，这一点和里默尔、穆勒直接呈现原材料的编撰方式完全不同。艾克曼的记录透露出一种歌德自己的"古典主义"创作方法：或竭力创造一幅和谐的画面，或消除不和谐的因素，或从偶然中抽离出永恒，或解放内心独特的本性。艾克曼模仿歌德的创作风格，形成了追求和谐的庄重文风，给诗人的言谈举止平添了一层高尚的光辉。歌德有时会说些生动的白话或粗话，也有人记录过，但艾克曼没有收录这些内容，他只是不希望呈现轻重不齐的杂乱内容，即便那些琐碎就是"真实的"现实生活。而这些，我们在穆勒的笔下就可以看到。穆勒的歌德有很明显的时间痕迹，有一些上了年纪的表现，比如累、耳背、情绪不稳定。然而岁月经过艾克曼的歌德却几乎没有留下任何痕迹。他描述了自己在诗人去世后一天注视着他裸体的情形，一些批评家认为不够得体，但以这样的象征结束他的作品也恰如其分。歌德的肢体都还有着"神一样的光彩"，他无法相信歌德就这样死了。艾克曼记录了一个奇怪的梦，他说是在 1836 年的 11 月，他在梦中看到歌德和他的儿子奥古斯特突然走进他们在魏玛的家中。歌德看起来精神矍铄，棕褐色的皮肤也很健康。"死了？"诗人惊叹道，"真是胡说八道！我是去旅行了。"诗人自己从未相信他有可能会死去。他恭喜艾克曼出版了《歌德谈话录》，还说自己在书中是以"南方人的视角"出现的，于他的形象有利。他鼓励艾克曼写第三卷，之后便和奥古斯特神秘地消失了，乘船驶向"不属于人类的国土"。艾克曼很清楚自己是从"南方人的视角"向后人展

21

现歌德的。他在 1844 年的一封信中写道，他写这本书不是为了
记录歌德的"日常生活"，而是为了服务于"更高的目标；虽然
我没有杜撰，一切都是真实的，但也是经过筛选的"。[1] 在序言里
他还特别强调说，这本书不是为了"介绍歌德的整体思想……他
面对不同的情况和不同的人都是不一样的，而我只能说：这是我
的歌德"。恩斯特·博伊特勒在写到歌德对于信仰和怀疑主义的
态度时评价说："他有时会怀疑人生，怀疑这个世界的价值，悲
观到近乎认为一切都是虚无，有时又虔诚地、由衷地肯定它们的
意义。最后，意义终于战胜虚无，成为主旋律，并且在经历巨大
的思想斗争后一次又一次被重申。在艾克曼看来，为信仰正名是
歌德最大的成就。他希望将此告诉给后人，这就是他那本书的意
义"。歌德和艾克曼的人生各有各的悲哀，但都不希望把人生写
成悲剧。尼采称赞艾克曼的《歌德谈话录》是"史上最好的德语
书"，[2] 虽然略显夸张，但也不足为奇，因为他也希望在悲剧的基
础上构建意义，他对歌德有深刻的理解，更是主张用艺术手法为
伟大人物的历史竖起丰碑。艾克曼的书确有偏颇，某种程度上存
在理想化和夸大的成分，现代也有研究者发现，书中有日期等事
实性错误。尽管如此，他的书存在高度的条理性和内在的真实
性，这是无可否认的。出版以后，穆勒和索雷都对其大加称赞，
歌德的儿媳、其他朋友和熟人，以及大部分批评家都赞不绝口，

[1] 给 H. 劳贝的信，1844 年 3 月 3 日。
[2] 《人类，全人类》(第二部) ( *Menschliches Allzumenschliches* ) II 2，格言 109。

这也是非常难得的。这本书是歌德研究领域日记作者的最高成就，至今也难以超越。

　　除了上述这四五个主要的信息提供者，歌德的其他朋友和熟人也有回忆录，很多平常的拜访者也记录了对歌德的印象。随着魏玛愈发成为重要的文化中心，歌德的国际威望愈发显赫，越来越多的人从越来越远的地方被吸引到魏玛。许多德意志人和外国人都没有读过他的作品便来到这里，只是单纯地出于好奇或是自诩智识非凡：年迈的"维特作者"成了我们现在所说的"旅游景点"。去过的人便可以说自己拜访过写了那本传世之作的人，自那以后他还是成功的公国大臣，现在住在满是油画和古典半身像的大房子里，俨然一个气质高贵的老绅士。在歌德的访客中，英国人尤其常见：大家都知道老人的儿媳奥蒂莉比较偏爱英国人，而且他们通常都是魏玛的成功人士。面对喜欢打探别人隐私，往往又很无知的公众，歌德难免会有戒备心，摆出一副官方面孔来。大家的记录中经常会出现一种类似的表述：刚开始和歌德打交道的人会受到一种冷冰冰的"礼遇"，像是君主的臣民当众受到接待，感觉非常尴尬。歌德冷漠、傲慢的名声似乎已经完全确立了，其实，他们只是还没有意识到，歌德感受到的尴尬和紧张常常不比他们少。再晚点儿，一些不事张扬、值得尊重的拜访者形成了另一种表述。遇到有天赋，有前途，性格相投或值得学习的人，歌德的"大臣面孔"便会融化，整个人变得随和起来，一切就变得不同了。他们会受到邀请，或者来共进午餐，或者来参加家庭聚会，或者和歌德促膝长谈几小时。有些拜访者始终没能突破他那副大臣面具，留下自己不受欢迎的印象，有些人初次见面就受到友好热情的接待。有些来拜访的人本身就是天才级人物，他和其中一部分人有过深度的思想交流，像是门德尔松和伟大的波兰诗人密茨凯维奇，有些则没有，或者只有可怜的一点，比如黑格尔、叔本华和格里尔帕策。歌德的拜访者形形色色，被认为是有关他的谈话和社会行为的描述也广泛而丰富，我们要允许这些记录自说自话。不过，斯特凡·许策的描述很有启发性，他用很长的篇幅描写了歌德在约翰娜·叔本华沙龙中的表现。[1]这里有两点值得一提。一是歌德严格意义上显然不是一个出色的辩论者或对话者，不像英国、法国的才子文豪。他不擅长电光石火般机敏的对答，也并非妙语连珠，面对一再的追问更谈不上对答如流，那都不是他的风格。他不喜欢一语道破，而是喜欢用一种轻松的方式让自己娓娓道来。法尔克将他那种平稳、自然、流畅，又常常略带讽刺的谈话比作莫扎特的音乐——表面上质朴无华，听上去稀松平常，但突然锋芒毕现，令人拍案叫绝。另一点是，儒雅健谈的歌德，席勒口中"最善于交际的人"实际上非常矜持，即便面对最亲近的人也不喜欢表达内心深处的想法，只是偶尔流露出在所难免的孤独感。[2]在经历席勒的死、妻儿的死这

---

[1] 参见本书第 93 页，No. 110。——编者注

[2] 参见本书第 260 页，No. 279。——编者注

些切肤之痛时，他并没有诉诸言语来表达痛苦，也不允许任何人这样做。奥古斯特·冯·歌德的朋友普雷勒尔从罗马回来后去拜访了这位丧子之父，歌德事后受到很大刺激病倒了，但歌德当时还很平静地与他谈论艺术，[1]其他的都缄口不言——此时无声更胜于有声。

第一个尝试全面收集歌德"谈话"的人是沃尔德曼·冯·比德尔曼男爵，一位很有天赋的业余作家。他不仅参考了艾克曼—索雷的书（不超过全部相关材料的三分之一），还收集了里默尔、法尔克、穆勒和其他很多人的记录，集成十卷，在 1889 年到 1896 年间出版。这套书影响深远，但也存在很多错误，编排比较混乱。男爵去世后，其儿子弗洛多阿尔·冯·比德尔曼，在歌德研究领域专家学者的辅助下对这套书做了一些修订，于 1909 年至 1911 年出版了一套五卷本，但扩充了许多内容。此后，相关研究迅猛发展，艾克曼和索雷的材料被仔细拆分开来，索雷的贡献被重新梳理和编辑。[2] 所有已知的相关材料都得到仔细研究和进一步的扩充，针对这些新拓展的内容，恩斯特·格鲁马赫

24

---

[1]　参见本书第 273 页，No. 292。——编者注

[2]　F. 索雷著，《与歌德的对话》（ *Conversations avec Goethe* ），A. 罗比内·德·克莱里编，1932；参阅 F. 索雷著，《与歌德的十年》（ *Zehn Jahre bei Goethe* ），德语评述版，H. H. 霍本编，1929；也可参阅艾克曼著，《歌德谈话录》（ *Gespräche mit Goethe* ），霍本编，1948。

正筹备出版十五卷本的评述版，不过目前只出版了第一卷。[1] 迄今为止，阿耳特弥斯出版社（Artemis Verlag）百年纪念版（《作品、信件和谈话纪念版》[ *Gedenkausgabe der Werke, Briefe und Gesprächei* ]，26 卷，1948—1964 年，恩斯特·博伊特勒编）这一版本仍是战后 [2] 最完整的歌德合集。第 24 卷是艾克曼 – 索雷一书最原始的出版内容。第 22 卷和 23 卷对剩余材料做了全面的筛选，按时间顺序辑成，收录内容从歌德三岁开始直至去世，横跨了他一生的时间。这两卷以比德尔曼的第二版为主要参考依据。此外，沃尔夫冈·赫维希还在为阿耳特弥斯出版社修订《谈话》合集，将分四卷出版。第一卷已经问世，但本书出版前还无法参考。阿耳特弥斯出版社的各个版本和格鲁马赫的版本都采取了收录各类材料的原则，囊括了同时代人对歌德的描述，或认识他、见过他的人对他性格和观点的回忆，并不仅限于歌德的"谈话"或讲话。某种程度上，本书也采取了这种更为自由的编辑方式。有些内容着实有趣，如果因为它们不含有所谓诗人的"原话"（*ipsissima verba*）就将其排除在外，未免太迂腐了些。本书没有将材料分类放在小标题下，而是优先按时间顺序编排（所有材料标注的时间都是对话和会面目前已知发生的时间）。书中材料有三分之一左右摘选自艾克曼，按时间顺序穿插在其他内容中

---

[1] 《歌德：会面与对话》（*Goethe: Begegnungen und Gespräche*），E. 格鲁马赫和 R. 格鲁马赫编，第 1 卷（1749—1776），1965。

[2] 第二次世界大战（1939—1945）后。——译者注

间。这些内容的英文版都是重新翻译的，1850 年约翰·奥克森福德翻译的版本（经过 J. K. 穆尔黑德删减并稍做修订，由人人文库〔Everyman's Library〕出版，1951 年最后一次再版）有很多内容和理解错误，偶尔还有删改，风格上更是呆板枯燥，对艾克曼以及歌德业已确立的声望没有任何正面作用。其他材料（穆勒、里默尔等）均是首次以英文形式出版。

在内容编选方面，本书从普通读者的角度出发，尽量呈现各类不同的文本，非专业人士也会觉得有趣，而且好理解。本书旨在凸显现实生活中的歌德，同时收录一些代表性材料，展现他整体的文学艺术观，以及他对自己作品和其他事务的态度。遗憾的是，因为篇幅有限，许多材料不得不被删减或排除在外。被收录的材料也删除了一些冗余、琐碎、过于专业的内容或没有必要保留的专有名词。有时出于删减或阐明的需要，有些文本稍有改动，还有一两则材料是根据阿耳特弥斯版本的几个条目合成的。在英文翻译方面，所有要点力求准确，并在此基础上保留了一定的自由度，以增加可读性。在翻译"Idee""Vernunft""Verstand"等需要专门阐释的术语时不得不采取意译或补充说明的方法。有些内容（如索雷的记录）原文是法语。[1]

25

26

---

[1]　此处提及的原文为法语的对话内容在本书中的编号为：No. 20，No. 49，No. 71，No. 75，No. 121，No. 146，No. 212，No. 213，No. 272，No. 273，No. 289，No. 293，No. 318。——编者注